Pamphlet, documenti, storie

REVERSE

Autori e amici di

chiarelettere

Avventura Urbana Torino, Andrea Bajani, Gianni Barbacetto, Stefano Bartezzaghi, Oliviero Beha, Marco Belpoliti, Daniele Biacchessi, David Bidussa, Paolo Biondani, Caterina Bonvicini, Beatrice Borromeo, Alessandra Bortolami, Giovanna Boursier, Carla Buzza, Olindo Canali, Davide Carlucci, Luigi Carrozzo, Carla Castellacci, Massimo Cirri, Fernando Coratelli, Pino Corrias, Gabriele D'Autilia, Andrea Di Caro, Giovanni Fasanella, Massimo Fini, Fondazione Fabrizio De André, Goffredo Fofi, Massimo Fubini, Milena Gabanelli, Vania Lucia Gaito, Mario Gerevini, Gianluigi Gherzi, Salvatore Giannella, Francesco Giavazzi, Stefano Giovanardi, Franco Giustolisi, Didi Gnocchi, Peter Gomez, Beppe Grillo, Ferdinando Imposimato, Karenfilm, Giorgio Lauro, Marco Lillo, Felice Lima, Giuseppe Lo Bianco, Carmelo Lopapa, Vittorio Malagutti, Luca Mercalli, Lucia Millazzotto, Angelo Miotto, Letizia Moizzi, Giorgio Morbello, Alberto Nerazzini, Sandro Orlando, Pietro Palladino, David Pearson (*graphic design*), Maria Perosino, Renato Pezzini, Telmo Pievani, Paola Porciello (*web editor*), Marco Preve, Rosario Priore, Emanuela Provera, Sandro Provvisionato, Luca Rastello, Marco Revelli, Gianluigi Ricuperati, Sandra Rizza, Marco Rovelli, Claudio Sabelli Fioretti, Andrea Salerno, Laura Salvai, Ferruccio Sansa, Evelina Santangelo, Michele Santoro, Roberto Saviano, Matteo Scanni, Filippo Solibello, Bruno Tinti, Marco Travaglio, Carlo Zanda.

PRETESTO 1

→ *a pagina 86-87*

"La cultura e
il metodo mafioso
ogni giorno di più
diventano prassi diffusa…:
una componente
della normalità italiana.
Il Principe è tornato
a cavalcare la storia
ed è in forma smagliante."

PRETESTO 2

→ *a pagina 137*

"La corruzione
si profila
come una componente
organica
della politica italiana."

→ *a pagina 121*

“Ora si aggiungerà la prova
che i grossi delinquenti in Italia,
oltre a essere assolti,
possono con i milioni rubati
far processare
coloro che li avevano denunciati
e messi in carcere.”

Giovanni Giolitti, dopo il processo per lo scandalo della Banca Romana (1894) in cui tutti gli imputati furono assolti

→ *a pagina 147*

“Nella politica italiana
il punto fondamentale
non è che tu devi esser capace
di ricattare, è che tu devi
essere ricattabile.”

Giuliano Ferrara

PRETESTO 3

→ *a pagina 188*

"Dopo l'inizio del processo
ad Andreotti,
la Rai fu autorizzata
a riprendere tutte le udienze.
Dopo le prime due trasmissioni,
che avevano registrato
un'audience molto elevata,
la programmazione fu cancellata."

→ *a pagina 318*

“Il pizzo, più che come un costo di impresa,
viene da tanti considerato
una partita di giro contabile, come l’Iva.”

→ *a pagina 5*

“Nel tempo ho compreso
che quello degli assassini
è spesso il fuori scena del mondo
in cui tanti sepolcri imbiancati
si mettono in scena.”

Soci: Gruppo Editoriale Mauri Spagnol S.p.A.
Lorenzo Fazio (direttore editoriale)
Sandro Parenzo
Guido Roberto Vitale (con Paolonia Immobiliare S.p.A.)
Sede: Via Guerrazzi, 9 - Milano

ISBN 978-88-6190-056-1
Prima edizione: giugno 2008

www.chiarelettere.it
BLOG / INTERVISTE / LIBRI IN USCITA

Saverio Lodato
Roberto Scarpinato

Il ritorno del Principe

chiarelettere

Saverio Lodato è nato a Reggio Emilia nel 1951 da madre milanese e padre di Canicattì. I suoi genitori, che lavoravano nell'amministrazione dello Stato, subirono numerosi trasferimenti a causa della loro vicinanza politica al Pci. Saverio, dopo Reggio Emilia, Modena, Pisa e Livorno, arriva a Palermo a otto anni. La sua attività giornalistica inizia nel 1979 a «L'Ora». Nel 1980 passa a «l'Unità», quotidiano per il quale scrive ancora oggi. Nel 1988, per avere pubblicato i diari dell'ex sindaco di Palermo Giuseppe Insalaco e le confessioni del pentito Antonino Calderone, fu arrestato insieme ad Attilio Bolzoni. Ha scritto numerosi libri. Per Rizzoli: *La linea della palma*, in cui Andrea Camilleri racconta la sua vita (2002); *Intoccabili*, con Marco Travaglio (2005); *Trent'anni di mafia* (2008), ininterrottamente aggiornato dal 1990. Per Garzanti: *Potenti. Sicilia anni novanta* (1992); *Vademecum per l'aspirante detenuto* (1993); *C'era una volta la lotta alla mafia*, con Attilio Bolzoni (1998). Per Mondadori: *Ho ucciso Giovanni Falcone*, in cui Giovanni Brusca racconta la sua vita (1999); *La mafia ha vinto*, il libro testamento di Tommaso Buscetta (1999). Il suo hobby è la fotografia. Da anni arricchisce il suo archivio con le foto dei suoi viaggi in giro per il mondo coltivando l'idea di farne un libro (magari con pochissime parole).

Roberto Scarpinato è procuratore aggiunto presso la Procura di Palermo, dove dirige tre dipartimenti: Mafia-economia, Mafia di Trapani, Criminalità economica. Dal 1989 al 1992 ha fatto parte del pool antimafia con Giovanni Falcone e Paolo Borsellino, divenendo poi componente della Direzione distrettuale antimafia. Si è occupato di alcuni dei più noti processi di mafia degli ultimi diciotto anni, tra i quali quello a carico del senatore Giulio Andreotti per il reato di associazione di tipo mafioso, e quelli per gli omicidi dell'europarlamentare Salvo Lima, del presidente della Regione siciliana, Piersanti Mattarella, del segretario regionale del Pci, Pio La Torre, del prefetto di Palermo Carlo Alberto Dalla Chiesa, del segretario provinciale della Democrazia cristiana, Michele Reina, nonché delle indagini relative ai progetti di eversione dell'ordine democratico sottostanti alle stragi del 1992 e del 1993. È autore di numerose pubblicazioni in Italia e all'estero.

Sommario

IL RITORNO DEL PRINCIPE

A Giuliano, a Giusi, ai miei genitori
S.L.

A Giuliano
R.S.

Gli autori precisano che il titolo di questo libro, *Il ritorno del Principe*, non fa riferimento alle più recenti vicende dell'attualità politica.

Premessa
di Roberto Scarpinato

Ho trascorso gli ultimi vent'anni in un luogo che non ammette illusioni: nel bene e nel male qui la vita è nuda e si rivela per quella che è. Per un po' puoi provare a ignorarla, ma prima o poi ti costringe a guardarla in faccia. Per tanti è come guardare il volto della Medusa: sei fortunato se il cuore non ti si impietrisce per sempre. Per altri è perdere l'innocenza e assumere un altro sguardo su di sé e sul mondo. Se, come diceva Pablo Neruda, «l'importante non è nascere ma rinascere», questo è un luogo nel quale hai buone probabilità di morire o di rinascere.

Qui pensare non è un lusso, ma una necessità per evitare che ciò che non hai compreso in tempo ti piombi addosso d'improvviso, come in un agguato, cogliendoti inerme.

Quando molti anni fa giunsi a Palermo, rimasi colpito nel constatare che Giovanni Falcone teneva acceso nella sua stanza il Televideo. Talora, al comparire di una notizia apparentemente priva di qualsiasi connessione con il suo lavoro di giudice, si faceva pensoso. Era come se quell'evento – la quotazione in Borsa di una nuova società, la nomina di un ministro – andasse velocemente decodificato per comprenderne la cifra segreta e per calcolarne le possibili reazioni a catena nel quadro complessivo della realtà.

Capire come e dove il potere reale del Paese si stava spostando equivaleva a capire dov'era necessario a propria volta spostarsi per evitare di farsi prendere alle spalle o di mettere i piedi su un terreno minato.

Questa lezione nel tempo è entrata a far parte di me e mi ha segnato in modo particolare dopo l'assassinio di Falcone e di Paolo Borsellino.

A volte penso che il primo è morto perché per una volta la sua straordinaria intelligenza era stata scavalcata dal precipitare degli eventi. Il secondo, messo sull'avviso dalla strage di Capaci, aveva avuto invece modo di prevedere con il pensiero quanto lo attendeva: aveva visto la morte avvicinarsi giorno dopo giorno come la vittima sacrificale di un Paese troppo vile e immaturo per sapere guardare dentro la propria realtà e proteggere così i suoi figli migliori, salvando se stesso.

Questo è un luogo serio: per motivi opposti vittime e carnefici sono infatti condannati a prendere la vita sul serio. A tratti mi pare che questo Paese invece diventi sempre meno serio. Che invece di raccontarsi per quello che è veramente, continui a raccontarsi storie e favole mediocri, finendo per crederci e per smarrire così la propria identità.

«Noi siamo i nostri demoni» diceva Goethe. Penso che ciò valga non solo per gli individui, ma anche per i popoli. In questo libro ho provato a descrivere *i demoni* del Paese. Quelli che hanno insanguinato la sua lunga storia e quelli che predando le sue risorse lo stanno condannando a un lento declino.

Con loro ho avuto una lunga frequentazione. A volte, quando taluno mi chiede che vita io faccia, sono solito rispondere che frequento assassini e complici di assassini.

In effetti il tempo trascorso a interrogarli nelle carceri, ad ascoltare le loro conversazioni intercettate, a riannodare i fili di tanti delitti, ha divorato tanta parte della mia vita.

All'inizio ero convinto di dovermi confrontare con una sorta di impero del male, con un mondo alieno da attraversare giusto il tempo necessario per poi ritornare nel mondo degli onesti, delle persone normali.

Poi lentamente la linea di confine ha preso a divenire sfumata, fino quasi a dissolversi.

Inseguendo le loro tracce, sempre più spesso mi accadeva di rendermi conto che il mondo degli assassini comunica attraverso mille porte girevoli con insospettabili salotti e con talune stanze ovattate del potere. Ho dovuto prendere atto che non sempre avevano volti truci e stimmate popolari. Anzi i peggiori tra loro avevano frequentato le nostre stesse scuole, potevi incontrarli nei migliori ambienti e talora potevi vederli in chiesa battendosi il petto accanto a quelli che avevano già condannato a morte.

Nel tempo ho compreso che quello degli assassini è spesso il fuori scena del mondo in cui tanti sepolcri imbiancati si mettono in scena.

Per tale motivo questo è un libro di storie «oscene» che nel loro intrecciarsi sui terreni della mafia, della corruzione e dello stragismo possono offrire una chiave per comprendere pagine importanti del passato e per decifrare il presente e il futuro… o forse la mancanza di futuro del Paese.

Il declino dell'Italia, fino a qualche tempo fa esorcizzato come l'anatema di visionarie Cassandre, sembra infatti divenire ogni giorno di più un destino che attende solo di compiersi.

Mi è sembrato così che fosse venuto il tempo di condividere pubblicamente alcune riflessioni, maturate durante il «viaggio» nel mondo degli assassini, che mi inducono a ipotizzare una possibile concausa del declino in un'anomalia nazionale.

Mentre negli altri Paesi europei la criminalità non «fa storia», riguardando solo le fasce meno integrate e acculturate della società, in Italia la storia nazionale, quella con la S maiuscola, è inestricabilmente intrecciata con quella della criminalità di settori significativi della sua classe dirigente, tanto che in taluni tornanti essenziali non è dato comprendere l'evoluzione dell'una senza comprendere i nessi con la seconda.

Questa criminalità dei potenti si è declinata dall'Unità d'Italia a oggi su tre versanti: la corruzione sistemica, la mafia e lo stragismo per fini politici.

La questione criminale dunque in Italia è inscindibile da quelle dello Stato e della democrazia.

Nei periodi di trend economici positivi, i guasti prodotti dalla criminalità dei potenti vengono metabolizzati e riassorbiti. Nei periodi, come quello attuale, segnati da un trend negativo, l'operare di tale criminalità comporta invece costi globali complessivi tanto onerosi da non essere sopportabili alla lunga dal Paese.

Nel primo capitolo vengono tracciate alcune coordinate generali della criminalità del potere italiana. Nel secondo e nel terzo se ne illustrano le concrete dinamiche nei terreni della corruzione e della mafia.

Mi rendo conto che il paziente lettore, avvezzo da tempo a sentirsi raccontare storie rassicuranti a lieto fine di cui sono esclusivi protagonisti campioni assoluti del male ed eroi solitari, a volte potrà sentirsi raggelare il cuore di fronte a quella che in queste pagine si snoda invece come una terribile e inconclusa storia di famiglia che riguarda tutti.

Ma, come dicevo all'inizio, da troppo tempo ormai vivo in un luogo che non ammette illusioni e non sono più bravo a raccontare favole.

Questo libro
di Saverio Lodato

Questo non vuole essere un libro sulla mafia. Non è un libro sulle stragi. Non è un libro sulla corruzione. Semmai è la spietata radiografia che mostra la faccia scura e nascosta, la storia inconfessabile, di un Giano bifronte: lo Stato italiano. Si sarebbe fatto ancora una volta il gioco del Principe rinunciando finalmente a una visione panoramica, pur nei limiti di un singolo libro, di mafia, stragi e corruzione, messe finalmente tutte insieme. È proprio in questo intreccio la chiave di volta per capire ciò che altrimenti resterebbe incomprensibile, indecifrabile, inspiegabile. C'è un solo filo da scoprire, se si vuole dipanare l'intera matassa.

Rivedo a ritroso i miei ultimi trent'anni, trascorsi a raccontare per «l'Unità» quello che accadeva in Sicilia. Quante volte, dietro i grandi fatti di cronaca che succedevano, ho avvertito la presenza oscura di una mano forte che tirava le redini. Quante volte ho avuto la sensazione che la parolina «mafia», tanto usata e abusata, non potesse essere, da sola, la combinazione esatta per scardinare il forziere dei segreti e dei misteri. Quante volte le campagne dei veleni che infestavano Palermo e la Sicilia mi davano la sensazione di rimandare ad altro, alludere ad altro, sottintendere altre spaventose verità.

E se fosse stato vero che il «mostro criminale» era cresciuto da solo, all'insaputa del Potere, come spiegare che la lotta alla mafia, anche nell'ultimo trentennio, è stata un'ininterrotta via crucis di polemiche e alti tradimenti, clamorose omissioni e perniciosi ritardi, grandi cavalcate in territorio nemico e brusche frenate, improvvise ritirate, mentre la mafia, di contro, si caratterizzava, e si caratterizza ancora, per la sua longevità quasi unica nell'intero mondo dei poteri criminali?

Ma il giornalista, almeno in Italia, non è pagato per capire, per ragionare sui misteri o sull'ignoto. Gli viene chiesto di coprire la quotidianità. Di vedere solo ciò che appare. Di assecondare la corrente. Di avere buon fiuto per indovinare da che parte tira il vento. Ci sono voluti anni e anni perché sui quotidiani nazionali, con pagine suddivise in base a criteri apparentemente immacolati, le cronache sui potenti e sui colletti bianchi finiti sotto processo o in manette fossero trattate al pari della cronaca politica. Non si voleva vedere. Si preferiva ignorare. Si esorcizzava il mostro della cui esistenza, invece, tutti erano bene informati.

Il risultato è che all'opinione pubblica è stata scippata la possibilità di capire, sottratto il diritto alla verità, negato un fondamentale principio di democrazia. E si avvertiva costantemente la presenza di un limite. Una sottile linea di confine – non indicata dalle mappe ufficiali – che non andava in alcun modo superata.

Noi non sappiamo se il libro che il lettore ora ha tra le mani è riuscito a rispondere agli interrogativi che ci siamo posti.

Sappiamo però che, nelle pagine che seguono, quella sottile linea di confine è stata abbondantemente superata.

Prima parte
Il Principe e il declino italiano

POTERE E MENZOGNA

I problemi della corruzione e della criminalità mafiosa sembrano essere stati rimossi dall'agenda dei partiti politici. Sulla corruzione è scesa una coltre di totale silenzio, nonostante la sua proliferazione inarrestabile abbia costi globali sempre più insostenibili per il sistema Paese.

L'afasia sulla criminalità mafiosa viene invece annegata sotto fiumi di parole: dichiarazioni di intenti non seguite da azioni conseguenti, un fiorire di convegni che non approda a nulla, commemorazioni funerarie spesso affollate da personaggi pubblici compromessi, fiction televisive dedicate alle gesta di famosi padrini. Intanto le mafie continuano a spadroneggiare nel Meridione, e in tutto il Paese l'economia criminale compenetra ogni giorno di più quella legale, contaminandola.

Perché la corruzione e la mafia in questo Paese sembrano votate all'eternità?

Forse perché sono espressioni di un modo antico di esercitare il potere di una parte della classe dirigente e, dunque, non sono governabili con politiche criminali tradizionali.

Ciò appare intuibile per la corruzione, ma per quanto riguarda la mafia? Quale ruolo rivestono personaggi come Provenzano che da anni occupano la scena ma che pure sono stati arrestati?

Personaggi come Provenzano, Riina e altri capi sono il sottoprodotto e la replica popolare di questo modo di esercitare il potere. Durano nel tempo non per forza propria, ma perché sono leve necessarie del gioco grande del potere. Quando esauriscono la loro funzione vengono abbandonati al loro destino. Anche dopo continuano tuttavia a svolgere un ruolo essenziale: fungere da parafulmine su cui scaricare tutta la responsabilità del male e da paravento della criminalità del potere. Provenzano e altri capi della mafia militare del suo livello sono oggi divenuti scorie mediatiche che galleggiano nel mare della storia.

Ha presente la corrida? Il torero agita la muleta rossa dinanzi al toro offrendogli un diversivo su cui puntare e concentrare tutta la sua forza. Il toro, sebbene più forte del suo avversario e dunque invincibile, alla fine soccombe perché si sfianca inutilmente contro un drappo di stoffa rosso, senza mai comprendere che il vero nemico è la mano che agita il drappo sotto il quale nasconde la spada che lo trafigge. La forza invincibile dello Stato da più di un secolo e mezzo continua a sfiancarsi – come il toro – contro i Provenzano di oggi e di ieri, soccombendo sempre sotto la spada di un sistema di potere che prima usa i vari boss per i propri fini coprendone per anni la latitanza, e poi, quando se ne disfa, continua a utilizzarli offrendo la loro immagine mediatica in pasto a un'opinione pubblica che, come il toro, scambia la muleta per il torero.

Fuor di metafora, se vogliamo capire l'essenza della mafia e della corruzione come forme in cui si è declinata la criminalità del potere in Italia, dobbiamo prima provare a compiere un'operazione di riverginamento culturale. Dobbiamo sgombrare la nostra mente da tutti i pregiudizi, le superstizioni, i dogmi, le leggende di cui è infarcito gran parte del sapere comune.

È evidente che pregiudizi e leggende hanno scandito e alimentato la lotta alla mafia, ma cosa vuol dire fare un'operazione di riverginamento culturale?

Pregiudizi e leggende fanno parte essenziale della storia del potere e quindi anche delle sue manifestazioni criminali.

Nell'antica Grecia, per decifrare i misteri del presente e prevedere il futuro, ci si rivolgeva agli oracoli. I più famosi, come Tiresia, erano ciechi. Che fossero ciechi non è un caso o una stranezza.

La saggezza della civiltà greca, una delle matrici della civiltà occidentale, aveva intuito che per vedere l'essenziale occorre divenire ciechi all'inessenziale. Noi non vediamo con gli occhi ma attraverso gli occhi. L'occhio è un foro attraverso il quale qualcuno guarda. Quel qualcuno è la nostra mente.

Vediamo solo quello che vogliamo vedere?

Vediamo solo ciò che gli occhi della nostra mente ci consentono di vedere.

Dopo la lezione di Freud possiamo aggiungere che vediamo solo quello che gli occhi della nostra mente e del nostro *cuore* ci permettono di vedere. Infatti ci sono cose che la nostra intelligenza ci consentirebbe di vedere, ma che il nostro cuore – cioè la parte più profonda di noi – non vuole vedere perché non ne ha la forza. Una corretta visione della realtà nasce dunque da un'intelligenza che giunge fino al cuore.

Un vedere limitato non comporta automaticamente una forma di cecità?

Esattamente. Infatti tutti noi siamo ciechi dinanzi a uno dei fenomeni più importanti delle nostre vite: il reale funzionamento della macchina del potere e, quindi, dei suoi segreti. Si tratta di una cecità indotta dallo stesso potere al fine di perpetuarsi.

Il cardinale Mazzarino, gesuita di origine italiana, consigliere del re di Francia Luigi XIV, un intellettuale d'azione tra i più raffinati costruttori di potere della storia occidentale, era solito ripetere: «Il trono si conquista con le spade e i cannoni, ma si conserva con i dogmi e le superstizioni».

Cecità dei sudditi e iperveggenza di chi sta in alto?

In sostanza, sì. Una delle più esplicite teorizzazioni di tale necessità del potere – quasi una confessione a cuore aperto degli *arcana imperii* – si trova nelle riflessioni sulla sovranità del conte De Maistre, esponente dell'alta aristocrazia francese, il quale, agli inizi del 1800, scriveva:

> Se la folla governata può credersi uguale al piccolo numero che governa, non c'è più governo. Il potere deve essere fuori dalla portata di comprensione della folla dei governati. L'autorità deve essere tenuta costantemente al di sopra del giudizio critico mediante gli strumenti psicologici della religione, del patriottismo, della tradizione, del pregiudizio...[1]

Dunque il laico De Maistre è pienamente d'accordo con il cardinale Mazzarino, espressione del più collaudato e antico sistema di potere esistente, quello della chiesa cattolica.

Alcune regole del potere sono universali. Le parole conclusive di De Maistre sul tema potrebbero essere tranquillamente attribuite al suo illustre predecessore:

> Non bisogna coltivare la ragione del popolo ma i suoi sentimenti: occorre dunque dirigerlo, e formare il suo cuore e non la sua ragione. Esso deve essere tenuto nel suo stato naturale di debolezza: leggere e scrivere non conviene alla felicità fisica e morale del popolo, anzi non corrisponde nemmeno al suo interesse.

Parliamo di uomini vissuti alcuni secoli fa.

È vero. Ma questa regola aurea del potere è eterna e si perpetua sino ai nostri giorni adattandosi camaleonticamente alle evoluzioni storiche. Certo, le superstizioni e i dogmi di oggi sono molto più sofisticati di quelli dei tempi di Mazzarino e di De Maistre, ma continuano ad assolvere alla medesima funzione di allora. Il sapere sociale non è mai innocente.

Il filosofo francese Louis Althusser parlava di Ais, Apparati ideologici di Stato, affermando che la responsabilità primaria di queste gabbie invisibili, che in ultima istanza conducono alla cecità dei sudditi, era da addebitare agli intellettuali.

Il lavoro di costruzione di imposture culturali funzionali al potere è affidato da sempre proprio agli intellettuali e costituisce una delle loro principali fonti di reddito. La parola impostura viene dal verbo *imponere*: imporre. Il dizionario etimologico ci dice che il verbo «imporre» significa far portare un peso. Nel linguaggio ecclesiastico – quello utilizzato dal cardinale Mazzarino e dall'ordine dei gesuiti al quale apparteneva – il verbo *imponere* veniva talora usato nel senso di far portare il peso di una credenza mediante l'inganno.

La storia del potere, comprese le sue declinazioni criminali come la mafia, la corruzione e lo stragismo, potrebbe dunque riscriversi anche come una traversata nei luoghi dell'impostura, quelli in cui vengono costruite e perpetuate le false credenze che servono al potere per conservarsi. Una storia totale in cui si intersecano, interagendo, tutti i diversi piani della nostra vita: quelli dell'organizzazione dello Stato, dei rapporti economici, dei conflitti politici, della religione, della cultura, dell'educazione, insomma dei rapporti di forza pubblici e privati tra potenti e impotenti, nonché i versanti psicosociali di tutti questi piani. E non è una storia *altra*, che riguardi altri. È una storia nostra che riguarda ora e qui da vicino le nostre vite. Perché – come si diceva nel Sessantotto – se tu non ti occupi del potere, il potere e le sue imposture si occupano comunque di te. Lo fanno sin da quando emetti il primo vagito e cominci a succhiare il latte. Con il latte succhi anche visioni del mondo, sistemi di credenze frutto di matrici di pensiero che nel corso dei secoli si sono trasmesse di generazione in generazione arrivando ai tuoi genitori, spesso vittime inconsapevoli del sistema di credenze sociali, e, quindi, tramite loro, arrivano a te.

Se l'umanità è resa cieca dal potere qual è la via di scampo? È una cecità che viene da lontano. Penso, per esempio, ai re guaritori, quei re merovingi che il popolo riteneva capaci di guarire i sudditi con il semplice tocco delle mani.

Qualsiasi itinerario di liberazione passa attraverso lo smascheramento delle imposture. Le imposture culturali determinano la cecità culturale degli uomini senza potere sui fatti del potere. Costruiscono invisibili gabbie mentali che impediscono la visione del reale. Non è forse vero che per millenni a milioni di persone in Occidente è stato fatto credere che il potere di imperatori, di re, e via discendendo, principi, marchesi e baroni, derivava da un'investitura divina? Non è forse vero che la teoria del potere discendente da Dio era stata costruita dallo stesso potere per legittimare il proprio fondamento? Le moderne teocrazie orientali oggi tanto criticate da noi occidentali, in fondo non continuano a credere a un dogma del potere al quale noi abbiamo fermamente creduto sino all'altroieri, cioè al XVIII secolo? La teoria moderna sul fondamento del potere – la «teoria ascendente» – secondo la quale il potere risiede nel popolo che lo delega ai suoi rappresentanti, è molto più sofisticata ma, come quelle che l'hanno preceduta, è infarcita di imposture. I dittatori del Novecento, a destra e a sinistra, assumevano di essere investiti dal nuovo dio laico: il popolo, la nazione, la classe operaia.

UN'OLIGARCHIA TRAVESTITA DA DEMOCRAZIA

E per venire rapidamente ai giorni nostri?

Nel mondo orientale e nel continente africano miliardi di persone vivono in regimi nei quali, oggi come ieri, ristrette oligarchie fondano la propria legittimazione su un diritto ereditario di trasmissione del potere da investitura divina, o sulla conformità del proprio agire alla volontà divina trasfusa in libri sacri, o sulla propria autoinvestitura come interpreti della volontà del popolo (per esempio Cina, Libia, Corea del Nord).

In Occidente – culla della modernità – gli studiosi del potere sanno che la democrazia rappresentativa è in parte una *fictio* dietro cui si cela una competizione tra ristrette élite per conquistare il governo della società. Così scrive Gustavo Zagrebelsky, uno dei nostri migliori costituzionalisti:

> La democrazia, nella versione rappresentativa che conosciamo, è una classe politica, scelta attraverso elezioni, che immettono nelle istituzioni istanze della società per trasformarle in leggi. È dunque, nell'essenziale, un sistema di trasmissione e trasformazione di domande che si attua attraverso una sostituzione dei molti con i pochi: una classe politica al posto della società. Qui, piaccia o no, c'è la radice inestirpabile del carattere oligarchico della democrazia rappresentativa, carattere che perlopiù viene occultato in rituali democratici ma che talora non ci si trattiene dall'esibire sfrontatamente. Ma al di là di ipocrisia o arroganza, ciò che è decisivo è il rapporto tra questa oligarchia e la società [...]. La classe politica «pesca» dalla società le istanze ch'essa vuole rappresentare per ottenere i consensi necessari a mantenere o migliorare le proprie posizioni, secondo la legge ferrea dell'autoconservazione delle élite.

Qui sta il punto cruciale: il rapporto tra oligarchie e società, tra i pochi e i molti.

Limitiamoci all'Italia di oggi.

Il Parlamento, come è noto, è eletto dal popolo solo formalmente. In realtà è «nominato» da ristrettissimi gruppi, una trentina di persone in tutto; componenti organiche del Palazzo, come lo definiva Pasolini, o del «circolo dei grandi decisori», come gli analisti del potere definiscono i luoghi nei quali un ristretto nucleo di detentori del potere reale assume decisioni che poi vengono ratificate nei luoghi formali del potere istituzionale.

Grazie alla nuova legge elettorale che ha abolito il voto di preferenza, gli elettori non possono scegliere i rappresentanti da eleggere, ma solo ratificare a scatola chiusa le scelte effettuate dall'alto, compresi personaggi impresentabili e pregiudicati. È stato spezzato il rapporto con il territorio dei parlamentari i quali non rispondono al popolo, ma solo ai loro nominatori ai quali devono subordinarsi, ben sapendo che qualsiasi disobbedienza può essere pagata a caro prezzo mediante la futura esclusione dalle liste dei candidati da rieleggere a scatola chiusa. Si è restaurata così la nomina *octroyé* del Parlamento che veniva graziosamente concessa dai sovrani assoluti prima delle rivoluzioni borghesi.

Si riferisce all'ultima legge elettorale, approvata a maggioranza dalla destra un mese prima delle elezioni del 2006?

Sì. Pochi però sanno che due anni prima la Regione Toscana, amministrata da una maggioranza di centrosinistra, aveva approvato una legge per certi versi simile con la quale è stato introdotto un sistema elettorale di tipo proporzionale con premio di maggioranza, liste bloccate e abolizione del voto di preferenza. Inoltre la legge elettorale nazionale, varata nel novembre del 2005 dal centrodestra, è stata poi avallata nella sua sostanza dal centrosinistra che nelle elezioni nazionali del 2006 si è opposto alla preselezione dei candidati da parte della base elettorale mediante primarie interne.

Questa legge non ha fatto altro che estremizzare e rendere più evidente il sistema di cooptazione oligarchica che sta alla radice della formazione della classe politica. Anche prima della sua emanazione, esistevano mille marchingegni che in larga misura consentivano di trasformare le elezioni in una ratifica a scatola chiusa dei candidati già prescelti dai vertici delle varie formazioni politiche.

La nomenclatura al potere riesce persino a orientare l'esito delle elezioni primarie interne.

In che modo?

Mi spiego. Da ultimo, in ordine di tempo, l'esperienza nell'ottobre del 2007 delle elezioni primarie del nuovo Partito democratico, nato dallo scioglimento e dalla fusione dei partiti della Margherita e dei Ds, ha ulteriormente dimostrato come i giochi fossero stati fatti in anticipo mediante accordi interni di vertice. La cosiddetta società civile, invitata a partecipare in massa alle elezioni primarie per sancire la caratura democratica del nuovo soggetto politico, ha dovuto subire in larga parte le scelte imposte dall'alto. La nuova dirigenza del partito nella sostanza non è altro che una riedizione delle vecchie nomenclature dei partiti della Margherita e dei Ds. In Sicilia, per proporre solo un esempio tra i tanti, è stato deciso che negli accordi spartitori l'isola «apparteneva» all'ex partito della Margherita, sicché il candidato dei Ds, l'onorevole Lumia, che per il suo impegno antimafia era divenuto il candidato per la segreteria regionale non solo del suo ex partito ma anche di una parte consistente della società civile, ha dovuto alla fine ritirare la propria candidatura.

Ma nel 2006, la base elettorale del centrosinistra riuscì a imporre nelle primarie interne la candidatura di Rita Bor-

sellino per le elezioni alla carica di presidente della Regione siciliana a fronte di quella di Ferdinando Latteri, ex rettore dell'Università di Catania, decisa dalle nomenclature dei partiti. La voce della società civile riuscì a farsi sentire.

È vero. Ma la reazione dei vertici fu significativa. Leoluca Orlando, reo di avere sostenuto la candidatura della Borsellino, fu addirittura espulso dalla direzione nazionale della Margherita e si vide costretto a lasciare il partito. La Borsellino fu lasciata priva di reale sostegno nella competizione contro il suo potentissimo antagonista: Salvatore Cuffaro.

Si potrebbe dire: «Il partito che non è mai vissuto di "cooptazione" scagli la prima pietra...»?

Il sistema della cooptazione non è certo solo un vizio nazionale, ma un fenomeno pressoché universale. In occasione delle elezioni per il rinnovo del Parlamento russo nel dicembre 2007, tutti gli osservatori internazionali hanno rilevato come l'esito di quelle consultazioni sia stato predeterminato da un ristretto gruppo di oligarchi capeggiato dal presidente Vladimir Putin, leader del partito di maggioranza Russia unita, attraverso una legge elettorale studiata ad hoc e mediante l'abuso monopolistico delle televisioni pubbliche. Dopo i risultati, Putin ha designato il proprio successore, Dmitrij Medveded, praticando platealmente il metodo della cooptazione personale.

La culla del mito delle primarie, però, è sempre stata l'America.

Se restiamo aderenti alla realtà, ci rendiamo conto che le cose non cambiano molto. In quel Paese oltre il 90 per cento dei senatori e dei deputati ha la rielezione assicurata, meno turnover che nel Soviet supremo di Breznev. Non ci sono limiti alla rieleggibilità. Taluni senatori e deputati praticamente trascorrono l'intera vita al Parlamento americano. Per citare un esempio tra i tanti, nel 2003 solo il sopraggiungere della morte alla veneranda età di centouno anni costrinse il senatore Strom Thurmond a lasciare la carica.

In sostanza, la pratica feudale del delfinato imperiale, secondo cui il capo cooptava il proprio successore all'interno del collettivo di cui egli stesso era espressione, continua a sopravvivere in mille varianti, sia per la selezione dei vertici dei partiti sia per alcune cariche istituzionali. Il popolo dei senza potere ratifica a posteriori, illudendosi di scegliere, decisioni effettuate a priori dai pochi che occupano la cuspide della piramide sociale.

Dunque oggi come ieri la sovranità popolare è in larga misura confiscata da ristrette élite in competizione tra loro che impediscono un reale ricambio dal basso verso l'alto. Una oligarchia travestita da democrazia?

Seppure in misura diversa nei vari Paesi, si tratta di un pericolo costante in tutte le democrazie.

La situazione mi sembra divenuta alquanto grave nel nostro Paese. L'attuale regime sembra articolarsi in una pluralità di piramidi in rete tra loro. Da anni ormai i partiti e le loro correnti non sono più strumenti di un dibattito plurale ma assomigliano a quote di un consiglio di amministrazione dell'azienda del potere.

L'intera architettura istituzionale disegnata dalla Costituzione fondata sulla divisione e il bilanciamento dei poteri, sulla partecipazione popolare tramite i partiti, su forme di democrazia diretta e sul controllo della pubblica opinione, sta divenendo giorno dopo giorno un guscio vuoto.

Più la realtà sociale si fa complessa e frammentata più il potere si verticalizza. Alla sfida della complessità che imporrebbe un'evoluzione della democrazia all'altezza dei tempi, si risponde invece con l'involuzione autoritaria che semplifica la gestione del potere consegnando lo scettro del comando a pochi.

Per certi versi la situazione ricorda la crisi della democrazia che si verificò all'inizio del Novecento, quando in Italia, a seguito dell'estensione del diritto di voto a tutti i cittadini e della conseguente immissione delle masse nello Stato, la fragile architettura dello Stato liberale fondato sul censo si rivelò inadeguata a gestire la complessità sociale. In quel tornante della storia, il potere si verticalizzò in modo violento con il fascismo. Oggi il potere si verticalizza in modo soft.

Il nuovo sistema oligarchico replica in peggio quello della partitocrazia e della correntocrazia della prima Repubblica, in quanto la fine delle ideologie, il tramonto delle culture del Novecento, la fine dell'economia industriale hanno disarticolato quelle identità collettive aggreganti del corpo sociale che in passato consentivano una partecipazione di base.

Per molti la politica è anche un grande affare.

I vertici della piramide politica sono spesso collegati trasversalmente ai vertici di altre piramidi – i poteri reali del Paese e quelli internazionali – in un'unica trama che si ricompone variamente dando vita a un sistema globale che, essendo basato sul controllo di pochi sui molti, tracima spesso nell'abuso organizzato dei pochi ai danni dei molti, producendo ingiustizia e sofferenza sociale.

In particolare, della piramide politica fa parte, occupandone i vari piani, un ceto di circa cinquecentomila persone, molte delle quali hanno trovato nella politica la scala di un'ascensione sociale ed economica garantita anche mediante l'occupazione e la lottizzazione dei gangli essenziali della vita civile, dalla Rai agli ospedali, dalle società a partecipazione pubblica agli organismi economici o d'altro genere, dipendenti da Regioni e Comuni.

Mi rendo conto che tutte le generalizzazioni sono ingiuste e che vi sono tanti uomini politici e amministratori responsabili e meritevoli. Tuttavia credo che la progressiva degenerazione del sistema sia sotto gli occhi di tutti, con la conseguenza che sempre più la moneta cattiva scaccia quella buona.

Intorno a questo primo cerchio ne ruota un secondo, formato dalla sterminata massa di clienti. Questi infeudandosi, entrano a loro volta a far parte della cerchia dei cittadini di serie A, che godono di redditi e chance di vita preclusi e impensabili per i cittadini di serie B, ridotti ormai al rango di sudditi e a sopportare sulle loro spalle tutto il peso della piramide.

Il de profundis della tanto decantata – a parole – meritocrazia.

L'abolizione della selezione per meriti sostituita da quella per cooptazione collusiva e per fedeltà sta creando una società di sudditi, cortigiani e giullari, riportando indietro l'orologio della storia e precludendo ai poveri qualsiasi possibilità di riscatto sociale. Il merito infatti è l'unica carta che hanno i poveri per riscattarsi.

Al vertice della piramide economico-finanziaria, insieme a imprenditori capaci che rischiando producono ricchezza per se stessi e il Paese, occupano posti strategici anche tanti esponenti di un capitalismo contemporaneo senza meriti e correzioni legali, sociali, etiche. Una classe di nuovi ricchi spesso senza tradizioni culturali e senso di responsabilità, avida e selezionata solo dal denaro, comunque sia stato realizzato.

Mentre aumentano le fasce di povertà inglobando anche ceti medi sempre più proletarizzati – nel 2007 secondo i dati Istat i poveri sono saliti a sette milioni – i profitti del grande capitale sono alle stelle. Nel corso del 2006 le stock option, il premio assegnato ai manager che hanno aumentato il valore in soldi in dividendi delle società, è salito a cinquecento milioni di euro. Negli ultimi dieci anni i profitti delle imprese sono cresciuti dell'87 per cento mentre i salari solo del 13 per cento. In Italia vi sono oggi i salari più bassi d'Europa. Vent'anni fa lo scarto tra la remunerazione dei dipendenti e quella dei massimi dirigenti era di uno a quaranta, mentre oggi è passato da uno a quattrocento.

Sono dati impressionanti, poco noti alla grande opinione pubblica. La gente non sa, ma intuisce e vive sulla propria pelle il peso di una sofferenza sociale sempre crescente...

Ed è la ragione per cui il potere non gode ormai di alcun rispetto sociale. Viene sopportato o per bieco interesse o per mancanza di alternative, e si mantiene in vita anche grazie al lavoro incessante di una miriade di intellettuali al suo servizio; infaticabili nel legittimare e giustificare gli abusi del potere agli occhi di masse sempre più lontane, condannate all'impotenza, a una frustrazione che spesso si converte in indifferenza: veleni che stanno corrodendo dall'interno l'intero corpo sociale.

Alcuni però osservano che questa classe dirigente rispecchia la società civile che la esprime.

Potremmo dire che ogni popolo è ciò che la sua classe dirigente lo fa essere. Una classe dirigente che degrada il popolo viene a sua volta degradata. Si crea così un circolo perverso in una corsa al ribasso.

La classe dirigente «dirige» anche la formazione della pubblica opinione, organizza il sapere sociale, seleziona la memoria collettiva, sceglie ciò che deve essere ricordato e ciò che deve essere dimenticato, costruisce la tavola dei valori, imponendo dall'alto esempi in negativo e positivo.

Ciò valeva, come abbiamo visto, ai tempi di Mazzarino, ma vale ancor più oggi. Infatti – come già negli anni settanta aveva lucidamente diagnosticato Pier Paolo Pasolini – le culture popolari autentiche, quelle che nascevano nelle campagne e nei quartieri popolari, sono quasi scomparse sotto la livella di un'omologazione di massa pilotata dal grande capitale e da una classe dirigente che, soprattutto tramite le televisioni, «informa e forma» l'opinione pubblica ammannendo troppo spesso becerume culturale e triti luoghi comuni.

Inoltre, le strozzature oligarchiche e i sistemi di cooptazione ai quali abbiamo accennato impediscono un reale ricambio tra i molti e i pochi, che quindi si autoriproducono formando una casta separata.

A proposito del rapporto tra classe politica e società civile, mi pare interessante ricordare quanto ebbe a dire Enrico Berlinguer, segretario del Partito comunista italiano, nel corso della famosa intervista al quotidiano «la Repubblica» con la quale nel luglio 1981 denunciò la degenerazione dei partiti in macchine di potere, indicando la questione morale come nodo ineludibile per evitare la totale delegittimazione della politica. A un certo punto l'intervistatore, Eugenio Scalfari, osservando che il quadro che Berlinguer stava dipingendo faceva accapponare la pelle, commentò:

Se gli italiani sopportano questo stato di cose è segno che lo accettano o che non se ne accorgono.

La risposta di Berlinguer merita di essere riportata integralmente:

> Anzitutto molti italiani, secondo me, si accorgono benissimo del mercimonio che si fa dello Stato, delle sopraffazioni, dei favoritismi, delle discriminazioni. Ma gran parte di loro è sotto ricatto. Hanno ricevuto vantaggi (magari dovuti, ma ottenuti solo attraverso i canali dei partiti e delle loro correnti) o sperano di riceverne, o temono di non riceverne più. Vuole una conferma di quanto dico? Confronti il voto che gli italiani hanno dato in occasione dei referendum e quello delle normali elezioni politiche e amministrative. Il voto ai referendum non comporta favori, non coinvolge rapporti clientelari, non mette in gioco e non mobilita candidati e interessi privati o di un gruppo o di parte. È un voto assolutamente libero da questo genere di condizionamenti. Ebbene, sia nel 1974 per il divorzio, sia, ancor di più, nel 1981 per l'aborto, gli italiani hanno fornito l'immagine di un Paese liberissimo e moderno, hanno dato un voto al progresso. Al Nord come al Sud, nelle città come nelle campagne, nei quartieri popolari e proletari. Nelle elezioni politiche e amministrative il quadro cambia, anche a distanza di poche settimane.

La tesi di Berlinguer è ancora attualissima.

Alcuni fatti sembrano confermarlo. Vorrei ricordare che nell'ultimo quindicennio la società civile, quando non si è trovata sotto ricatto e ha potuto far sentire la propria voce in occasione di consultazioni referendarie, ha invano tentato di porre le premesse per una rifondazione della politica.

Il 9 giugno 1991 il popolo, con un 95,6 per cento di sì, chiese di cambiare il sistema di voto cancellando il sistema delle preferenze multiple, su cui si fondava la linea di successione interna ai partiti, a favore della preferenza unica. Nel referendum del 18 aprile 1993 si pronunciò con l'80 per cento dei voti contro il sistema proporzionale e a favore di quello maggioritario, così capovolgendo il rapporto di forza tra gli elettori e i partiti in Parlamento. Al di là dei profili tecnici, ambedue i referendum manifestavano l'insofferenza popolare contro la degenerazione oligarchica del sistema politico ed esprimevano la speranza che modificando le leggi elettorali si potesse ripristinare una reale rappresentanza politica.

La volontà espressa dal popolo non è mai stata rispettata, sino ad arrivare all'indecenza dell'ultima legge elettorale della quale abbiamo parlato.

Nel 1993 più di trentuno milioni di italiani, cioè il 90,3 per cento dei votanti, si pronunciò per l'abrogazione della legge sul finanziamento pubblico dei partiti.

Il finanziamento pubblico era stato introdotto dalla legge 195 del 1974 per mettere a tacere l'indignazione popolare dopo che lo scandalo dei petroli aveva dimostrato che i petrolieri pagavano sottobanco i politici per varare normative di favore. Il ceto politico si impegnò a cambiare pagina garantendo che con la nuova legge il finanziamento della politica sarebbe stato trasparente e sottoposto al controllo della pubblica opinione.

Si trattò dell'ennesima menzogna perché, come dimostrò Tangentopoli, sia i partiti di maggioranza sia quelli di opposizione continuarono, tranne pochissime eccezioni, la pratica dei finanziamenti occulti.

Il voto plebiscitario contro il finanziamento pubblico ancora una volta esprimeva la protesta popolare per questo raggiro e per l'inaffidabilità del ceto politico.

Sappiamo come è andata a finire. Il finanziamento pubblico è stato reintrodotto con una serie di leggi che non solo non hanno emendato il sistema precedente, ma sono riuscite nell'impresa di peggiorarlo. Il risultato è che, mentre i finanziamenti occulti restano una pratica diffusa, abbiamo oggi il finanziamento pubblico più costoso d'Europa che arriva al punto di regalare centinaia di milioni di euro anche a partiti che, com'è avvenuto nelle ultime elezioni, non hanno alcuna rappresentanza in Parlamento non avendo raggiunto il quorum di legge.[2]

Per venire rapidamente ai nostri giorni, la società civile con il referendum del giugno 2006 ha «riconsacrato» la Costituzione del 1948, nata dalla Resistenza, salvandola dai tentativi di manomissione di quello stesso centrodestra al quale nelle elezioni politiche aveva dato la maggioranza.

L'OSCENITÀ DEL POTERE

In politica c'è una frase fatta che suona così: «Non disturbate il manovratore, perché se tutti i passeggeri dovessero metter bocca nella scelta dei percorsi o delle fermate l'autobus non andrebbe da nessuna parte».

Non si tratta di metter bocca nella scelta dei percorsi, ma prima di tutto di garantire una reale rappresentanza e poi di assicurare agli elettori la visibilità e la trasparenza delle scelte operate dagli eletti.

Le imposture del potere non servono infatti solo a legittimarlo ma anche a celare la sua oscenità. Il vero potere è sempre «osceno». Opera cioè nel «fuori scena» (*ob scenum*). Sulla scena, nei luoghi istituzionali, viene *inscenata* una rappresentazione per il pubblico.

Facciamo qualche esempio di oscenità del potere?

A mio parere, la violenta reazione trasversale di tanti potenti prima contro i processi di Tangentopoli e Mafiopoli e poi nei confronti delle indagini che nel tempo hanno coinvolto a vario titolo esponenti di rango della classe dirigente, non è stata determinata solo dall'esigenza di sottrarre il proprio operato al sindacato di legge garantendosi così una sfera di impunità. Vi è un'altra ragione più profonda.

I processi, oltre ad assolvere alla loro funzione istituzionale di accertare la responsabilità penale di determinati imputati per specifici reati, hanno svolto anche una straordinaria opera di disvelamento al pubblico dell'«oscenità» del potere in Italia.

I cittadini grazie a questo rito di disvelamento hanno compreso che il vero potere non è quello esercitato sulla scena pubblica, ma quello praticato nel fuori scena.

In pubblico il potere «si mette in scena» indossando mille maschere a uso e consumo degli spettatori; nel chiuso delle stanze ripone le maschere e rivela il proprio vero volto.

Per impedire la vergogna di questo smascheramento (la parola vergogna deriva da *vereor gogna* cioè *temo la gogna*) e per impedire – ricordiamo le parole di De Maistre – «alla massa del popolo che la sua volontà tragga le conseguenze della sua conoscenza e proceda alla distruzione di un ordine di cui conosce le origini e gli effetti», i nostri potenti hanno costruito nel corso degli anni un muro di omertà collettiva intorno al proprio operato.

Anche una semplice voce che grida nel deserto, penso alla tremenda parabola della fine di Pasolini, può avere effetti destabilizzanti per chi sta in alto. Dimostrare di sapere, dimostrare di saper vedere, dimostrare di aver capito può essere un lusso non sostenibile. Quali sono stati i mattoni con i quali è stato costruito questo muro di omertà?

I testimoni e i collaboratori di giustizia sono stati progressivamente ridotti al silenzio. Come dimenticare la violenza collettiva che si abbatté sugli imprenditori che all'inizio di Tangentopoli collaboravano con la magistratura e sui pochi avvocati che li assistevano. Condannati all'ostracismo per avere violato il codice di omertà di classe, mentre le persone da loro accusate venivano accolte nei migliori salotti e circondate da attestati di solidarietà.

Come dimenticare il calvario subito dai pochi testimoni che osarono raccontare i misfatti di potenti. Un nome per tutti: Stefania Ariosto, esposta per anni a un orchestrato massacro mediatico che non le ha risparmiato nulla, colpendola anche negli affetti più cari, abbandonata a se stessa ed emarginata dal proprio ambiente.

Come dimenticare la demonizzazione indiscriminata dei collaboratori di giustizia nei processi di mafia che ha finito quasi per prosciugare il filone delle collaborazioni di rango.

Poi, per completare l'opera, è stata resa sempre più difficile la vita ai magistrati che, in applicazione del principio secondo cui la legge è uguale per tutti, esercitano il controllo di legalità a 360 gradi, incrociando così sulla loro strada persone molto potenti.

Poiché le vocazioni di eroi e di martiri sono una rarità, oggi il silenzio artefatto di cui il potere ha circondato la propria realtà è rotto di tanto in tanto solo dalle macchine: le microspie delle intercettazioni telefoniche e ambientali attivate nei processi penali i cui esiti, quando diventano pubblici, consentono ai cittadini senza potere di ascoltare in diretta senza censure la voce segreta del potere.

Ed è come sollevare un sipario e intravedere una realtà degradante dietro tanti sepolcri imbiancati che occupano la scena. È nella logica del sistema che prima o poi anche quest'ultimo spiraglio venga chiuso.

Vogliamo ripercorrere le tappe di questo rito di disvelamento collettivo dell'oscenità del potere?

Come abbiamo già accennato, molte sentenze di Tangentopoli hanno per esempio dimostrato come subito dopo l'emanazione della legge sul finanziamento pubblico dei partiti nel 1974, partiti di governo e di opposizione nel corso degli anni ottanta ripresero immediatamente, tranne poche eccezioni, a spartirsi nel *fuori scena* le tangenti degli appalti pubblici secondo regole segrete e condivise.

In alcuni processi è stato accertato che vi era un unico soggetto incaricato dal sistema dei partiti di riscuotere le tangenti dagli imprenditori per le gare truccate. Il cassiere unico provvedeva poi a distribuire pro quota le tangenti ai partiti della maggioranza e a quelli dell'opposizione.

Nella motivazione di una sentenza del Tribunale di Venezia, per esempio, si legge:

> Gli schieramenti politici ufficiali sono del tutto irrilevanti, nel senso che i partiti di governo e opposizione, mentre si battono accanitamente in Parlamento o nei vari Consigli regionali, provinciali eccetera, collaborano tranquillamente nello spartirsi le tangenti.[3]

I processi di questi ultimi anni hanno messo a nudo l'esistenza di un'altra regola aurea del potere: per governare la conflittualità e renderla solo *scenica*, occorre sapere spartire la torta, non scontentando nessuno di coloro che appartengono alle élite di potere.

Di questa regola aurea era maestro, tra gli altri, l'onorevole Salvo Lima, esponente di vertice della corrente andreottiana e del sistema di potere politico mafioso in Sicilia, il quale soleva ripetere «quando si cala la pasta, si cala per tutti».

D'altra parte non è un caso che in Sicilia, dopo la fine della stagione delle lotte contadine e la breve parentesi in cui Pio La Torre fu segretario regionale del Pci, non si è mai avuta una opposizione reale sui molti terreni cruciali quali – per proporre solo alcuni esempi – quelli della lottizzazione degli appalti pubblici, delle assunzioni clientelari, del malgoverno della sanità pubblica, che costituisce la voce più importante della spesa pubblica regionale.

Motivo?

Uno dei motivi è appunto la capacità del sistema di coinvolgere i vertici delle piramidi, tra cui quelli dei partiti dell'opposizione, nei benefici della gestione oscena del potere, svuotando così l'opposizione di reale contenuto.

A questo proposito ricordo che nel 1975 Leonardo Sciascia fu eletto al Consiglio comunale di Palermo come indipendente nelle liste del Pci. Ben presto si rese conto che il suo nome era stato utilizzato come specchietto per le allodole per attrarre i voti della borghesia più evoluta. In realtà veniva tenuto fuori dalle stanze dei bottoni dove si consumavano accordi segreti, dove si celebravano i riti di quella politica oscena di cui abbiamo detto.

Continuiamo con gli esempi, cercando una buona volta di aprire almeno qualche occhio.

Per riprendere il filo del discorso, ancor prima di Tangentopoli e Mafiopoli, le indagini sulla P2 avevano svelato la trasversalità della gestione del potere al di là delle divisioni formali determinate dalle appartenenze politiche: come una radiografia che dietro l'involucro di carne del potere apparente lascia intravedere lo scheletro del potere reale che regge dall'interno il corpo sociale. E ancora. La vicenda Gladio dimostrò come lo stesso Parlamento, sede ufficiale della sovranità popolare, fosse stato tenuto all'oscuro di accordi stipulati nel *fuori scena* tra detentori nazionali e internazionali della sovranità reale. Non è tutto. Nei processi di Mafiopoli, è venuto alla luce il coinvolgimento di massa dei colletti bianchi nel sistema di potere mafioso e come molti omicidi siano maturati negli ambienti borghesi. Si è svelato che gli assassini non hanno solo fisionomie lombrosianamente truci, ma hanno anche volti familiari: hanno frequentato le nostre scuole, le nostre chiese, i nostri salotti.

Per venire ai nostri giorni, alcuni dei più noti processi celebrati in questi ultimi anni hanno dimostrato che l'occulta trasversalità della gestione del potere nel nostro Paese non è storia del passato, determinata da patologie transitorie, ma realtà strutturale.

Si pensi, per esempio, all'indagine penale sui cosiddetti «furbetti del quartierino» relativa ai progetti di scalata a due grandi banche – Antonveneta e Banca Nazionale del Lavoro – e, al contempo, a un importante polo della stampa: il «Corriere della sera». Prescindendo dalle diverse responsabilità penali o meramente politiche dei vari soggetti coinvolti, sulle quali naturalmente non entro minimamente nel merito, le cronache giudiziarie hanno messo in luce l'esistenza di un intrigo segreto per ridisegnare la mappa del potere politico, finanziario e mediatico nel Paese con accordi trasversali tra esponenti di rilievo del centrodestra e del centrosinistra all'interno di una logica di lottizzazione del sistema bancario e finanziario nazionale. Gli accordi prevedevano di assegnare una grande banca a ciascuno dei due schieramenti politici. Il piano, concretatosi nell'elusione di tutti i controlli di legge con la cooperazione di avventurieri della finanza, di banchieri disinvolti e di esponenti delle istituzioni, è stato sventato solo grazie all'intervento della magistratura.

Ricordo bene che alcuni dei protagonisti di questa vicenda erano stati coinvolti anni prima in una vicenda di segno analogo: la scalata nel 1999 alla Telecom, compagnia telefonica di Stato privatizzata due anni prima?

Grazie all'alterazione delle regole del libero mercato, la Telecom venne comprata e poco dopo rivenduta, facendo intascare ai registi dell'operazione una plusvalenza di 1,5 miliardi di euro (tremila miliardi delle vecchie lire). Parte di questo guadagno – quarantasei milioni di euro – finì nelle tasche di alcuni esponenti della finanza rossa i quali, per sottrarla al fisco, la dirottarono su conti cifrati esteri. Tempo dopo la somma rientrò in Italia ripulita grazie allo scudo fiscale e al condono tombale approvato dal governo di centrodestra di Berlusconi. Si è poi appreso che esponenti del centrodestra e referenti della sinistra sedevano insieme nei consigli di amministrazione di società coinvolte in alcuni dei più rilevanti scandali finanziari.[4]

MATRIMONI DI INTERESSI E MANIPOLAZIONE DELLA DEMOCRAZIA

In tante vicende, i segreti accordi trasversali del potere possono determinare una manipolazione occulta dei meccanismi democratici e l'apparente indecifrabilità della politica ufficiale. La segretezza degli accordi avvince i grandi decisori in una trama comune di interessi e solidarietà che poi può declinarsi anche in alcune scelte legislative e di governo.

Mi riferisco, per esempio, alle traversie della riforma della legge sul risparmio nel biennio 2004-05, alla mancata riforma del sistema del duopolio televisivo, alla mancata soluzione legislativa del problema del conflitto d'interessi, all'indulto del 2006 eccetera.

Il potere visibile rischia così di divenire il figlio bastardo di quello invisibile, generato a sua volta da una miriade di segreti matrimoni di interessi o di transazioni sottobanco.

La politica come network principale del potere sembra sciogliersi in una ragnatela di network di potere – legali, illegali e misti – in continua e sotterranea contrattazione, all'insegna di quelli che sembrano essere rimasti gli unici reali regolatori di rapporti sociali: i rapporti di forza, giocati a tutto campo scavalcando i circuiti istituzionali.

La ricostruzione di tante vicende emerse nei processi penali dà talora la sensazione che, sotto la crosta del potere visibile ufficiale, la piduizzazione del potere rischia di divenire progressivamente realtà di sistema, rendendo ogni giorno più evanescente la linea di confine tra legale e illegale.

Non ritiene che una delle principali spie linguistiche di questa mutazione sia costituita dalla progressiva diffusione della categoria concettuale «sistema criminale» nel linguaggio di coloro che per ragioni professionali si occupano di fatti criminali: magistrati, forze di polizia, criminologi?

Oggi il concetto di sistema criminale è entrato nell'uso corrente delle analisi della Direzione nazionale antimafia, dei

Servizi centrali di polizia e degli operatori come adeguamento linguistico necessario per definire una *res* nuova la cui concreta fenomenologia non è inquadrabile nelle vecchie categorie di associazione o organizzazione criminale.

Questo termine nuovo cosa definisce esattamente?

Un sistema integrato di soggetti individuali e collettivi. Una sorta di tavolo dove siedono figure diverse, non tutte necessariamente dotate di specifica professionalità criminale: il politico, l'alto dirigente pubblico, l'imprenditore, il finanziere, il faccendiere, esponenti delle istituzioni e, non di rado, il portavoce delle mafie. Ciascuno di questi soggetti è referente di reti di relazioni esterne al network ma messe a disposizione dello stesso. Il sistema è modulare nel senso che, a seconda della natura degli affari e delle necessità operative, integra nuovi soggetti o ne accantona altri. I diversi tavoli di lavoro pianificano la divisione dei compiti per conseguire il risultato del controllo di settori delle istituzioni, dei centri di spesa, della spartizione delle opere e dei fondi pubblici. A volte i vari sistemi criminali sul territorio diventano intercomunicanti tramite uomini cerniera.

Per intenderci, potremmo definire i sistemi criminali come mutanti che nascono dall'evoluzione e dall'ibridazione di precedenti forme criminali: corruzione, piduismo e mafia. Le cronache offrono un vasto campionario della fitta rete di sistemi criminali che dal Nord al Sud come un esercito di termiti succhiano segretamente la linfa vitale del Paese.

Il «sistema criminale» come sinonimo di consorterie, comitati di affari, cupole, cricche affaristiche, superlogge, cordate di potere, potentati?

Cambiano le denominazioni ma non la sostanza e il *modus operandi*. Nelle regioni meridionali hanno maggiore visibilità solo perché la loro esistenza emerge in occasione delle indagini classiche sulle organizzazioni mafiose operanti sul territorio. Intercetti il mafioso e quello parla con l'imprenditore che a sua volta si rapporta con il politico che mette in campo il finanziere eccetera... un filo di Arianna che porta nei labirinti del potere e dei grandi affari.

Siamo alla postmafia. Se prima si utilizzava la categoria giuridica e concettuale del «concorso esterno» in associazione mafiosa per indicare i colletti bianchi esterni alle organizzazioni mafiose che colludevano in vario modo con le stesse a livello individuale, ora, in molti casi, sarebbe forse più corretto parlare di concorso esterno delle organizzazioni mafiose negli affari loschi di settori delle classi dirigenti.

Talora si ha la sensazione di una strisciante dissoluzione di ampie parti della società in un intreccio di potentati privati di tipo neotribale (enormi clientele facenti capo a vari capitribù militanti in diverse formazioni politiche), neobaronale (baronie nel campo della sanità e dell'università), neocorporativo (aristocrazie del mondo del lavoro e ordini professionali), aziendale, massonico e mafioso.

È azzardato affermare che, se il quadro è quello che sta descrivendo, ciò comporta il definitivo tramonto del ruolo dello Stato?

Se lo Stato nasce dal superamento dei poteri e degli ordinamenti privati mediante la costituzione di un ente superiore che media tra i poteri privati nell'interesse generale, lo Stato muore o inizia a morire quando questi poteri privati se ne appropriano e lo piegano alle proprie logiche. Allora l'unico principio regolatore dei rapporti sociali diviene la forza.

Allora su coloro che non fanno parte di alcuna tribù sociale forte – come oggi avviene per i giovani precari, per i disoccupati, per gli anziani poveri, per gli emarginati, per milioni di cittadini – si scarica tutto il costo sociale delle transazioni concluse dalle varie tribù nell'esclusivo interesse dei propri membri.

LA «BANALITÀ DEL MALE» ITALIANO

Mi pare che ci avviciniamo a quell'operazione di riverginamento culturale della quale si parlava all'inizio.

È lì che dobbiamo tornare per rispondere alla domanda sul perché dell'insuperabilità della corruzione e della mafia in Italia. E non solo a questa. Il disvelamento dell'oscenità e dei misfatti del potere determinatosi a seguito della celebrazione dei processi di questi ultimi anni ha infatti messo in luce un'altra realtà scabrosa: cioè che il «male» non lo si può esorcizzare proiettandolo catarticamente solo su alcuni personaggi che il sistema di sapere ufficiale ha fatto assurgere nell'immaginario collettivo a icone totalizzanti del male, come i Riina e i Provenzano per la mafia, i vari Chiesa, Poggiolini per la corruzione, o Concutelli e Fioravanti per lo stragismo e la strategia della tensione degli anni settanta.

Siamo come dentro un gioco di specchi nel quale non si va da nessuna parte, non si trova l'uscita dal labirinto. È così?

Siamo più vicini a un gioco di specchi per allodole.

Nel 1963 Hannah Arendt, dopo avere assistito a Gerusalemme al processo contro il nazista Adolf Eichmann, una delle pedine più solerti ed efficienti della «soluzione finale», responsabile dello sterminio di migliaia di ebrei, pubblicò un libro scomodo: *La banalità del male*. Analizzando la personalità di Eichmann, la Arendt si era resa conto che questi non era un uomo affetto da aberrazioni patologiche da mettere *in mostra* dinanzi alla folla dei normali, che potevano così deresponsabilizzarsi proiettando all'esterno, sul *monstrum* (colui che viene messo in mostra), la causa e la responsabilità del male del nazismo. Eichmann e altri macellai del secolo erano «normali», il che era ancora più inquietante perché portava a interrogarsi sulle responsabilità collettive che avevano dato vita a tale mostruosa normalità consentendo al nazismo di divenire fenomeno di massa.

Allo stesso modo potrebbe dirsi che i Riina, i Provenzano, i Concutelli, i Fioravanti, i Chiesa, i Poggiolini non sono – come si vorrebbe far credere – dei mostri, ma sono espressione di una mostruosa «normalità» italiana che chiama in causa l'identità culturale del Principe, cioè di quella componente della classe dirigente italiana che da sempre ha costruito il proprio potere sul sistema della corruzione, su quello mafioso, e che ha protetto nel tempo i vari specialisti della violenza utilizzandoli per gli omicidi di mafia e per la strategia della tensione realizzata mediante stragi di innocenti.

Un'identità che – come intuirono Ennio Flaiano e Leonardo Sciascia – alimenta l'eterno fascismo degli italiani, inteso come uno dei connotati del genoma culturale nazionale, come una dimensione culturale prepolitica che nel tempo si cala in forme politiche più o meno palesi, più o meno pure e compromissorie.

La banalità del male, la banalità del fascismo, la banalità della mafia, la banalità dello stragismo…

In tante vicende processuali è venuta fuori la banalità di questi mali in quanto espressione «fisiologica» ed endemica della struttura dei poteri reali in Italia, la quale mantiene una sua sostanziale continuità dietro il volto cangiante delle varie sovrastrutture istituzionali che si susseguono nel tempo.

È una realtà scomoda con la quale dovremmo tuttavia imparare a misurarci. La psicoanalisi ci ha insegnato che il paziente nevrotico, non avendo la forza di confrontarsi con le parti segrete e rimosse della propria personalità nega la loro esistenza o attribuisce paranoicamente a terzi la causa del male che lo attanaglia. In questi casi si suol dire che il paziente *è agito* dall'esperienza nevrotica, in quanto non è in grado di comprenderla e governarla. Il risultato è che la violenza, rimossa o proiettata all'esterno si cronicizza ed è destinata a riesplodere ciclicamente, travolgendo lo stesso nevrotico e le vite degli altri.

E trasponendo questa dinamica dal piano individuale a quello psicosociale che succede?

Si potrebbe dire che la cultura democratica di questo Paese non è ancora abbastanza sviluppata per prendere coscienza e misurarsi con la parte oscura della propria storia. Dunque è costretta a ristagnare 1) nel negazionismo: le tangenti servivano solo a finanziare i costi della politica, la mafia è solo una storia di bassa macelleria criminale, lo stragismo della destra eversiva è stato opera di alcuni isolati fuori di testa; 2) nella rimozione: i vari «armadi della vergogna» che costellano la storia nazionale, da quello delle stragi nazifasciste del dopoguerra a quello delle stragi neofasciste degli anni settanta; 3) nella proiezione paranoica: Tangentopoli è una invenzione dei giudici di sinistra, i processi di Mafiopoli ai potenti sono frutto di complotti eccetera.

Il risultato è la cronicizzazione della violenza politica, della corruzione, della mafia. Viviamo come all'interno di una tragedia inceppata, di una storia circolare destinata a ripetersi nelle sue segrete dinamiche, pur nel mutare delle maschere e dei tempi.

Dal nazismo i tedeschi alla fine sono usciti, gli italiani invece da un certo modo fascista di ragionare ancora no. Perché?

Forse perché mentre il popolo tedesco ha continuato a interrogarsi ininterrottamente e criticamente sul nazismo fino a uscirne, i ceti dirigenti italiani – responsabili della politica culturale e quindi della costruzione del sapere sociale e delle credenze collettive – hanno rimosso gli scheletri della violenza del fascismo, che nel Novecento ha replicato a livello di massa e alla luce del sole quella stessa violenza che da sempre ha percorso come un fiume carsico sotterraneo tutta la storia nazionale. Non so adesso, ma sino alla mia generazione l'insegnamento della storia nelle scuole si fermava generalmente alla Prima guerra mondiale.

Appariva sconveniente addentrarsi in quel che era avvenuto dopo, che quindi restava per i più una vicenda nebulosa, espressione di un passato che in realtà non è mai passato e che continua ad attraversare il presente.

CLASSI DIRIGENTI E CRIMINALITÀ: L'ANOMALIA ITALIANA

Qualcuno a questo punto potrebbe chiedersi: non si corre il rischio di una lettura forzata della società italiana coniugan-

do politica, economia e criminalità come fossero un unicum inscindibile?

Capisco l'obiezione. Questo è un punto cruciale. Come cercherò di spiegare – prima in generale in questa parte e poi con esemplificazioni concrete nelle parti dedicate ai temi specifici della corruzione, delle stragi e della mafia – la mia ipotesi è che la criminalità del potere in Italia non sia la mera sommatoria aritmetica di migliaia di condotte criminali di singoli potenti: un archivio di cadute individuali. È piuttosto il ritratto di Dorian Gray di una componente significativa della nostra classe dirigente. La cartina di tornasole della sua segreta identità e, quindi, del reale modo di essere della democrazia e dello Stato. Dietro il salotto buono dove vengono messi in bella mostra il decoro e le glorie di famiglia, la casa comune nasconde anche la stanza di Barbablù, piena di scheletri e imbrattata di sangue.

Per questo motivo, come ho già accennato, la storia della mafia – così come quella della corruzione e delle stragi – è una parte della storia del potere reale nel nostro Paese.

Si può dire che la vera storia della mafia è ancora da scoprire?

In parte sì. Mi rendo conto che il lettore medio, abituato a credere che la mafia sia una storia di bassa macelleria criminale di cui sono protagonisti ex contadini e vaccari semianalfabeti con la complicità di qualche pecora nera appartenente al mondo dei colletti bianchi, resterà un po' spaesato. Anch'io per anni ho subito un senso di grave spaesamento.

Cos'è che le faceva perdere l'orientamento?

Ho impiegato molto tempo prima che gli occhi della mia mente e del mio cuore si abituassero a distinguere confusamente e poi a vedere la faccia segreta del pianeta mafioso: quella oscurata dalla luce accecante dei fari mediatici, concentrata solo sulla faccia visibile.

È superfluo sottolineare che tutto quello che dico non ha alcuna pretesa di oggettività. Dico solo quel che mi è sembrato di capire in lunghi anni di riflessione e di esperienza sul campo.

A questo proposito poc'anzi ha elencato tra i campioni della normalità italiana il Principe che ha sempre utilizzato e coperto gli specialisti della violenza nel gioco grande del potere. Può chiarire questo punto?

Ho utilizzato l'espressione «Principe» alludendo al titolo del libro di Niccolò Machiavelli, da sempre considerato una sorta di bibbia dagli uomini di potere italiani: un manuale pratico-teorico sulla costruzione del potere. Per il suo libro Machiavelli si ispirò al duca Cesare Borgia, figlio di Rodrigo divenuto papa Alessandro VI, e fratello di Lucrezia. I Borgia erano privi di qualsiasi scrupolo e senso morale; nell'Italia del Cinquecento avevano fatto dell'omicidio, della strage e dell'inganno una pratica di vita per accrescere il proprio potere. Machiavelli, che aveva avuto modo di conoscere Cesare Borgia personalmente, ne aveva narrato e apprezzato le gesta nella *Descrizione del modo tenuto dal duca Valentino nell'ammazzare Vitellozzo Vitelli, Oliverotto da Fermo, il signor Pagolo e il duca di Gravina Orsini*, considerandola «impresa rara e mirabile». I Borgia – il cui potere era trasversale a quello temporale e a quello religioso – non costituivano un'eccezione nel panorama della classe dirigente del tempo. Il fatto che Machiavelli apprezzi le gesta di Cesare Borgia e lo assuma a modello di comportamento, sia pure al fine di costruire uno Stato italiano che si emancipi dalle dominazioni straniere, dimostra la «normalità» della pratica dell'omicidio e dell'astuzia sleale nella lotta politica, in dispregio di ogni regola e criterio di lealtà anche nello scontro militare.

Viene da tanto lontano la banalità italiana?

La mostruosità di questa normalità italiana, mai colta in Italia, proprio perché «normale» in un Paese che da secoli continua a tributare ammirazione ai furbi e ai violenti, è stata invece percepita in altri Paesi di antiche tradizioni democratiche e civili – come per esempio l'Inghilterra – nei quali si ritiene che la contesa politica deve rispettare, pur nello scontro violento e armato, regole di lealtà e di onore.

Adam Smith, per esempio, il famoso economista e filosofo scozzese vissuto nel XVIII secolo, rimase agghiacciato dall'ammirazione tributata da Machiavelli a Borgia per il massacro dei suoi rivali a tradimento, e nella *Teoria dei sentimenti morali* così commentò il cinismo del nostro:

> Mostra molto disprezzo per l'ingenuità e la debolezza delle vittime, ma nessuna compassione per la loro triste e prematura morte, nessun genere di indignazione per la crudeltà e la falsità del loro assassinio.

In quelle culture, vincere slealmente e contro le regole è considerato oggi, a differenza che in Italia, disonorevole, e quindi meritevole di disprezzo sociale.

Anche in quei Paesi sono esistiti ed esistono personaggi come i Borgia. Il punto è che costoro sono stati superati dall'evoluzione storica e civile, sicché oggi non godono di alcun consenso e sono costretti a operare nell'ombra.

È dal tardo Cinquecento che l'Italia fatica a entrare nel circolo dell'Europa più civile. Al di là delle apparenze, esiste una straordinaria continuità sottotraccia dell'immaturità democratica di tanta parte del nostro popolo e della sordità delle sue classi dirigenti ai principi più elementari dello Stato moderno.

Resta attuale la diagnosi di Vitaliano Brancati: «L'Italia non si stanca mai di essere un Paese arretrato. Fa qualunque sacrificio, perfino delle rivoluzioni, pur di rimanere vecchio».

Il risultato è che oggi in Italia il Parlamento nazionale, i Consigli regionali e snodi importanti dell'intero circuito istituzionale sono affollati di pregiudicati, di inquisiti per i più svariati reati e di personaggi talora poco presentabili.

In occasione della formazione della Commissione parlamentare antimafia nella legislatura conclusasi nel 2008, venne respinta a larghissima maggioranza la proposta di escludere dalla Commissione soggetti inquisiti per mafia o per reati contro la pubblica amministrazione. Della Commissione entrarono così a far parte soggetti condannati per fatti di corruzione con sentenza definitiva.

A proposito di culture anglosassoni, vorrei però far notare che negli Stati Uniti esiste una lunga tradizione di violenza politica, sfociata anche nell'assassinio di alcuni presidenti.

È vero. Tuttavia gli Stati Uniti sono nati come nazione solo alla fine del XVIII secolo e nell'arco di appena due secoli – un soffio se misuriamo il tempo con il parametro della storia dei popoli – sono riusciti in un'impresa straordinaria:

quella di passare dal Far West alla moderna democrazia americana, fondendo in un'unica identità nazionale milioni di immigrati di tutto il mondo provenienti dalle più diverse storie e culture, e fornendo loro un comune statuto della cittadinanza. L'omicidio di Robert Kennedy nel 1968 sembra avere chiuso la stagione dei delitti politici, ricomponendo le fratture interne alla classe dirigente americana.

Quell'omicidio, seguito a quello di John Kennedy e a quello di Martin Luther King, portò oltre il livello di guardia il tasso di violenza politica in quel Paese e segnò una svolta che è utile ricordare.

Il presidente degli Stati Uniti Lyndon Johnson si rese conto che ci si trovava dinanzi a un punto di non ritorno e, tra le altre iniziative, istituì un Comitato per lo studio e la prevenzione della violenza, per iniziare a riflettere seriamente, fuori dalle obbligate ipocrisie istituzionali, sui rapporti tra la società americana e la violenza politica.

A quel comitato venne chiamato a collaborare H.L. Nieburg, uno dei massimi teorici dei conflitti sociali del tempo, il quale condensò le sue conclusioni nella monografia *L'assassinio politico e il continuum del comportamento politico*, proponendo un radicale riorientamento dell'approccio al tema della violenza.

In cosa consisteva il modello Nieburg? E perché torna utile al nostro ragionamento?

Perché a mio parere offre importanti chiavi di lettura per comprendere – come vedremo in seguito – le motivazioni profonde della continuità nel tempo della violenza politica e della predazione praticate da significativi settori delle classi dirigenti in Italia.

Secondo il modello dello studioso statunitense, il motore e la polpa della dinamica sociale è il *bargaining*, cioè un ininterrotto e universale processo di contrattazione nel quale i gruppi sociali competono per la conquista di risorse, status e influenza. La contrattazione, secondo lo studioso americano, si muove lungo un *continuum* i cui poli sono la violenza e la non violenza.

La violenza – e questo mi sembra un punto fondamentale sul quale fermarsi a riflettere – non è una interruzione o un'aberrazione disfunzionale della vita politica, ma piuttosto un suo *continuum*, una prosecuzione della contrattazione con tattiche che comportano un'elevazione dei rischi e dei costi, quando le altre forme di contrattazione sono precluse o inefficaci.

Infatti si suol dire che la guerra è la prosecuzione della politica con altri mezzi e che, viceversa, la politica è una nobile arte che serve a evitare di scannarsi a vicenda. La politica come arte del compromesso.

Esatto. L'agire sociale solo apparentemente è mosso e motivato da valori; in realtà – secondo Nieburg – esso funziona indipendentemente da essi reagendo di continuo all'esperienza, laddove i valori non sono che razionalizzazioni *ex post* dell'equilibrio raggiunto in un determinato momento storico tra le forze in campo che stabilizzano e strutturano l'esito di quella contrattazione sociale. Appena il rapporto tra le forze in campo muta, inizia un nuovo processo di contrattazione che porta a una diversa tavola dei valori, specchio dei nuovi rapporti di forza.

Nell'America visceralmente anticomunista e appena uscita dal maccartismo, Nieburg, consulente del governo, perviene a conclusioni quasi blasfeme tanto sembrano riecheggiare Karl Marx:

> La definizione di ordine riferita a ogni relazione tra i gruppi sociali tende a riflettere i valori, gli interessi e il comportamento di coloro che dominano la struttura gerarchica dei rapporti di contrattazione. La storia dei reati riflette la storia delle leggi, le quali a loro volta rispecchiano i sistemi normativi dei gruppi di potere dominanti, ossia le condizioni sociali ed economiche che ne hanno accompagnato la nascita grazie alle quali esse si perpetuano [...]. I valori dei gruppi dominanti vengono modificati dagli spostamenti del locus del potere provocati dall'emergere di nuovi gruppi [...]. La storia dimostra che non è infrequente il caso di gruppi criminali che finiscono poi col diventare essi stessi i quadri di un nuovo ordinamento giuridico-legale e di una nuova organizzazione statuale. Si dà il caso di malviventi americani che si organizzarono in bande, violentarono, rubarono, razziarono cavalli e bestiame, bruciarono villaggi messicani e diventarono poi la classe dirigente della nuova repubblica del Texas: generali, governanti, banchieri e grandi proprietari terrieri.

Ciò posto, la differenza dell'Italia rispetto agli Stati Uniti e altri Paesi europei, quali l'Inghilterra, la Francia, la Germania, sembra essere l'irredimibilità di significative componenti delle sue classi dirigenti, incapaci – a differenza delle classi dirigenti di quei Paesi – di transitare da una fase di accumulazione violenta e predatoria a una fase nella quale il potere sociale ed economico acquisito in passato si stabilizza e si legalizza dando vita a un ordine che rispecchia valori sociali consolidati.

È mia opinione che in Italia persista una rimozione culturale su un tema centrale e strategico che da sempre investe – proiettandosi sul futuro – la questione democratica e la questione Stato: il rapporto irrisolto tra classi dirigenti e violenza.

IL PRINCIPE NELLA STORIA NAZIONALE

Parliamo dunque di questa specificità italiana.

Dobbiamo tornare alla consacrazione nazionale del *Principe* del Machiavelli. Lo spirito e la cultura del *Principe* – proprio perché costitutive della normalità italiana nel senso che ho precisato – non sono mai morte. Trasmettendosi di generazione in generazione, hanno continuato ad attraversare nei secoli la nostra storia nazionale, riciclandosi nelle varie forme di Stato che si sono succedute nel tempo – dall'Italia preunitaria alla monarchia, al fascismo, alla prima e seconda Repubblica, giungendo sino ai nostri giorni.

Sì, ma perché la longevità di questa perniciosa «normalità»?

Perché questa parte premoderna della nostra classe dirigente è transitata direttamente dalla premodernità alla postmodernità, restando impermeabile alla modernità: la fase storica della Riforma, dell'Illuminismo, della Rivoluzione industriale e del liberalismo nel corso della quale sono state poste le fondamenta per la costruzione dello Stato democratico di diritto.

Il Principe è sempre stato uno dei coprotagonisti – a volte palese, ma quasi sempre occulto – della storia nazionale, segnandone la sua profonda anomalia rispetto alle storie di altri Paesi occidentali europei.

In che senso anomalia?

In altri Paesi la criminalità non *fa storia*. È una vicenda che, tranne poche eccezioni, riguarda in genere solo gli strati meno integrati e acculturati della società, e che, dunque, interessa solo gli specialisti di settore.

In Italia invece la storia criminale è sempre stata inestricabilmente intrecciata con la storia nazionale, quella con la S maiuscola.

Tutta la storia nazionale dall'Unità a oggi è attraversata dal filo nero di un costante uso politico della violenza da parte di settori della classe dirigente quale risorsa strategica palese o occulta nella contrattazione sociale. Nessuna storia nazionale degli altri Stati europei presenta in questi ultimi due secoli una siffatta incidenza e continuità della violenza politica endogena.

Si potrebbe fare un bilancio di questa nostra storia nazionale?

I cento morti della repressione *manu armata* dei fasci siciliani negli anni 1893 e 1894, le ottanta persone uccise nel 1898 a colpi di cannone e mortaio dal generale Bava Beccaris, pure decorato dal governo per tale «eroica» strage di manifestanti inermi, sono solo la punta dell'iceberg degli assassinii di massa durante il periodo monarchico... Una spirale di violenza che dopo l'agonia dello Stato liberale-monarchico apre le porte alla nuova prolungata stagione di violenza di massa del ventennio fascista.

Nel solo biennio 1920-21 quattromila tra uomini, donne, bambini e vecchi vengono assassinati nelle vie e nelle piazze d'Italia per mano delle squadre fasciste nella vigile indifferenza – se non con l'appoggio – dei prefetti e delle autorità di pubblica sicurezza. E poi la sequenza spaventosa degli omicidi politici: quarantamila bastonati, storpiati, feriti; ventimila esiliati; diecimila confinati…

Ma la lunga scia di sangue lasciata dalle classi dirigenti, e della quale è intrisa la nostra storia nazionale, non si arresta con la caduta del regime fascista. Appena il tempo di piangere i caduti della guerra e via di nuovo fino ai nostri tempi: una lunga ininterrotta catena di stragi. Da Portella della Ginestra il 1° maggio 1947, a piazza Fontana, a Brescia, all'Italicus, e via elencando fino alle stragi del 1992-93. Una serie di progetti di colpi di Stato; uno stillicidio ininterrotto di omicidi politici, di strani suicidi e di incidenti che hanno lasciato sul campo centinaia di morti, falcidiando comuni cittadini e alcuni tra i migliori esponenti della classe dirigente del Paese.

A saperla leggere oltre la cortina dell'ufficialità, la storia italiana presenta tratti di maggiore omogeneità con quella di alcuni Stati dell'America Latina, quali il Cile e l'Argentina – «retrobottega» dell'Occidente e lato ombra delle culture delle classi dirigenti europee – piuttosto che con quella dei più avanzati Stati europei.

Ci sono differenze fra questi scenari? Non è forzato paragonare l'Italia all'America Latina?

La differenza sembra essere che in quel «retrobottega» i settori più retrivi delle classi dirigenti hanno proseguito, anche nel secondo dopoguerra, a praticare «sulla scena» della storia, tramite le dittature militari, quella violenza che, invece, nel salotto buono dell'Occidente europeo dopo la catastrofe della Seconda guerra mondiale e l'overdose di totalitarismi (nazismo, fascismo e franchismo), poteva essere praticata solo nel fuori scena. Tenuto conto che in entrambi i casi si tratta di violenza politica, la via italiana e quella latinoamericana condividono necessariamente anche gli approdi finali: l'impunità e la rimozione. In Cile non è stato possibile processare Pinochet, mentre in Argentina sono state emanate una serie di leggi ad hoc (la legge dell'«obbedienza dovuta», la legge «del punto finale» eccetera) che hanno garantito una sostanziale impunità al generale Videla e agli altri esponenti della giunta militare, responsabili di orrendi eccidi. L'impunità dei generali e delle giunte militari – i carnefici sulla scena della storia – è una diretta conseguenza del loro semplice ruolo di braccio armato di potenti borghesie nazionali e internazionali – i mandanti nel fuori scena della storia – che non hanno esitato a fare uso della violenza più brutale per mantenere inalterato un sistema di privilegi che rischiava di essere messo in crisi dal libero gioco democratico. Processare e condannare i carnefici significherebbe dunque destabilizzare il quadro politico, equivarrebbe a una guerra civile per via giudiziaria: una parte del Paese dovrebbe giudicare e condannare l'altra.

Qual è l'analogia con l'Italia?

Per lo stesso motivo in Italia, dopo la caduta del fascismo e la fine del conflitto mondiale, si pervenne a una totale reintegrazione degli esponenti dei quadri direttivi della dittatura, mettendo da parte ogni ipotesi di seria epurazione. Di una totale impunità hanno beneficiato – sull'altare della «ragion di Stato» e dei «superiori interessi della nazione» – anche quei repubblichini che dall'8 settembre 1943 al 25 aprile 1945 spalleggiarono le Ss e la Wehrmacht nel massacrare, a volte con orribili sevizie, circa quindicimila civili connazionali: uomini, donne e bambini.

Per decisione politica i 695 fascicoli processuali contenenti le prove della responsabilità degli assassini furono infatti tutti occultati nell'«armadio della vergogna» rinvenuto casualmente nel 1994 in un corridoio della Procura generale militare a Roma. Per lo stesso motivo in Italia la storia della violenza e della predazione sistemica di quote imponenti delle risorse collettive da parte di settori della classe dirigente è la storia dell'eterna sconfitta della giurisdizione e dell'impunità dei potenti.

Però tutto si può dire tranne che in Italia si celebri un numero limitato di processi. Allora esistono gli anticorpi?

Nei processi che coinvolgono la criminalità del potere, sul banco degli imputati finiscono tutt'al più i Pisciotta che muoiono avvelenati in carcere quando minacciano di rivelare i nomi dei mandanti; altri come Sindona e Calvi si suicidano o vengono suicidati, i più tacciono scegliendo di sopravvivere.

Sullo sfondo restano depistaggi e coperture clamorose come, per esempio, quelle accertate per la cattura e la morte del bandito Salvatore Giuliano (esecutore della strage di Portella della Ginestra per ordini superiori), per la strage di Bologna, per il caso Sindona, per l'omicidio Impastato, sparizioni di documenti essenziali che sfuggono alle perquisizioni nei covi caldi, e tutto il ricco repertorio dell'osceno della storia, la vera storia del potere.

Quando è possibile processare i potenti, gli esiti sono sotto gli occhi di tutti.

Quando, a volte, persone non appartenenti al mondo dei chierici del diritto mi pongono domande sulla giustizia in Italia, sono solito rispondere che per comprendere come funziona effettivamente il sistema dell'amministrazione della giustizia penale in un determinato Paese non è necessario attardarsi su ponderosi volumi di diritto e procedura, ma è sufficiente verificare la composizione della popolazione carceraria, per vedere chi finisce effettivamente in carcere a espiare pene definitive.

A quali risultati porta questa verifica?

Ebbene, dal 1860 a oggi la composizione della popolazione carceraria in Italia è rimasta pressoché immutata. Si tratta in massima parte di persone con basso livello di scolarizzazione e degli ultimi della gerarchia sociale.

Ieri – nell'Ottocento e nei primi del Novecento – in carcere finivano coloro che i criminologi del tempo definivano gli elementi pericolosi della classe «oziosa»: ladri, ricettatori, bari, truffatori, frodatori, assassini da strada, omicidi passionali, esponenti dell'ala militare delle organizzazioni criminali. Oggi, come risulta dalle statistiche del Dap (Dipartimento amministrazione penitenziaria), in carcere finiscono all'incirca gli stessi soggetti, più un'elevatissima quota di immigrati, di tossici e di spacciatori.

Oggi come ieri e l'altroieri, la quota di colletti bianchi, di soggetti appartenenti ai vertici della piramide sociale, è statisticamente irrilevante.

Ma le tempeste di Tangentopoli e quella di Mafiopoli coinvolsero migliaia di imputati colletti bianchi. Questo è un fatto.

Se guardiamo all'esito finale, non direi. A espiare la pena in carcere ne sono finiti tanti quanti se ne possono contare con le dita di due mani.

Dal 1860 a oggi la forma dello Stato è mutata varie volte: siamo passati dalla monarchia sabauda, allo Stato monarchico liberale, al fascismo, alla repubblica. Nel tempo si sono susseguite maggioranze di destra, di centro e di sinistra. Ciò induce a ritenere che i mutamenti della forma dello Stato e il mutare degli equilibri politici non hanno modificato nella sostanza il carattere di classe dell'amministrazione della giustizia.

L'applauso corale del Parlamento, in tutti i suoi ordini e gradi, al ministro della Giustizia Mastella quando nel gennaio 2008 attaccò la magistratura che aveva tratto in arresto alcuni appartenenti al suo partito è solo uno dei tanti episodi rivelatori della risalente avversione del nostro ceto politico al principio costituzionale che la legge è uguale per tutti.

Oggi per quali reati si va in galera?

Oggi il furto con destrezza, tipico reato da strada, grazie al gioco delle aggravanti e della recidiva introdotta dalla legge Cirielli nel 2005, è punito con una pena che arriva sino a dieci anni di galera. Invece, per proporre solo un esempio tra i tanti reati dei colletti bianchi che godono di uno statuto privilegiato – da quelli contro la pubblica amministrazione, riformati da una maggioranza di centrosinistra, al falso in bilancio, riformato invece da una maggioranza di centrodestra –, il reato di turbata libertà degli incanti, tipico reato mediante il quale si manipola l'esito di gare di appalto pubblico anche di ingentissimo valore, è punito con la pena di appena due anni di galera. Si tratta di un reato che, stante la tenuità della pena prevista, non consente la possibilità di ricorrere all'uso di intercettazioni. Dunque è di difficile accertamento, tenuto conto che il clima di omertà blindata che caratterizza il mondo dei colletti bianchi non è affatto da meno di quello dei mafiosi doc. Ma se pure tra mille difficoltà si riesce ad acquisire la prova della colpevolezza, si tratta di un reato gratis.

In che senso gratis?

Nel senso che grazie alla recente legge che ha tagliato i tempi della prescrizione dei reati, e alle leggi che nella sostanza consentono agli imputati facoltosi di cogestire i tempi del processo penale, è un reato destinato a prescriversi prima della sentenza definitiva.

Ma se, per puro caso, si dovesse pervenire a una sentenza di condanna, non è poi un problema, perché si può patteggiare la pena riducendola a pochi mesi con la sospensione condizionale della pena.

Insomma, un vero affare: si possono lucrare milioni di euro rubandoli alla collettività, a rischio quasi zero.

In che senso rubandoli alla collettività?

Faccio un esempio. Un'analisi effettuata dai carabinieri nel 2001 su tutte le gare di appalto bandite in Sicilia ha consentito di verificare che gli appalti erano stati aggiudicati nel 95,9 per cento dei casi con un ribasso inferiore all'1 per cento, a fronte di una media nazionale dei ribassi oscillante tra il 16 e il 20 per cento.

Una media di ribasso dell'1 per cento vuol dire che accordi sottobanco eliminavano in anticipo ogni concorrenza reale, con il risultato che le opere pubbliche in Sicilia costavano in media tra il 16 per cento e il 20 per cento in più che nel resto del Paese.

Ci troviamo dunque dinanzi a un colossale furto alla collettività. Se invece sei un ignorante, se sei nato nel posto sbagliato e rubi una borsetta al supermercato rischi di prendere un sacco di anni di galera.

A Palermo un povero cristo appena uscito dal carcere grazie alla legge sull'indulto approvata nel luglio 2006, dichiarò a un giornalista che lo intervistava che sentiva il bisogno di esprimere la propria riconoscenza alle persone importanti per le quali era stato fatto l'indulto e grazie alle quali anche lui aveva avuto la possibilità di uscire dalla prigione.

Del resto l'onorevole Francesco Caruso si è lasciato sfuggire che l'indulto era stato approvato per realizzare uno «scambio di prigionieri». Certo è che nulla è stato fatto per risolvere il problema del sovraffollamento delle carceri e per l'umanizzazione delle condizioni di detenzione, ma molto è stato fatto per garantire ai potenti e ai loro protetti di farla franca grazie al generoso abbuono di tre anni per i reati consumati e ancora da giudicare. Le carceri – come era scontato – dal giorno dopo l'approvazione dell'indulto sono tornate a riempirsi come prima solo degli ultimi della piramide sociale.

Alla data del 31 luglio 2006 nelle celle erano ammassati 60.710 detenuti. Nel dicembre 2007, a distanza di appena diciassette mesi dall'approvazione dell'indulto, eravamo già a quota 43.442.

Al ritmo di mille nuovi ingressi al mese, si prevede che prima dell'estate del 2008 si tornerà a sfondare la quota preindulto dei 60.000.

Siamo al punto di partenza senza che nulla sia stato fatto né per depenalizzare reati che incrementano la popolazione carceraria oltre ogni ragionevolezza, né per la costruzione di nuove carceri.

La situazione di sovraffollamento nelle carceri è ritornata a essere drammatica.

Vogliamo dare un'occhiata alle cifre diffuse da Radio Carcere nell'agosto del 2007 e che non mi pare siano state smentite? Sedici persone in cella, chiuse ventitré ore al giorno nella casa circondariale di Genova, venti-ventidue persone nel carcere Poggioreale di Napoli, sette-otto persone nelle celle dell'isola di Favignana sotto il livello del mare.

Nei primi undici mesi del 2007 ci sono stati cinquantadue suicidi tra i detenuti contro i cinquanta del 2006.

Insomma, siamo dinanzi a un problema macropolitico che condiziona da sempre il destino complessivo del nostro Paese.

L'asse portante resta, come accennavo prima, il rapporto irrisolto tra classi dirigenti, predazione e violenza politica da cui germina un rapporto distorto tra potere e legalità.

La criminalità dei potenti si è manifestata essenzialmente in tre forme: a) la corruzione sistemica; b) lo stragismo e l'omicidio per fini politici; c) la mafia. Essendo tutte manifestazioni criminali dello stesso soggetto collettivo, fra le tre forme esistono varie sinergie, punti di intersezione e sono tutte accomunate da un unico comune denominatore che ne declina il loro essere espressione della criminalità del potere: l'eterna impunità dei mandanti, delle menti, dei piani alti. Non è possibile comprendere certi tornanti della storia nazionale, l'apparente irrazionalità di alcune leggi, talora lo stesso mutare della geografia istituzionale, se si prescinde dal ruolo giocato anche dalle vicende criminali che nel tempo hanno coinvolto il Principe.

Per esempio, a proposito di corruzione sistemica, quanti oggi ricordano che la Banca d'Italia fu istituita a causa del crac della Banca Romana esploso nel 1892?

Uno scandalo di regime che coinvolse uno stuolo imponente di parlamentari, giornalisti, palazzinari, membri della famiglia reale e il presidente del Consiglio Giolitti.

È forse una mera coincidenza che a distanza di oltre un secolo la recente riforma della Banca d'Italia che ha reso temporaneo il mandato del governatore sia stata approvata a causa di un altro scandalo finanziario, quello dei furbetti del quartierino al quale abbiamo accennato?

E quanto a evoluzione delle leggi, come comprendere l'apparente incongruità di talune leggi, se si prescinde dalle sottostanti vicende processuali che hanno coinvolto esponenti di rango della classe dirigente?

L'irrazionalità apparente copre una razionalità politica occulta. È una buona sintesi?

Credo di sì. A volte la razionalità politica celata dietro le motivazioni ufficiali è chiaramente leggibile, come nel caso delle leggi *ad personam* approvate dal governo di centrodestra. Altre volte la razionalità politica è più occulta, come è avvenuto per talune leggi *ad personas* approvate dalla maggioranza di centrosinistra. Prendiamo, per esempio, l'inclusione nella legge sull'indulto del maggio 2006 del reato di mafia di cui all'articolo 416 ter del codice penale (scambio elettorale politico mafioso). L'estensione del beneficio dell'indulto a questo reato è inspiegabile alla luce della motivazione ufficiale della legge consistente nella necessità di sfollare le carceri. Alla data dell'emanazione della legge non vi era infatti un solo detenuto in Italia per quel reato, e in tutto il Paese erano pendenti meno di dieci processi.

Quanto poi alla mafia, credo che chiunque sia in grado di comprendere che se fosse composta solo da semianalfabeti ce ne saremmo sbarazzati da lungo tempo.

Arretratezza come palla al piede dell'Italia?

La storia italiana continua a essere quella di un appuntamento mancato con la modernità; laddove per modernità si intenda un rapporto ormai risolto delle classi dirigenti con la violenza, mediante la stabilizzazione delle gerarchie sociali, in esito a processi secolari che hanno sedimentato un tessuto di valori largamente condivisi, espellendo la violenza dalle tattiche di contrattazione sociopolitica.

IL NEOFEUDALESIMO ITALIANO

Come si può spiegare questo attardarsi nella premodernità?

Purtroppo siamo arrivati tardi all'appuntamento con la storia. Nel XIX secolo quando in Europa il feudalesimo era solo un relitto storico ampiamente superato dalle rivoluzioni borghesi che avevano mandato in frantumi il vecchio ordine e le sue strutture culturali, in buona parte dell'Italia il feudalesimo era ancora una realtà vivente. In Sicilia fu abolito ufficialmente solo nel 1812 ma rimase in vita sino alle soglie del XX secolo. Lo stesso può dirsi per gran parte del Meridione e per gli enormi possedimenti dello Stato pontificio, uno dei peggio amministrati del XIX secolo. I viaggiatori europei restavano incantati dalle rovine romane e nello stesso tempo erano esterrefatti perché sembrava di essere proiettati dall'Europa civile in pieno Medioevo. In tutta questa parte d'Italia il rapporto padrone-suddito era la pietra angolare dei rapporti sociali. Tutta la ricchezza era concentrata in un ristretto numero di famiglie; al posto della cultura dei diritti esisteva quella dell'elemosina e del favore, uno statuto della cittadinanza era semplicemente inconcepibile. Società di sudditi, di padrini e padroni con piccole borghesie e corporazioni artigiane al loro servizio. Questo tipo di società che dopo l'Unità d'Italia avrà uno dei momenti di maggiore visibilità nazionale in Sicilia e sarà definita come mafiosa esisteva in realtà in larga parte del Paese come dimostra, per esempio, la splendida rappresentazione che ne ha lasciato Manzoni nei *Promessi sposi*.

In che modo questa società premoderna regolava i conflitti?

La violenza e l'arbitrio erano uno strumento normale di risoluzione delle controversie all'interno del ristretto numero degli equipotenti – coloro che occupavano il vertice della piramide sociale – e una pratica di vita nei confronti degli impotenti che stavano nei gradini più bassi.

L'abitudine all'obbedienza acritica al potente, il servilismo, l'identificazione dell'ordine esistente con quello naturale e divino e quindi la rassegnazione fatalistica erano la normalità.

L'unificazione dell'Italia a seguito della guerra di annessione della monarchia sabauda piemontese proietta questa parte dell'Italia in un universo culturale improprio, quello della monarchia costituzionale, dello Stato di diritto, dell'incipit della modernità europea. Si tratta di una improvvisa e brusca accelerazione della storia che determina un'enorme e incolmabile sfasatura nella psiche collettiva, nella cultura, nella visione della vita di intere popolazioni le cui strutture mentali e psicologiche, trasmesse nei secoli di generazione in generazione, erano ancora immerse nel mondo premoderno.

Dai principi ai baroni, alla modesta borghesia, al popolo minuto, tutti si trovano a misurarsi con una grammatica e una sintassi civile – quella dello Stato liberale e del primato del diritto – che costituisce come una sorta di lingua straniera incomprensibile.

Restavamo premoderni nei fatti e liberali a parole?

Si tratta di una «lingua» che costituisce il frutto di un'altra storia, che non diviene una storia condivisa, ma una storia imposta e quindi largamente rigettata, segretamente o palesemente. Il gattopardismo, per cui tutto cambia perché nulla cambi, è anche il frutto di questa dinamica storica. I nuovi valori, frutto di un'altra storia, si innestano nel tronco dei vecchi valori e così invece dell'olivo nasce l'olivastro. Una ibridazione bastarda che in parte modernizza l'Italia tardofeudale, ma in parte feudalizza il resto del Paese.

Restiamo ancora premoderni?

Questa dialettica tra un'Italia premoderna, che utilizza la violenza e la predazione come armi vincenti da mettere in campo nella competizione sociopolitica per le risorse, e un'Italia civile moderna, che tenta di sublimare la violenza materiale ritualizzandola e regolandola nell'agone politico, continua sino ai nostri giorni. Oggi mi pare che si assista a una generale regressione verso la premodernità di cui si possono cogliere tanti segnali.

Quali?

Per esempio l'istituzionalizzazione e legalizzazione del conflitto di interesse – cioè dell'interesse privato in atti d'ufficio – in tutti i campi. Lo Stato moderno è sorto in Europa proprio a seguito della separazione dell'interesse economico personale del sovrano dall'interesse economico pubblico. La commistione tra interesse privato e pubblico è un relitto degli Stati premoderni di tipo feudale.

Anche il progressivo affermarsi di una giustizia privilegiata per i potenti e di una normale per i cittadini senza potere è un sintomo di regressione. Nel mondo premoderno il foro comune era destinato solo agli ultimi e agli impotenti. Per coloro che invece appartenevano a vario titolo alla cerchia dei potenti esistevano i cosiddetti fori privilegiati: quello per gli aristocratici, quello per gli ecclesiastici, quello per i membri delle corporazioni più ricche eccetera. Giustizie domestiche e addomesticate dove si poteva essere giudicati dai propri pari, con quali esiti è facile immaginare.

Un altro sintomo è l'occulto ritorno dell'etica dell'obbedienza. Uno degli snodi del passaggio dalla premodernità alla modernità si è realizzato con il passaggio dalle società dell'obbedienza, quali erano la società feudale e quelle delle monarchie assolute, alla società delle moderne democrazie nelle quali vige invece il principio della responsabilità individuale. Nel primo tipo di società, l'etica è quella dell'obbedienza gerarchica. La responsabilità non è assente, ma è presente solo come responsabilità nei confronti del superiore, che è altra cosa dalla responsabilità per la conseguenza delle proprie azioni. La prima, come ha osservato il filosofo Umberto Galimberti, si riferisce a chi dobbiamo rispondere e ci deresponsabilizza delle conseguenze delle nostre azioni in quanto esecuzione di volontà superiore insindacabile.

La seconda invece ci responsabilizza perché ci fa carico delle conseguenze delle nostre azioni e, dunque, ci impone di non eseguire eventualmente volontà superiori illegittime che determinano ingiusti danni a terzi.

Il processo di Norimberga non si giocò tutto su questo terreno?

Quel processo segnò una svolta epocale.

Da un lato i gerarchi nazisti che si chiamavano fuori

dalla responsabilità dei genocidi di massa appellandosi all'etica dell'obbedienza, dall'altro il tribunale che affermò invece il principio della responsabilità personale che impone di farsi carico delle conseguenze delle proprie azioni, disattendendo la degenerazione patologica del principio di autorità.

L'etica dell'obbedienza aveva indotto milioni di tedeschi – dai gerarchi ai semplici soldati, a coloro che si occupavano della logistica e dei rifornimenti dei campi di sterminio – a ritenersi personalmente irresponsabili di quanto accadeva. Tutti erano convinti di adempiere il proprio dovere.

L'etica dell'obbedienza infantilizza gli individui in quanto essi non si considerano responsabili delle proprie azioni, ma limitano l'ambito della loro responsabilità all'autorità che prescrive le azioni, collocandosi in una zona di neutralità per non dire di irresponsabilità etica. In questi ultimi anni, molti comparti sociali sono stati «resettati» secondo una logica autoritaria che privilegia il principio dell'obbedienza rispetto a quello della responsabilità individuale.

In politica come si manifesta questo dissidio fra responsabilità individuale e obbedienza gerarchica?

Nel mondo della politica il potere, come abbiamo accennato, è concentrato nelle mani di pochi oligarchi i quali, oltre a nominare i parlamentari, attribuiscono posti di comando in tutti gli snodi delle istituzioni secondo criteri di fedeltà. Obbedire senza fiatare garantisce la permanenza nel giro di quelli che contano, e brillanti carriere. La disobbedienza e la critica ti tagliano fuori. L'etica dell'obbedienza celebra i suoi fasti anche nel mondo della comunicazione. Quanto è avvenuto nella televisione di Stato è sotto gli occhi di tutti e non ha bisogno di commenti. Emblematico il caso di Enzo Biagi, un pezzo di storia del giornalismo italiano ridotto al silenzio e umiliato nell'inerzia della maggioranza dei suoi colleghi e delle stesse organizzazioni di categoria che non hanno proclamato neppure un giorno di sciopero.

E nel mondo dell'amministrazione della giustizia?

La recente riforma della magistratura varata dal centrodestra è stata mantenuta dal centrosinistra nel suo snodo cruciale: la riorganizzazione in senso gerarchico delle Procure della Repubblica, gli organi propulsivi di tutta l'amministrazione della giustizia, quelli che decidono a monte chi e cosa deve essere giudicato a valle dai giudici.

Riportando indietro l'orologio della storia ai tempi della monarchia e del fascismo, tipiche società dell'obbedienza, e con buona pace di tutte le conquiste democratiche faticosamente realizzate dopo l'entrata in vigore della Costituzione, il potere è stato nuovamente concentrato nelle mani di pochissime persone: i procuratori della Repubblica e i procuratori generali. L'obbedienza ai superiori gerarchici può rendere la vita agevole per i sostituti procuratori, il dissenso può esporre invece al pericolo di sfibranti mobbing.

È stato inoltre rivitalizzato uno strumentario che era stato già ampiamente sperimentato in epoca precostituzionale per orientare i magistrati non allineati: ispezioni ministeriali a raffica, richieste di trasferimenti urgenti per incompatibilità ambientale, avocazioni di procedimenti, provvedimenti disciplinari che entrano anche nella valutazione di merito delle decisioni sgradite.

E nel mondo del lavoro?

La diffusione di tante forme di precariato ha sortito l'effetto di realizzare un'occulta istituzionalizzazione del caporalato, che mette milioni di lavoratori nelle mani dei loro datori di lavoro. Ancora una volta l'obbedienza docile e acritica diventa una garanzia e un criterio di selezione.

Inoltre, per restare nel mondo del lavoro, pensiamo, a proposito di regressione civile, al revival trionfale della cultura delle corporazioni medievali che si autoriproducevano per cooptazione familistica e tribale. Il mondo universitario, avvocatesco, medico e via dicendo è un mondo di corporazioni protette affollato di interi clan parentali: figli, fratelli, nipoti, cugini, cognati che si spartiscono e tramandano cattedre e posti pubblici come si trattasse di beni di famiglia ereditari.

LA PARENTESI LIBERALE E LA RIVOLUZIONE DELLA COSTITUENTE

Potremmo proseguire con altri esempi, ma quello che mi sembra interessante evidenziare è che tutti questi fenomeni regressivi sono solo il sintomo di un fenomeno più complesso che potremmo definire la destatalizzazione e il ritorno del popolo delle tribù. Lo Stato democratico di diritto, come ho più volte accennato, è una sofisticatissima creazione delle culture della modernità – illuminismo e liberalismo – e la sua sopravvivenza è legata alla vitalità di queste culture. Si tratta di culture che in Italia sono sempre state di vita grama e a continuo rischio perché sono state importate dall'estero solo negli ultimi tre secoli e sono rimaste appannaggio di ristrette élite, di coloro che hanno potuto apprenderle – a volte assimilandole malamente – sui banchi delle scuole superiori. Si tratta di fragili creature artificiali che non sono mai divenute culture di massa. Le nostre culture autoctone, millenarie, quelle che non si apprendono sui banchi di scuola, ma si succhiano con il latte fin dai primi giorni e che costituiscono la *vera legge della terra* del nostro popolo sono state altre.

Quali?

In primo luogo la cultura cattolica nella sua versione controriformista, antirisorgimentale, antiliberale e anticonciliare, i cui frutti sono stati l'obbedienza acritica ai superiori (*perinde ac cadaver*, obbedire sino alla morte, era il motto dei Gesuiti), il conformismo culturale, la doppia morale dei vizi privati e delle pubbliche virtù, l'appiattimento dell'etica solo sulla morale sessuale, il relativismo etico che consente a ciascuno – vittime e carnefici, dittatori e oppressi, mafiosi e antimafiosi – di avere il proprio Dio senza sentirsi in contraddizione con i precetti evangelici, la surrogazione della cultura dei diritti con quella dell'elemosina e infine il machiavellismo.

Il machiavellismo dunque non è una creatura della cultura laica?

L'etica del risultato – il fine che giustifica i mezzi –, contrapposta all'etica della responsabilità propria dell'epoca moderna, è una teorizzazione della cultura laica, ma fin dai tempi dell'imperatore Costantino è sempre stata segretamente praticata da una certa cultura cattolica. Nessun fine è infatti superiore a quello della salvezza dell'anima e della chiesa.

Per conseguire tale fine assoluto e superiore, tutti i mezzi sono stati ritenuti giustificabili: dalle guerre sante, ai roghi dell'inquisizione, alle scomuniche, all'alleanza, se necessaria, con dittatori sanguinari.

Del resto non è forse un caso che Cesare Borgia fosse figlio del papa Alessandro VI.

Questo protomachiavellismo cattolico non ha risparmiato neanche la cultura di sinistra.

Il togliattismo è stata una variante del machiavellismo che giunge sino ai nostri giorni. Con il suo carico pesante, in politica, della teoria del «doppio binario».

Per secoli, fino a tutto il Novecento questa declinazione della cultura cattolica è stata per milioni di italiani, soprattutto quelli dei ceti più poveri, l'unica cultura possibile, l'unica chiave di lettura del mondo, l'unica gerarchia di valori. Questa stessa cultura ha formato gran parte della classe dirigente italiana. Ancora fino agli inizi del Novecento la chiesa cattolica aveva una posizione di quasi monopolio nella scuola pubblica e sino agli anni sessanta le scuole cattoliche sono state scuole di formazione politica per tanti. La controriforma poi non è stata solo un movimento religioso, ma uno straordinario evento politico culturale che ha anticipato in parte l'unità nazionale sotto il profilo culturale. Quando nel 1860 si forma lo Stato nazionale, gli italiani erano già fatti, nel senso che dal Nord al Sud, tranne poche eccezioni, la cultura cattolica controriformista costituiva il loro comune denominatore e collante culturale. Non vorrei essere equivocato. Ho un grande rispetto per la chiesa cattolica e per le sue millenarie tradizioni culturali. Ma condivido l'opinione di quanti ritengono che dopo l'imperatore Diocleziano, che perseguitava i cristiani, il peggior nemico del cristianesimo fu l'imperatore Costantino, che trasformò la religione in un affare di Stato e in un *instrumentum regni*.

Lo scrittore inglese cattolico Chesterton ha scritto che da allora il Dio che stava finalmente sollevandosi dalla Terra verso il cielo fu catturato a mezza via e cacciato dentro un mucchio di istituzioni e simboli del potere: dalle spade dei conquistatori alle cappe dei re alle mitre dei vescovi. Mi pare innegabile, poi, che dopo la chiusura della parentesi del Concilio Vaticano II e dopo che sono state messe a tacere tutte le cattedre della teologia progressista – dalla teologia della liberazione a quella femminile – il pensiero cattolico democratico progressista stia attraversando una grave crisi.

Quali sono le altre culture autoctone di massa?

La cultura del familismo amorale, della famiglia intesa come unica vera patria, come unica sede della morale. Oltre questo angusto orizzonte personale esistono le colonne d'Ercole di un collettivo superindividuale che viene vissuto come terra di nessuno o, peggio, come mondo straniero di cui diffidare o con il quale intessere rapporti di mero scambio all'insegna dell'opportunismo e del tornaconto personale.

In un suo romanzo Sciascia fa dire a uno dei suoi personaggi che non rubare alla collettività equivale a rubare alla propria famiglia. È di questo che stiamo parlando?

Si tratta di una sintesi straordinaria dell'immoralità pubblica di una certa morale familistica. Riecheggiano nelle orecchie le giustificazioni dei tanti che, colti con le mani nel sacco, sono soliti giustificarsi con frasi del tipo: «Non l'ho fatto per me ma per la mia famiglia, per la mia corrente, per il mio partito, per la mia azienda eccetera». La cultura familistico-tribale si è declinata in Italia dal piccolo al grande in tutte le possibili varianti: quella partitica, quella correntizia, quella aziendale, quella lobbistica, quella piduista, quella mafiosa e quella territoriale sino alle più recenti manifestazioni di un federalismo non solidale all'insegna della rivendicazione di una superiore razza celtica-padana. Basti considerare che in Italia, per attribuire valore a una qualsiasi collettività lavorativa anche di un ufficio pubblico, si suol dire: «Siamo come una grande famiglia». Non si riesce neppure a immaginare un criterio di valore alternativo o superiore a quello familistico.

In questo i mafiosi sono cittadini modello. Fra le carte di Salvatore Lo Piccolo, al momento dell'arresto, c'è una lettera di un mafioso che scrive a un altro: «Cerca di tenerti pulito... perché non c'è nulla di più bello che tornare a casa e farsi ballare sulla pancia dai propri figli...».

Nella mia esperienza lavorativa ho potuto constatare che i mafiosi quanto a morale e fedeltà familiare sono dei campioni nazionali. Mariti fedeli, padri affettuosissimi, straordinari parenti. Ma oltre il clan esiste solo un mondo e un'umanità privi di valore. Per attribuire valore all'estraneo devi assimilarlo alla famiglia mediante cerimonie di comparaggio e riti di affiliazione. Se per un attimo immaginiamo la scala dei valori come una scala cromatica che dal nero assoluto dell'estremizzazione mafiosa giunge sino al bianco della normale affettività familiare stemperandosi lungo tutti i toni grigi intermedi, potremmo dire che, tranne poche eccezioni, la maggior parte degli italiani può collocarsi in un punto di questa scala cromatica. Una minoranza si muove nel nero assoluto, una buona parte si muove nella scala dei grigi con il pericolo di sconfinare nel nero, e un'altra parte si muove nel bianco.

Proseguendo nell'inventario delle culture autoctone, inserirei il machiavellismo deteriore, non riscattato cioè neanche da fini superiori di interesse collettivo, ma finalizzato solo al conseguimento del proprio *particulare* elevato a fine assoluto. Certamente mi sfuggono altre culture autoctone; lascio ai lettori che dovessero condividere questa mia opinione di completarne l'inventario.

Quel che mi preme invece sottoporre a riflessione è che, a mio parere, il fascismo fu fenomeno di massa perché costituì una sintesi micidiale di questi e altri ingredienti culturali, attribuendo veste politica a una preesistente dimensione prepolitica.

Certi intellettuali ebbero enormi responsabilità anche nel giudizio sul fascismo.

Benedetto Croce definì il fascismo come una parentesi nella storia nazionale. Uno «smarrimento della coscienza», «una malattia morale» conseguente alla Grande guerra, che determinò una deviazione aberrante del *continuum* del processo storico iniziato con l'Unità.

Il «prima» e il «dopo» invece – secondo questa impostazione – rifletterebbero e custodirebbero la vera «normale» identità culturale nazionale. Identità della quale il Risorgimento prima, la Resistenza e la Costituzione del 1948 poi, sarebbero invece il distillato più autentico e maturo. Anche alla luce dei fatti più recenti, prende invece sempre più corpo l'ipotesi che probabilmente le cose stiano esattamente al contrario.

In che modo?

Che il fascismo con il suo mix micidiale e sinergico di culture autoctone radicate nei secoli e transgenerazionali custodisca tratti essenziali del vero genoma dell'identità culturale di massa del Paese e delle sue classi dirigenti – quella che è stata definita la spaventosa normalità italiana – mentre sia il canone liberale del XIX secolo, sia lo spirito della Costituzione siano espressione di culture elitarie, di realtà sociali corpose ma da sempre strutturalmente minoritarie. Minoranze che in determinate e straordinarie contingenze storiche hanno assunto artificialmente – grazie all'intervento di fattori esterni – il peso di maggioranze per tornare poi a soccombere, riassorbite nella fisiologia del processo storico. A questo riguardo la più recente storiografia ha acutamente osservato che l'idea che il fascismo nasca come partito della piccola borghesia, secondo la tesi di Renzo De Felice, coglie solo l'esteriorità del fenomeno.

Perché?

Perché in realtà la violenza di massa e lo stupro delle fragili istituzioni liberali si svolse nell'acquiescenza convinta, nella vigile indifferenza e grazie al sostegno della stragrande maggioranza di tutti i settori della classe dirigente del tempo: dalla monarchia alla grande industria, dagli agrari del Nord all'aristocrazia baronale siciliana, dai vertici dell'accademia alle alte gerarchie del Vaticano; gerarchie che ostracizzarono il popolarismo sturziano antifascista costringendo Sturzo alle dimissioni da segretario del Partito popolare e poi all'esilio, pur dopo l'omicidio di don Minzoni e l'episodio del selvaggio pestaggio dei deputati popolari che nel gennaio 1926 avevano tentato di rientrare alla Camera per porre fine alla secessione aventiniana. Quanto all'adesione di massa basti ricordare che alle elezioni politiche nazionali che si svolsero il 6 aprile 1924 il Partito fascista ottenne ben il 66,3 per cento dei voti, conquistando 374 seggi su un totale di 535. A volte si tende a dimenticare che il cuore del disegno politico fascista e delle classi dirigenti che lo sostennero non fu solo quello di contrastare i moti operai e contadini ma anche di impedire lo sviluppo dello Stato liberale. I caduti per mano della violenza fascista stanno infatti tanto nell'area politica della sinistra quanto in quella liberale.

A parte la guerra, perché il fascismo si esaurì?

La «normalità» fascista si interrompe a causa dell'intervento di un eccezionale fattore extrasistemico che consente di aprire una «parentesi» nella storia nazionale: quella che porta all'emanazione della Costituzione del 1948, altra creatura artificiale di ristrette élite culturali, destinata dunque a essere riassorbita nel tempo dalla normalità nazionale.

Solo grazie alla Resistenza, all'intervento delle forze alleate vincitrici del secondo conflitto mondiale e al crollo momentaneo della vecchia classe dirigente fascista, si apre infatti nel dopoguerra uno spazio provvisorio – un «altrove» – che assegna il timone del comando a ristrette élite culturali, a minoranze strutturali: gli esponenti sopravvissuti della vecchia classe liberale, i fuoriusciti, i vertici dei partiti che avevano fatto la Resistenza e avevano formato il Cnl, quadri che selezionano le candidature dei deputati della Costituente le quali riceveranno poi una ratifica popolare nelle elezioni fatte a scrutinio di lista a rappresentanza proporzionale.

È un meccanismo di cooptazione elitaria in una fase in

cui ancora i partiti di massa sono virtuali o allo stato embrionale.

L'alchimia della storia trasforma dunque un'avanguardia culturale in maggioranza politica.

L'emanazione della Costituzione è stata quindi una parentesi, figlia di un disegno tanto straordinario quanto ambizioso?

Ciò che fece la grandezza dell'opera dei costituenti fu che essi, pur discordi nelle ideologie, erano d'accordo nel desiderare un sistema di libertà autentico e valido. Quindi guardarono ai problemi dell'organizzazione dello Stato con l'animo di uomini dell'opposizione, non ancora con l'animo di uomini di potere, essendo quello un momento della storia in cui nessuno poteva prevedere chi, nella successiva evoluzione politica, avrebbe preso il potere.[5] Se si pone a confronto l'Italia disegnata dalla Costituzione con l'Italietta reale arretrata e provinciale del tempo (sei cittadini su dieci senza licenza elementare e sette su dieci incapaci di parlare l'italiano), si comprende come tra queste due entità vi fosse lo stesso abisso che esiste tra il dover essere e l'essere. La nostra Costituzione superò noi stessi e la nostra storia, fu un gettare il cuore oltre l'ostacolo, indicando un modello da raggiungere: la costruzione di uno Stato democratico di diritto che superava le possibilità etiche delle culture autoctone delle classi dirigenti e delle masse.

Altre Costituzioni, invece, forse furono meno ambiziose ma più concrete?

Sì. Gli studiosi del diritto pubblico hanno osservato che la forza della Costituzione degli Stati Uniti, primo modello di tutto il costituzionalismo scritto liberale moderno, si fondava proprio nella sua storicità: nel suo corrispondere cioè alle strutture reali del Paese, nella sua capacità di ricomporre, dopo la rivoluzione, un sistema di poteri e garanzie che si era già delineato nel corso della vita di quel Paese prima della rivoluzione. L'esperienza britannica, cui quella americana aveva attinto, era a sua volta tutta empirica, scaturita da uno sforzo secolare per valorizzare le strutture e le garanzie del pluralismo medievale, nel quadro del risorgente Stato accentrato e unitario. Il costituente italiano invece crea l'organizzazione di un ordinato sistema di pubblici poteri e di libertà politiche, operando sopra basi puramente razionali, in un Paese le cui istituzioni erano state dapprima erose da un lento processo storico (per esempio le autonomie comunali un tempo gloriose erano degradate a pure circoscrizioni amministrative già prima del Risorgimento) e poi brutalizzate dalla dittatura. Rifacendoci al modello di Nieburg, al quale abbiamo fatto riferimento prima, potremmo dire dunque che la nostra Costituzione non fu il fisiologico punto d'arrivo di una contrattazione sociale durata nei secoli, ma piuttosto il frutto del trauma collettivo conseguente all'esito della guerra mondiale. Per questo motivo, i valori liberali incorporati nella raffinata ingegneria della divisione bilanciata dei poteri, in quanto condivisi solo da minoranze e non riflettendo i sistemi normativi di fatto dei gruppi di potere dominanti, si rivelano inidonei a calarsi nell'esperienza e a svolgere una funzione di ordinamento effettivo della realtà sociale.

Era dunque inevitabile che, chiusa la parentesi «rivoluzionaria» costituzionale, la normalità italiana riprendesse il sopravvento.

E con la normalità riprende tacitamente il processo di contrattazione globale tra le forze reali del Paese – interrotto solo per un attimo dall'entrata in campo degli alleati e dal crollo del vecchio quadro istituzionale –, forze che ridisegnano la Costituzione reale a immagine e somiglianza dei veri codici culturali di cui sono portatrici. Nell'aggiustamento del dover essere con l'essere, il processo di contrattazione – e qui sta il punto saliente – non investe solo la distribuzione di risorse e di status all'interno di una forma Stato accettata e condivisa, ma rimette in discussione la stessa organizzazione dei poteri. Si determina così una grave degradazione del coefficiente di statalità e si dà vita a un ibrido che è stato definito come «un miscuglio di società statalizzata e di società senza Stato».

Quali furono i frutti avvelenati di questo ibrido?

Innanzitutto, la partitocrazia e la correntocrazia, cioè la confisca di quote determinanti e strategiche dell'autorità statale da parte di oligarchie private, con la conseguente trasformazione delle istituzioni in luoghi della politica «messa in scena», ove si provvedeva in realtà alla mera registrazione di decisioni e di transazioni assunte dalle oligarchie nel «fuori scena». Poi la lottizzazione di tutte le istituzioni nazionali e locali trasformate in macchine di potere al servizio di gruppi oligarchici e affidate in feudo a vassalli legati ai vertici della catena di comando da un vincolo di fedeltà neofeudale. E ancora: la vanificazione di tutti i sistemi di controllo dell'architettura costituzionale, visto che controllori e controllati, distribuiti in tutti i punti del circuito istituzionale, erano legati da vincoli di obbedienza agli stessi vertici. Ma anche il depotenziamento e l'imbrigliamento del controllo di legalità da parte dell'ordine giudiziario mediante la negazione sistematica delle autorizzazioni a procedere, il controllo di vertici e di settori della magistratura cooptati nelle oligarchie, il gioco delle avocazioni e dei trasferimenti dei processi caldi, nonché in tanti altri modi obliqui. Infine, la conseguenziale creazione di un'enorme zona di pressoché totale impunità per tutta la nomenclatura del potere reale del Paese, all'ombra della quale sono cresciuti i cancri di Tangentopoli e di Mafiopoli.

Riassumendo si può affermare che lo Stato in Italia è esistito solo negli spazi residuali non occupati dalle oligarchie in competizione. Questo fenomeno costituisce la declinazione di una tendenza degenerativa oligarchica dei ceti dirigenti italiani che ha un cuore antico, tanto da costituire all'inizio del secolo il fulcro dell'analisi di uno dei più grandi scienziati italiani della politica: Gaetano Mosca, esponente della destra postrisorgimentale e teorico della fondamentale dottrina delle élite.

Insomma, dopo la parentesi liberale e rivoluzionaria della Costituente riprese immediatamente vigore il «fuori scena» del Principe?

Possiamo tranquillamente affermarlo. Il Principe coniuga abilmente la contrattazione politica ufficiale con quella sottobanco. Nel senso che la modalità di contrattazione violenta destinata a restare occulta agevola la soluzione pacifica palese.

Ed è subito storia di progetti di golpe, di stragi, storia pesante.

La strage di Portella della Ginestra del 1947 e le stragi neofasciste degli anni settanta sono atti di violenza politica dissuasivi, finalizzati a stabilizzare il sistema dei rapporti di forza esistenti.

Il «rumore di sciabole» di progetti golpisti ridimensiona e fa arretrare le pretese delle forze di sinistra di entrare nell'area di governo.

Negli anni novanta la normalità italiana ha subito una nuova parentesi a causa dell'intervento di un altro poderoso fattore extrasistemico di portata internazionale: la caduta del muro di Berlino nel 1989.

In che modo tale evento altera la normalità italiana?

Come è noto, la fine del bipolarismo internazionale ridisegna gli equilibri geopolitici mondiali. Dopo il crollo del comunismo l'Italia non è più una risorsa né un problema, così come era stata durante tutta la Guerra fredda per la sua collocazione geografica strategica tra i due blocchi. La fine del bipolarismo liberalizza il processo politico distruggendo alcune posizioni di oligopolio politico e lasciando molti orfani. Infatti, venuto meno il collante artificiale dell'anticomunismo (il montanelliano «votate… turandovi il naso»), scongelatisi i serbatoi del voto ideologico, messo in libera uscita un ondivago voto di opinione che non sa neppure bene dove dirigersi, i partiti di maggioranza crollano e quelli di opposizione devono reinventarsi un *ubi consistam*, mentre i cambiamenti radicali dei processi economici e la globalizzazione affidano al museo della storia la classe operaia e la dinamica dei conflitti di classe. Nel generale dissesto che si viene così transitoriamente a determinare, si crea nella prima metà degli anni novanta un vuoto di potere che apre una parentesi grazie alla quale valori delle minoranze prendono il sopravvento in una bolla temporale destinata a sciogliersi ben presto nello scontro con la realtà del Paese.

Una boccata d'ossigeno per i governati, eternamente minorenni e minorati?

In quella manciata di anni accade infatti che una delle chiavi di volta dell'architettura costituzionale, pietra angolare dell'intera filosofia liberista del potere, il primato della legge sulla politica garantito mediante l'autonomia e l'indipendenza dell'ordine giudiziario, diviene ordinamento reale, dopo essere stato da sempre imbrigliato e sabotato in mille modi.[6]

La Costituzione scritta diviene Costituzione vivente rivelando la sua portata rivoluzionaria e destabilizzante degli assetti del potere realmente esistenti dietro la facciata di istituzioni tradite e ridotte a scenari di cartapesta. Per la prima volta nella storia del Paese dall'Unità d'Italia a oggi, accade l'impensabile: la sbalestrata bilancia della legge pareggia i suoi piatti.

Il potente e l'impotente diventano uguali dinanzi alla legge. È il tempo di Mani pulite e dei processi ai colletti bianchi accusati di collusione con la mafia.

Parliamone.

Grattata la crosta dei vertici della vecchia partitocrazia con Mani pulite e quella dei capimafia in Mafiopoli – soggetti elevati in un peana generale dalla pubblica opinione a capri espiatori sui quali proiettare catarticamente l'unica responsabilità di tutti i mali, mali di cui invece gli uni e gli altri sono solo lo specchio –, quello che emerge, via via che le indagini procedono, è la polpa viva di un sistema di corruzione e collusione che da Nord a Sud coinvolge in modo trasversale e profondo settori vastissimi e potenzialmente indeterminati dell'intero establishment. Il vecchio ritratto di Dorian Gray riemerge dalla soffitta, restituendo l'immagine impresentabile di una classe dirigente sempre uguale a se stessa. A quel punto il peana di consenso si trasforma progressivamente in peana di dissenso, la fragile e artificiale bolla temporale svapora mentre la maggioranza delle forze reali del Paese si ricompatta, riprendendo il sopravvento.

La boccata d'ossigeno era già finita?

La reazione si fa violenta e trasversale. Mentre sulla scena dei media i magistrati che hanno tanto osato vengono ossessivamente rappresentati alla pubblica opinione come promotori di una guerra civile in proprio o come strumenti di disegni politici altrui, nelle stanze del potere si comprende che la vera responsabile, la causa genetica del male della perdita di controllo sulla magistratura si annida nelle pieghe della Costituzione. La Costituzione finisce così sul banco degli imputati e la Commissione bicamerale per le riforme istituzionali istituita nel febbraio del 1997 diventa il tavolo operatorio dove, con sapiente chirurgia istituzionale, amputando e rimodellando qui e là, si prova a trasformare l'ordine giudiziario in una variabile dipendente degli equilibri politici che via via si consolidano sottobanco.[7] Messa da parte la bicamerale, quel risultato è stato poi tenacemente perseguito con una sequenza ininterrotta di operazioni di ingegneria legislativa che *lavorando ai fianchi*, *di sotto* e *di sopra* l'architettura costituzionale, rischiano di svuotarla.

Sembra che un «sano» realismo abbia preso il sopravvento su tutto. Così almeno vogliono spacciarlo.

Al di là delle contingenze politiche momentanee e di conflitti scenici di circostanza, il progetto organico che inanella le diverse iniziative – muovendosi ora sul terreno del diritto sostanziale, ora su quello processuale, ora su quello ordinamentale – gode di un consenso trasversale così ampio da apparire ancora una volta come il libero erompere dei veri e radicati codici culturali di larga parte delle classi dirigenti nazionali. È come se dopo essere stati costretti a vivere al di sopra delle nostre reali possibilità etiche, in un empito autoliberatorio si fosse deciso di dire chiaro e tondo che la legalità costituzionale non ha la legittimità del consenso reale e profondo della maggioranza del Paese e che, dunque, la tavola dei valori deve essere riscritta con sano realismo, adeguandola ai veri codici antropologici di questa trasversale maggioranza culturale e non sull'altare di una gerarchia di valori imposta da una minoranza, sempre subita come una camicia di forza e mai intimamente condivisa.

Così, in una marcia inarrestabile, ogni giorno che passa quei codici culturali si stanno sempre più «facendo Stato» e ordinamento.

A molti sembrerà una diagnosi impietosa.

Mi rendo conto. Ma se questa diagnosi dovesse essere esatta ci troveremmo dinanzi a un processo democratico di grande portata che sta riscrivendo la forma Stato, espungendo come un corpo estraneo tutti i vincoli imposti dal liberalismo – cultura elitaria estranea ai codici nazionali – e riducendo ai minimi termini il coefficiente di statalità.

La differenza tra Stato democratico e Stato democratico liberale di diritto è nota. La democrazia è il governo della maggioranza. Il liberalismo è invece un insieme di regole che includono tra i propri obiettivi quello di limitare il potere della maggioranza.

L'esperienza storica ha dimostrato infatti che la democrazia aritmetica è un'impostura semplicistica della sovranità popolare e in realtà l'anticamera della degenerazione oligarchica e del dispotismo. All'assolutismo del Principe si sostituisce nel migliore dei casi l'assolutismo di una maggioranza e, nel peggiore, la tirannide delle ristrette oligarchie in possesso di mezzi efficaci per dominare la maggioranza. Da qui la necessità di moltiplicare i centri autonomi di potere creando un organico equilibrio di poteri. Come è stato acutamente osservato, i regimi liberali hanno tutelato la discussione critica molto prima di introdurre il suffragio universale, l'opposizione parlamentare prima del voto per tutti.

Tali sistemi sono quindi non casualmente ma fisiologicamente esposti alla limitazione del potere e alla sua critica. Ciò posto, molti indicatori rivelano nel nostro Paese la progressiva involuzione da un regime democratico liberale a un regime democratico illiberale con la variante di una destatalizzazione strisciante. La destatalizzazione è il portato fisiologico del mix sinergico tra neoliberismo selvaggio e culture autoctone risalenti, tutte caratterizzate – oltre che dall'avversione ai valori liberali – da un viscerale antistatalismo.

Prima accennava a fattori macrosistemici che hanno contribuito a questa regressione italiana. A cosa si riferiva?

Un Paese come il nostro che, come ho già accennato, è giunto in ritardo e male all'appuntamento con la modernità, e dunque soffre di una particolare fragilità delle sue culture democratiche ancora immature, subisce più di altri i contraccolpi della crisi generale di civiltà che l'intero Occidente sta attraversando. Quando si verificano delle crisi, gli anelli più deboli della catena sono quelli che cedono per primi.

IL METODO MAFIOSO COME METODO NAZIONALE

L'Italia dunque è l'anello debole dell'Europa. Come vanno le cose negli altri Paesi?

Alcuni Paesi occidentali come la Francia, la Germania, l'Inghilterra e oggi anche la Spagna sembrano avere anticorpi sufficienti, grazie alle loro storie nazionali, per resistere e traghettarsi nel nuovo millennio, mantenendo le loro conquiste di civiltà. In altri Paesi invece la crisi di civiltà si declina in una mafiosizzazione strisciante delle strutture statuali, tanto che gli analisti politici nei loro saggi utilizzano apertamente la dizione di *Stati-mafia* per definire per esempio alcuni Stati nati dalla ex Federazione jugoslava, alcuni Paesi dell'Est, alcuni Paesi africani.

Un processo di mafiosizzazione sembra essere in corso anche nell'ex Stato sovietico, in cui la crescita economica si coniuga a una galoppante escalation degli omicidi politici all'interno di uno scontro tra potentati che si contendono la conquista di pezzi di Stato. L'Italia si trova a mio parere in una via di mezzo. Da noi la crisi globale della civiltà occidentale ha attivato il fenomeno di regressione civile di cui abbiamo parlato prima, la cui punta più patologica è una mafiosizzazione strisciante particolare.

A cosa si riferisce?

Alla cultura e al metodo mafioso che ogni giorno di più diventano prassi diffusa, quasi inavvertita, dimodoché non se ne avverte più l'alterità e il carattere patologico. Stanno tornando a essere quel che erano in passato: una componente della normalità italiana. Il Principe è tornato a cavalcare la storia ed è in forma smagliante.

Ma tutto accade senza che gli intellettuali italiani vedano mai niente?

Tra i primi ad accorgersi del riemergere di tale patologia furono due tra i pochi intellettuali disorganici, non affetti dalla sindrome del machiavellismo, che ha espresso il nostro Paese e che, proprio per questo motivo, furono a lungo demonizzati e ostracizzati, salvo essere santificati dopo la morte: Pasolini e Sciascia.

Negli *Scritti corsari* Pasolini a più riprese denuncia la progressiva mafiosizzazione del Palazzo.

In una lettera pubblicata sul settimanale «Il Mondo» nel 1975 definisce il Palazzo come sede di una mafia oligarchica, che accusa di una quantità di reati, tra cui anche la copertura delle stragi di Milano, Brescia e Bologna e che ritiene responsabile della progressiva degradazione morale e antropologica degli italiani. Dice che si dovrebbe giungere a un processo penale a carico di alcuni potenti tra i quali indica Giulio Andreotti. Conclude con queste parole:

> Senza un processo penale, è inutile sperare che ci sia qualcosa da fare per il nostro Paese. È chiaro infatti che la rispettabilità di alcuni democristiani (Moro, Zaccagnini) o la moralità dei comunisti non servono a nulla.

Ancora più esplicito Sciascia, il quale in un'intervista rilasciata nel lontano 1979 alla giornalista francese Marcelle Padovani traccia questo ritratto del Paese, che a mio parere conserva una straordinaria attualità:

> Quali garanzie offre questo Stato [...] per quanto attiene all'applicazione del diritto, della legge, della giustizia? Quali garanzie offre contro [...] l'abuso di potere, l'ingiustizia? Nessuna. L'impunità che copre i delitti commessi contro la collettività e contro i beni pubblici, è degna di un regime di tipo sudamericano: neppure uno dei grandi scandali scoppiati in trent'anni ha avuto un chiarimento, nessuno dei responsabili è stato punito [...] in ogni città e in ogni villaggio è possibile compilare un lungo elenco di malversazioni, di casi di concussione e di abusi rimasti impuniti; i cittadini che fanno il proprio dovere, innanzitutto come semplici contribuenti, si vedono regolarmente presi in giro prima e ridicolizzati poi [...] perché quelli che frodano il fisco vengono poi premiati con le leggi di perdono fiscale che costituiscono una esortazione e un incoraggiamento al non rispetto della legge, a essere un cattivo cittadino.

È la stessa Italia che Sciascia aveva descritto nella nota conclusiva del romanzo *Il contesto* facendo esplicito riferimento al fenomeno della mafiosizzazione.

Con quali parole?

> Un Paese dove non avevano più corso le idee, dove i princìpi – ancora proclamati e conclamati – venivano quotidianamente irrisi, dove le ideologie si riducevano in politica a pure denominazioni nel gioco delle parti che il potere si assegnava, dove soltanto il potere per il potere contava [...]. Possono essere siciliani e italiani la luce, il colore, gli accidenti, i dettagli; ma la sostanza vuole essere quella di un apologo sul potere nel mondo, sul potere che sempre più degrada nella impenetrabile forma di una concatenazione che approssimativamente possiamo definire mafiosa.

Il fenomeno della diffusione del metodo mafioso, intuito da

Pasolini e Sciascia, fu messo a fuoco in sede scientifica dallo storico Nicola Tranfaglia in un libro pubblicato nel 1991 dal titolo *La mafia come metodo*. Tranfaglia denunciava con una lucidità quasi profetica che:

> Il pericolo maggiore per l'Italia contemporanea non è costituito tanto dalle pur agguerrite organizzazioni mafiose che ne percorrono il territorio quanto dal consolidamento e dall'espansione di un costume mafioso che inquina il funzionamento medesimo dello Stato e delle sue istituzioni.

Aggiungeva che:

> Si tratta di un metodo che caratterizza la mafia come la camorra e la 'ndrangheta e che, di fronte a uno Stato che non riesce (o non vuole) far osservare le leggi, che continua a discriminare i cittadini a favore degli «amici» o dei protetti da chi detiene il potere, tende a espandersi sempre di più, al di fuori dell'ambito criminale da cui è partito. Ed è questo il pericolo maggiore di fronte al quale siamo oggi.

L'evoluzione della realtà ha confermato e superato le peggiori previsioni di Tranfaglia. Il fenomeno dell'espansione del metodo mafioso al di fuori del suo ambito criminale di elezione, quello della mafia, della camorra e della 'ndrangheta, ha avuto infatti in quest'ultimo periodo una crescita tumultuosa e silenziosa, tanto da essere percepito oggi da un numero sempre crescente di persone.

Qualcuno parla ormai espressamente di un insieme di tribù mafiose.

Di recente, un fine letterato come Pietro Citati, nel registrare la perdita verticale di ogni autorevolezza da parte della politica, ha rilevato che oggi in Italia non esiste più autorità ma solo uno sterminato potere – gestito in modo sempre più esclusivo e autoritario – che si articola in innumerevoli mafie che si saldano tra loro come in un gioco di puzzle.

Sempre più spesso in centinaia di processi penali in tutto il Paese emergono associazioni a delinquere di cui sono protagonisti esponenti della nomenclatura del potere, dediti alle più svariate attività illegali. In taluni casi queste associazioni hanno caratteristiche proprie delle associazioni segrete vietate dalla legge Anselmi approvata dopo lo scandalo della P2, in altri casi utilizzano metodologie assimilabili a quelle mafiose, in altre ancora sono borderline, tanto che non è facile scegliere giuridicamente in quale fattispecie collocarle con esattezza.

Si tratta di un dato giudiziario constatato quasi con sgomento da vari magistrati che si occupano di queste indagini. Gli esempi potrebbero riempire un intero libro.

Facciamone qualcuno.

Per limitarci solo ad alcuni casi più recenti emersi alla ribalta della cronaca, nel febbraio 2007 Marco Di Napoli, procuratore aggiunto a Bari, commentando gli esiti di un'indagine relativa alla Tangentopoli sulla sanità in Puglia, ha dichiarato:

> Posso affermare soltanto, ma con certezza, che abbiamo trovato un modo di amministrare paragonabile all'organizzazione di una «cupola» destinata a privilegiare l'interesse privato di pochi.

In una recente megaindagine che ha messo in luce le illegalità che come un cancro stanno facendo degenerare decine di università italiane a costellazioni di feudi baronali costruiti con concorsi truccati e appannaggio di clienti e clan familiari, il giudice Giuseppe De Benedictis ha scritto:

> I concorsi universitari erano dunque celebrati, discussi e decisi molto prima di quanto la loro effettuazione facesse pensare, a cura di commissari che sembravano simili a pochi associati a una cosca di sapore mafioso.

Secondo gli atti, a un candidato «da eliminare» che voleva presentare un ricorso era stato trasmesso questo messaggio: «Il professore ha fatto avere il tuo indirizzo a due mafiosi per farti dare una sonora bastonata».

Nelle 193 pagine della relazione con la quale Francesco Saverio Borrelli ha illustrato i risultati delle indagini su Calciopoli al procuratore federale Stefano Palazzo, si legge:

> Emerge l'esistenza di un vero e proprio accordo associativo [...]. La struttura numericamente consistente, strutturata e pervasiva, ha dimostrato capacità di incidenza sull'intero sistema calcio, occupandone tutti gli spazi.

La Procura di Napoli nella richiesta di rinvio a giudizio ha confermato l'esistenza di una cupola che gestiva un enorme giro di affari e che condizionava il campionato attraverso le designazioni arbitrali, l'atteggiamento in campo dei direttori di gara, pilotando le elezioni di alcuni vertici della Federazione calcio, raccogliendo dossier contro i nemici, orchestrando campagne mediatiche grazie a giornalisti compiacenti, punendo in vari modi coloro che non volevano piegarsi e stabilendo vincoli di omertà per autoproteggersi.

Nell'inchiesta Why Not in Calabria è emerso un sistema illegale di accaparramento dei finanziamenti comunitari che ha coinvolto faccendieri, esponenti politici, imprenditori, ex piduisti, così descritto dai magistrati:

> Un articolato gruppo di soggetti (persone fisiche e giuridiche) che attraverso scambi di vantaggi (somme di denaro scaturenti dalla distrazione di fondi pubblici, erogazioni pubbliche di vario genere, voti di scambio) si agevolano e si favoriscono in modo illecito e fraudolento reciprocamente. Un insieme di soggetti che condiziona le scelte dello Stato, della Regione Calabria e delle istituzioni in genere e che condiziona pesantemente il voto.

Uno dei protagonisti della vicenda sottoposto a intercettazione così commentava le iniziative giudiziarie del sostituto procuratore De Magistris: «Questa gliela facciamo pagare» oppure:

> Lo dobbiamo ammazzare. No, gli facciamo cause civili per risarcimento danni e ne affidiamo la gestione alla camorra napoletana. Quello che voglio non sono i soldi! [...] Poverino, è bene che sappia queste cose, la cosa bella è che abbiamo detto tutto alla luce del sole [...]. Saprà con chi ha a che fare, mi auguro che qualcuno ascolti e glielo vada a riferire [...]. C'è quel principio, quella sorta di principio di Archimede: a ogni azione corrisponde una reazione [...]. Siamo così tanti ad avere subito l'azione che, quando esploderà la reazione, sarà adeguata, sarà adeguata!

Nel dicembre del 2007 è stato tratto in arresto per il reato di tentata concussione un alto funzionario del Comune di Palermo, accusato di avere imposto ad alcuni imprenditori che si erano aggiudicati una gara pubblica di appalto di milioni di euro, di utilizzare i costosi materiali di determinate ditte a lui collegate, minacciando che, altrimenti, tutto sarebbe stato bloccato.

L'inchiesta si è avvalsa della collaborazione degli imprenditori che segretamente registravano i discorsi che venivano loro fatti dal funzionario in questione e da altri. Per rassicurare i suoi interlocutori sull'efficienza collaudata del sistema, il funzionario, poi arrestato, garantiva:

> Ripeto. Mettete in conto che non avrete altre spese in questa amministrazione, questo è standard verificato [...]. Non verrete chiamati da assessori [...] non verrete chiamati da sindaci, non verrete chiamati da ingegneri che hanno un berretto [...] questo è standard verificato.

Un altro funzionario, pure intercettato, così descriveva la diffusione del comportamento mafioso anche nel mondo dei colletti bianchi:

> Quando uno viene giù dice [...] lì siamo in Sicilia, siamo in Campania [...] sopra la mentalità è la stessa, perché d'altronde il comportamento mafioso non è solamente quello di sparare o fare. No, la vessazione si fa anche con queste forme coercitive. [...] Oggi però quando la gente dice che la mafia [...] la mafia è nella natura del commercio perché se io posso, devo guadagnare.

Nel descrivere tale realtà spiegava quanto fosse falso il luogo comune secondo cui il condizionamento di tipo mafioso esiste solo da Roma in giù:

> Non è assolutamente vero, perché io ho avuto la fortuna di lavorare in Friuli, ho lavorato a Malpensa, prima di lavorare al Comune stavo dall'altra parte della barricata [...] vi posso garantire e sacramentare che non cambia assolutamente

niente. Cambiano le forme ma il sistema è sempre lo stesso. Il sistema Italia è sempre lo stesso, però purtroppo qua bisogna stare attenti anche alle cose cretine... cose cretine...

L'ascolto delle conversazioni intercettate in molte vicende processuali lascia sgomenti per i metodi intimidatori ai quali fanno ricorso i vari protagonisti per piegare la volontà dei loro interlocutori renitenti. Gli italiani stanno avendo il modo di scoprire un lessico e uno spirito che sembrano ricalcati su quelli dei mafiosi con la coppola storta.

Ecco perché prima dicevo che il metodo mafioso sta perdendo visibilità: non perché sia scomparso ma perché si va diffondendo. Cambiano gli strumenti dell'intimidazione e dell'assoggettamento. Invece dell'omicidio e della pistola puntata alla tempia, si utilizzano altri strumenti incruenti ma altrettanto efficaci. Vi sono mille modi per distruggere la vita di una persona, riducendola alla miseria, gettandola nel discredito, condannandola alla morte civile. Gli stessi mafiosi tradizionali del resto utilizzano la violenza fisica come *extrema ratio* solo dopo aver esaurito tutto il repertorio alternativo della violenza incruenta.

Narcotizzati come siamo dalla vulgata mediatica secondo cui la mafia è solo una truculenta vicenda criminale intessuta di lupare e squagliamenti di cadaveri, dimentichiamo che la definizione legale dell'associazione mafiosa è la seguente:

> L'associazione è di tipo mafioso quando coloro che ne fanno parte si avvalgono della forza di intimidazione del vincolo associativo e della condizione di assoggettamento e di omertà che ne deriva per commettere delitti, per acquisire in modo diretto o indiretto la gestione o comunque il controllo di attività economiche, di concessione di autorizzazioni,

appalti e servizi pubblici o per realizzare profitti o vantaggi ingiusti per sé o per altri ovvero al fine di impedire o ostacolare il libero esercizio del voto o di procurare voti a sé o ad altri in occasione di consultazioni elettorali.

Come si nota, il reato si realizza anche se non si usano armi (e di fatti l'uso delle armi costituisce solo un'aggravante) e se non si pongono in essere atti di violenza materiale.

Ma se Palermo o Malpensa sono pari, in cosa la mafia differisce dal resto dei poteri criminali?

L'associazione mafiosa si caratterizza per il suo particolare finalismo, che non consiste nella semplice commissione di reati, come avviene per le normali associazioni a delinquere, ma – come mise in evidenza la Corte di Cassazione in una delle prime pronunce sul punto – nella conquista illegale di spazi di potere, in particolare economico e politico.

Il «male oscuro del potere» non è solo nel finalismo dell'agire mafioso ma anche nel mezzo utilizzato per raggiungere tale fine.

Il mezzo consiste nel far parte di una minoranza organizzata di cui sono componenti soggetti dotati di varie forme specifiche di potere (sociale, politico, economico e, a volte, anche militare) messe a disposizione del collettivo, la cui forza diventa in tal modo straripante di fronte ai singoli componenti della maggioranza disorganizzata. Lo stesso potere statale può essere disinnescato o aggirato, giacché alcuni componenti dell'associazione sono in grado di condizionarne gli esponenti.

L'omertà e la condizione di assoggettamento dei singoli deriva dalla loro consapevolezza di trovarsi dinanzi alla forza trasversale di un collettivo in grado di somministrare una violenza idonea a raggiungere comunque lo scopo.

In realtà il fenomeno prima intuito da Pasolini e Sciascia e poi diagnosticato da Tranfaglia non presenta, nonostante le apparenze, alcun carattere di novità. Non crede?

No. Anzi costituisce la «fisiologica» riemersione di una patologia dell'esercizio del potere radicata da secoli nelle classi dirigenti del nostro Paese: patologia che, a seconda delle condizioni storiche, può regredire sino a divenire latente oppure può riesplodere facendosi virulenta.

Il metodo mafioso, che nella sostanza consiste in un abuso di potere organizzato di pochi sui molti e che si declina nelle più svariate forme, non è infatti una creatura delle classi popolari, ma delle classi alte.

La violenza e la predazione popolare sono sempre state anomiche, anarcoidi, antisistema e dunque destinate a soccombere nel tempo, sia che si manifestino nelle forme individuali che in quelle collettive della banda, della gang, del banditismo. L'abuso non deriva da un'asimmetria dei rapporti sociali codificati che consente a chi sta più in alto di prevaricare chi sta in basso, avvalendosi del proprio potere militare e sociale. L'abuso deriva, al contrario, da un temporaneo sovvertimento delle gerarchie sociali che governano la realtà. Il basso abusa verso l'alto e proprio perché si rivolta contro la realtà globale non riesce a consolidarsi in potere stabile e soccombe.

La violenza e la predazione delle classi alte invece si basano sull'asimmetria consolidata e legittimata dall'ordinamento dei rapporti sociali.

L'ordinamento feudale che in larghe parti d'Italia ha governato il sistema sociale fino al XIX secolo riconosceva come legittimo il metodo mafioso dell'esercizio del potere praticato dai componenti delle classi alte, al cui interno quindi nasce radicandosi nella psiche collettiva per secoli.

Il romanzo *I promessi sposi* di Manzoni descrive l'ordinarietà del metodo mafioso nell'Italia del Seicento.

Vediamo i tratti salienti del metodo.

Potremmo dire che don Abbondio si piega ai voleri di don Rodrigo non solo perché ha timore dei suoi bravi – quelli che oggi chiameremmo i mafiosi dell'ala militare, gli specialisti della violenza – ma anche perché si trova in una *condizione di assoggettamento e di omertà* che deriva dalla consapevolezza del *vincolo associativo* che lega don Rodrigo ad altri potenti, anche nel mondo ecclesiastico.

Nella stessa condizione si trova l'avvocato Azzeccagarbugli cui Renzo si era rivolto nella speranza di trovare un rimedio legale contro la prepotenza, il quale rifiuta l'incarico quando apprende che avrebbe dovuto agire secondo legge contro un potente come don Rodrigo al di sopra della legge.

Don Rodrigo è pienamente consapevole che le proprie relazioni personali lo rendono indenne da conseguenze legali per il proprio comportamento criminale. Quando i bravi falliscono il tentativo di rapire Lucia nel paese natio, don Rodrigo insieme al cugino, il conte Attilio, stabilisce di intimorire il console del villaggio, di convincere il podestà a non intervenire, e di fare pressione sul conte Zio affinché faccia trasferire fra' Cristoforo. Alla fine riesce nell'intento di rapire Lucia nel convento di Monza, dove si era rifugiata, grazie alla complicità di altri due esponenti del mondo dei potenti: suor Gertrude e l'Innominato.

In un'Italia, quella del Seicento, dove non esistevano anticorpi sociali e legali contro il sistema di potere mafioso, Manzoni è costretto a far intervenire la Provvidenza perché la storia abbia un lieto fine: l'Innominato libera Lucia perché si converte colto da un'improvvisa crisi esistenziale. Don Rodrigo viene fermato dalla morte che lo ghermisce con il contagio della peste.

In conclusione, la storia esemplifica come la sommatoria di potere militare (i bravi) e di potere sociale (il vincolo associativo derivante dalla solidarietà interna al mondo dei potenti) si traduca in un abuso di potere personale che sostanzia il metodo mafioso.

Un metodo con il quale milioni di italiani hanno convissuto per secoli da vittime o da carnefici.

Sembra di capire che prima sia nato un metodo mafioso tutto italiano e poi sia nata la mafia.

In Sicilia i don Rodrigo avevano i volti dei baroni, nel Regno pontificio quelli dell'aristocrazia papalina, in Calabria, in Campania quelli dell'aristocrazia borbonica e via dicendo per il resto del Paese, tranne poche zone rette da governi illuminati. Poiché il rapporto colpa-pena non è mai stato un rapporto oggettivo, ma sempre dipendente dai valori che presiedono le diverse organizzazioni sociali, nell'Italia tardofeudale il metodo mafioso non veniva percepito come un abuso ma era come l'aria che si respirava: faceva parte della Costituzione materiale e formale del Paese.

Quando con il processo di unificazione nasce il primo nucleo di Stato di diritto nazionale, si verifica una divaricazione tra Costituzione formale che vieta il metodo mafioso e Costituzione materiale che continua a considerarlo legittimo.

Il metodo mafioso da palese diventa quindi occulto. Oggi, nella crisi dello Stato e del diritto alla quale abbiamo più volte accennato, il metodo mafioso sembra rivivere nella sua virulenza in quanto espressione «fisiologica» di un risalente codice culturale che, nato all'interno della classe dirigente, ha poi permeato nel tempo anche ampi settori dei ceti popolari. Ceti che per secoli si sono limitati a fornire i «bravi», gli sgherri, gli specialisti della violenza al servizio dei potenti, e poi, a far data dal XIX secolo – a seguito dell'avvento dello Stato liberale e della democrazia –, hanno iniziato a praticare in proprio il metodo mafioso, affrancandosi dalla subalternità alle classi superiori e dando vita a proprie autonome organizzazioni. Può dirsi che sempre più italiani i quali oggi subiscono soprusi, ingiustizie, che sono costretti a piegare la testa, stanno sperimentando quello che i loro avi hanno vissuto sulla propria pelle per secoli: che dietro il prepotente di turno c'è il potente intoccabile al di sopra delle regole, il quale si fa beffe del diritto e dello Stato e che se pure viene colto in flagrante resta comunque nel giro del potere, in grado di nuocere e di vendicarsi nel tempo, mentre tu resti solo.

L'impunità dei potenti, dapprima ipocritamente occultata, ora viene esibita con arroganza. I don Rodrigo si moltiplicano a vista d'occhio in ogni campo. La moneta cattiva scaccia quella buona?

La tendenza sembra essere quella. In alcune conversazioni private con magistrati del Centro e del Nord, mi sono reso conto che taluni di loro, pur essendo consapevoli che molte tipologie di comportamento presentano i requisiti previsti dall'associazione mafiosa o dalla speciale aggravante dell'uso del metodo mafioso,[8] si astengono dal contestare quelle norme, perché ritengono che nel nostro Paese non esista una sensibilità culturale tale da rendere accettabile socialmente che il comportamento mafioso non è solo una specificità siciliana, o calabrese, o napoletana ma un comportamento criminale praticabile a tutti i livelli, dal più rozzo al più sofisticato.

Credo che abbiano ragione.

D'altra parte, giusto per ricordare certi precedenti, non è forse vero che la fine del pool antimafia dell'Ufficio istruzione di Palermo di Falcone, Borsellino e Caponnetto iniziò quando quei magistrati decisero di alzare il livello delle indagini, passando dai capi della struttura militare ai colletti bianchi?

Lo strumento giuridico utilizzato fu quello noto come «concorso esterno in associazione mafiosa», un istituto che da allora è sempre stato nell'occhio del ciclone e che è esposto al continuo rischio di essere depotenziato con una riforma legislativa che, invece di disciplinarne meglio i presupposti, lo riduca a un mero cane che abbaia ma non morde, come è accaduto in passato con il reato di scambio politico mafioso.

In che senso è stato fatto in passato?

Il reato (articolo 416 ter del codice penale) dovrebbe colpire la mafia in uno dei terreni più cruciali: quello dello scambio tra politica e mafia.

La storia della genesi di questa norma è emblematica.

Dopo l'ondata di indignazione popolare seguita alla strage di Capaci nel 1992, si svolsero delle riunioni dell'Associazione nazionale dei magistrati a Palermo e ad Agrigento.

Il clima era molto acceso, in molti minacciavano di dare le dimissioni dalla magistratura, indicando come scandaloso il perdurare del nodo irrisolto dei rapporti mafia-politica.

A seguito di quelle assemblee, fu trasmesso a varie autorità politiche e istituzionali un articolato di proposte di intervento legislativo, tra le quali anche la previsione di una nuova norma che prevedesse l'applicazione della pena della reclusione a chi otteneva la promessa di voti mafiosi in cambio di utilità e vantaggi per l'organizzazione.

Al momento del varo in Parlamento, l'articolazione della norma fu cambiata, nel senso che si previde la punibilità solo per chi ottiene la promessa di voti mafiosi in cambio dell'erogazione di «denaro». Così formulata la fattispecie era inutile, perché, come ben sanno tutti quelli che si occupano di mafia, i mafiosi non chiedono quasi mai denaro in cambio del loro appoggio. Il loro interesse è avere a disposizione il politico per ogni necessità dell'organizzazione.

Telefonai dunque a un mio amico ex magistrato divenuto parlamentare chiedendogli spiegazioni su quello che mi sembrava un grave errore.

Il mio amico, *in camera caritatis*, mi confidò che diversi parlamentari quando avevano letto l'originaria formulazione della norma, così come noi l'avevamo proposta, avevano commentato che con quel reato si rischiava di fare incriminare la metà di tutti i parlamentari del Meridione.

Ragioni di realismo politico imponevano dunque di non tradurre in legge la formulazione proposta dando ai magistrati del povero collega ucciso il contentino di una norma quale quella poi approvata, che si sapeva pressoché inutile.

LA FORZA DEL PRINCIPE

Ma esiste almeno la possibilità di mettere il bastone fra le ruote del Principe?

Non è facile. La legalità possibile nel nostro Paese è quella che, oggi come ieri, deve fare i conti con il Principe. La sua forza viene da lontano perché affonda le radici nella storia del nostro popolo.

In alcune fasi storiche è costretta ad arretrare, in altre diventa straripante. È sempre e comunque una realtà politica. La lezione della storia insegna che nessuno, a destra, al centro e a sinistra, può governare in questo Paese senza tenere conto di questa realtà.

Da dovunque si prendano le mosse si ritorna sempre al punto di partenza: alla grande madre di tanti problemi. Questa legalità possibile oggi rischia di ridurre ai minimi termini la credibilità dello Stato e del diritto facendo divenire impresa disperata credere nella cultura della legalità.

La fine della stagione dei collaboratori nei processi di corruzione, e il progressivo venir meno delle figure di collaboratori di rango nei processi di mafia, ha rappresentato il primo segnale della perdita di credibilità dello Stato?

Oggi sembra di essere ritornati al trionfo dell'omertà di massa per i reati commessi dai potenti. Molti di coloro che in passato hanno reso testimonianza sottoponendosi a un calvario durato per anni, confessano talora pubblicamente che mai più lo rifarebbero. Recentemente un teste che alcuni anni or sono aveva reso dichiarazioni in un importante processo mi ha inviato una lettera amara che mi ha fatto molto riflettere.

Contenuto?

Quella persona ha scritto che io e i miei colleghi dovevamo passarci una mano sulla coscienza perché l'avevamo indotta a rendere testimonianza, rovinando così la sua esistenza perché da allora era stata emarginata nel suo ambiente, aveva subito una serie di vessazioni, mentre, al contrario, l'imputato nei cui confronti aveva reso dichiarazioni aveva continuato a frequentare i salotti di prima ed era rimasto un potente, nonostante i fatti fossero stati accertati. Quella persona mi invitava per il futuro a non peccare di ingenuità e a rispettare il diritto alla fragilità delle persone normali alle quali non può chiedersi di sopportare sulle proprie spalle il peso di una responsabilità schiacciante che lo Stato non è in grado di assumersi.

In un'altra occasione, un imprenditore che si rifiutava di ammettere di pagare delle tangenti mi disse: «Dottore, ma lei li legge i giornali? La guarda la televisione? Non vede che sono ritornati tutti a galla? Non la sente la musica che viene dall'alto? Che bisogna essere realistici, che bisogna accettare la realtà e fare i compromessi? E allora *ci permette* che anche io ho il diritto di essere realista e di fare compromessi con la realtà? Prima lorsignori diano l'esempio e poi se ne parla, perché il pesce puzza dalla testa».

Naturalmente non concordo né con l'uno né con l'altro, ma mi sembrano due casi sintomatici di un clima collettivo che serpeggia pericolosamente.

Qualcuno potrebbe obiettare che se tutto è mafia niente è mafia.

Questa espressione «se tutto è mafia niente è mafia» ha due livelli di significato.

Il primo livello, al quale quasi tutti si fermano, è che se

si usa il concetto di mafia per definire qualsiasi forma di prepotenza o violenza, se ne annacqua oltre misura il carattere significante, facendogli così smarrire ogni utilità per comprendere e descrivere specifici fenomeni criminali.

Il secondo livello di significato è che se il metodo mafioso inizia a divenire sempre di più moneta corrente, i comportamenti mafiosi che non si manifestano con le modalità classiche cruente (omicidio e violenza materiale) entrano a far parte della normalità e non vengono più socialmente percepiti come comportamenti criminali.

Di male in peggio, mi pare.

Si tratta di un concetto complesso che richiede un approfondimento.

Come diceva Monsier Verdoux nel famoso film di Chaplin, mille delitti costituiscono un problema criminale, diecimila delitti costituiscono un problema politico. Centomila delitti, mi permetto umilmente di aggiungere io, non costituiscono più un problema perché vuol dire che il delitto è divenuto normalità, pratica di massa e dunque non può essere criminalizzato. Ha cessato di essere percepito come devianza ed è divenuto componente della normalità, cioè dell'ordine costituito.

Dunque se tutto è mafia nulla è mafia.

Parafrasando potrebbe dunque dirsi che se tutto è corruzione niente è più definibile come corruzione in senso criminale.

Infatti li chiamano «costi della politica», «lobbying» o quant'altro, ma comunque penalmente irrilevanti. Anzi, continuare a definire come corruzione tali fenomeni tradisce per alcuni un'irriducibile nostalgia giustizialista.

Anche il nepotismo, il clientelismo sono stati legalizzati e normalizzati: si tratta della pratica dello spoil system all'italiana, secondo cui chi vince le elezioni pensa prima di tutto a sistemare per la vita tutto il proprio clan familiare e a imbottire le istituzioni di clienti e amici profumatamente pagati con i soldi pubblici.

Grazie alla riforma dei reati contro la pubblica amministrazione del 1997, la gran parte di tali comportamenti non è più penalmente perseguibile o è estremamente difficile da accertare.

Poiché tutto è nepotismo, clientelismo, niente è nepotismo e clientelismo in senso criminale.

E si consideri ancora il caso delle perenni sanatorie fiscali ed edilizie che con un colpo di bacchetta magica legislativa trasformano in legale ciò che prima era illegale poiché il numero dei trasgressori è divenuto massa.

Se la progressiva conversione dell'illegalità in legalità è il trend, quello che oggi sembra impraticabile, domani potrebbe divenire realtà: la normalizzazione culturale del metodo mafioso adottato dai colletti bianchi fuori dall'ambito delle organizzazioni criminali tradizionali.

Ma che accade se di paese in paese, di regione in regione, di istituzione in istituzione la cultura mafiosa e quella paramafiosa si diffondono in tutto il Paese?

Nelle regioni del Sud le mafie classiche sono saldamente in sella. In Sicilia non si spara perché, a differenza di Napoli, il controllo del territorio è saldo. Inoltre non vi è bisogno di uccidere perché, essendo saltati molti anticorpi del sistema, si possono perseguire interessi illeciti con metodi incruenti. A Milano è cresciuta enormemente nell'indifferenza totale dell'opinione pubblica la presenza della 'ndrangheta che con gli enormi guadagni della cocaina sta corrodendo l'economia milanese, e quindi quella italiana.

La diffusione nel Paese delle infiltrazioni mafiose nel circuito istituzionale è dimostrata dal fatto che mentre prima i Consigli comunali sciolti per infiltrazioni mafiose si trovavano solo in Sicilia, Calabria, Campania e Puglia, recentemente ne sono stati sciolti alcuni anche sul litorale romano. Alcuni Consigli regionali sono affollati da un numero così elevato e qualificato di soggetti inquisiti per mafia da rasentare la soglia dello scioglimento.

Il fatturato delle mafie ruota intorno a novanta miliardi di euro, pari al 7 per cento del Pil, l'equivalente di cinque manovre finanziarie; come dire che la Mafia S.p.A. è la più grande impresa italiana e quindi uno dei poteri forti del Paese. Infine, come ho spiegato prima, il metodo mafioso espiantato dal suo terreno di elezione classico e trapiantato in quello della criminalità dei colletti bianchi dilaga come metodo vincente dal Nord al Sud del Paese.

Se al diffondersi della cultura paramafiosa sommiamo il riemergere di altre culture antidemocratiche come quelle alle quali abbiamo fatto cenno in precedenza, viene da chiedersi: chi salverà la nostra democrazia da se stessa?

Appunto: chi?

Fino a oggi mi pare che questo Paese sia stato spesso salvato dalle sue minoranze.

La stessa Unità d'Italia fu opera di una ristretta minoranza: i garibaldini, i carbonari, i mazziniani, i cavouriani e pochi altri che si inventarono una nazione che non esisteva.

Il nostro patto sociale fondante – la Costituzione del 1948 – fu, come ho accennato, opera di una minoranza che non rifletteva le culture di massa di un Paese abitato allora in massima parte da una folla sterminata di povera gente ignorante che per secoli non aveva avuto la possibilità di sperimentare un potere democratico.

Quella Costituzione ci ha salvati in passato e continua a salvarci tutt'oggi nei momenti più critici. Fino a quando resterà in vita sarà sempre possibile porre un freno alla degenerazione dello Stato democratico di diritto.

Sarà sempre possibile ricominciare, sapendo da quali valori ricominciare.

L'ancoraggio all'Europa e la resistenza costituzionale sono due punti fermi. Mi rendo conto che vi sono alcune norme della seconda parte della Costituzione che andrebbero aggiornate.

Tuttavia troppo alto è il pericolo che operando sulla parte organizzativa della Costituzione si svuoti surrettiziamente anche la prima parte sui diritti fondamentali. Forte potrebbe essere inoltre la tentazione di taluni di approfittare dell'occasione per mettere direttamente mano anche alla prima parte della Carta «aggiustandola».

Per misurare la distanza tra lo spessore dei padri della Costituzione e quello di taluni di coloro che oggi vorrebbero riformarla a propria immagine e somiglianza, vorrei ricordare le parole pronunciate durante i lavori della Costituente nella seduta del 7 marzo 1947 da Piero Calamandrei:

> Io mi domando, onorevoli colleghi, come i nostri posteri tra cento anni giudicheranno questa nostra Assemblea costituente: se la sentiranno alta e solenne come noi sentiamo oggi alta e solenne la Costituente romana, dove un secolo fa sedeva e parlava Giuseppe Mazzini. Io credo di sì: credo che i nostri posteri sentiranno più di noi, tra un secolo, che da questa nostra Costituente è nata veramente una nuova storia: e si

immagineranno, come sempre avviene, che con l'andar dei secoli la storia si trasfiguri nella leggenda, che in questa nostra Assemblea, mentre si discuteva della nuova Costituzione repubblicana, seduti su questi scranni non siamo stati noi, uomini effimeri di cui i nomi saranno cancellati e dimenticati, ma sia stato tutto un popolo di morti, di quei morti, che noi conosciamo a uno a uno, caduti nelle nostre file, nelle prigioni e sui patiboli, sui monti e nelle pianure, nelle steppe russe e nelle sabbie africane, nei mari e nei deserti, da Matteotti a Rosselli, da Amendola a Gramsci, fino ai giovinetti partigiani, fino al sacrificio di Anna Maria Enriquez e di Tina Lorenzoni, nelle quali l'eroismo è giunto alla soglia della santità.
Essi sono morti senza retorica, senza grandi frasi, con semplicità, come se si trattasse di un lavoro quotidiano da compiere: il grande lavoro che occorreva per restituire all'Italia libertà e dignità. Di questo lavoro si sono riservata la parte più dura e più difficile: quella di morire, di testimoniare con la resistenza e la morte la fede nella giustizia. A noi è rimasto un compito cento volte più agevole: quello di tradurre in leggi chiare, stabili e oneste il loro sogno di una società più giusta e più umana, di una solidarietà di tutti gli uomini, alleati a debellare il dolore. Assai poco, in verità, chiedono i nostri morti. Non dobbiamo tradirli.

Mi pare che il tradimento sia già stato abbondantemente consumato. Tutto il ceto politico, da destra a sinistra, con maggiori o minori responsabilità, ha combattuto contro qualsiasi tentativo della società di riprendersi la politica dal basso, democratizzando la vita dei partiti e attivando forme di partecipazione diffusa.

In questi ultimi anni vi sono stati significativi tentativi della società civile di rompere il sequestro della politica da parte di quella che nel linguaggio corrente viene ormai definita «la casta».

Dalle votazioni referendarie di cui abbiamo già parlato ai girotondi, alla manifestazione dei quarantamila al Palasport, alle mobilitazioni popolari seguite all'appello di Nanni Moretti, al successo di massa del cosiddetto grillismo, alla partecipazione di 4.307.130 persone alle primarie del 16 ottobre 2005 per la scelta del leader dell'Ulivo, alle milioni di persone che si sono espresse per le primarie del Partito democratico nel 2007.

Non solo tutte le richieste di una rifondazione della politica sono state disattese, ma per di più tutto il movimentismo spontaneo della società civile è stato demonizzato a destra e a sinistra come manifestazione di qualunquismo. Il termine girotondino è divenuto nel linguaggio dei professionisti della politica sinonimo di antipolitica e di velleitarismo.

Al momento di formare le liste dei candidati per le elezioni politiche del 2006 i vertici dei partiti trovarono posto per tutti, anche per individui assolutamente impresentabili o per esponenti di micromovimenti corporativi che non ne mettevano in discussione il potere assoluto e che portavano manciate di voti, ma non per candidati che rappresentavano quella società civile che aveva riempito con milioni di persone le piazze, aveva affollato gli stadi, i gazebo delle primarie.

Nelle ultime consultazioni elettorali, quasi tutti i principali commentatori politici hanno osservato che le liste elettorali sono state imbottite di mogli di..., parenti di..., segretari di..., portavoce di..., nonché candidati selezionati per la loro notorietà mediatica, spesso privi di qualsiasi rapporto con il territorio.

Perché questo ostracismo?

Mi pare interessante quanto ha osservato in proposito

Paolo Flores D'Arcais secondo cui il motivo sarebbe semplice e triste allo stesso tempo. Le oligarchie temono di perdere il monopolio della rappresentanza politica sul proprio elettorato rischiando così un rinnovamento interno che può rimetterne in discussione il potere.

Tanti oligarchi preferiscono rischiare di perdere le elezioni mantenendo il potere all'interno dei propri apparati, piuttosto che vincerle perdendo il proprio potere interno.

Chi perde sempre e comunque è il cittadino senza potere e senza diritti, che non può scegliere per una vera politica alternativa, ma solo per una alternanza di oligarchie al potere.

La vera antipolitica, quella cioè che distrugge la credibilità della politica, quella che fa dire alla gente che non vale la pena perché tanto sono tutti uguali, quella che alimenta il qualunquismo e il riflusso nel privato, quella il cui motto è «dammi i voti e poi fatti gli affari tuoi», è la politica che sulla scena pubblica predica bene e nel fuori scena pratica male, anzi malissimo, trattando i cittadini come eterni minorenni e come sudditi.

Quella che è stata demonizzata come antipolitica, cioè il desiderio di partecipazione di cittadini e la richiesta della trasparenza, costituisce invece un ritorno alle radici della politica intesa nel senso più nobile, come la intendevano gli antichi greci.

LA PESTE

I greci ebbero Pericle, non vorrei dire.

È vero, ma non era solo una questione di personale politico. I greci compresero che se la polis è malata, si ammalano anche le vite dei singoli cittadini. Tutte le soluzioni individuali sono illusorie. Per evitare che le vite dei singoli si ammalino, occorre che tutti profondano il meglio delle loro energie per garantire la buona salute della polis. In quella cultura i cittadini che si disinteressavano del bene della polis erano considerati moralmente squalificati. Socrate accetta la condanna a morte pure se ingiusta e si rifiuta di fuggire, pur di non incrinare con tale comportamento la credibilità della legge.

Invece, per ritornare al punto di partenza, la situazione attuale fa venire in mente quella della città di Tebe descritta da Sofocle nella tragedia *Edipo Re*. Come ha ricordato Dacia Maraini in un articolo sul caso Napoli, la città di Tebe si era ammalata perché aveva chiuso gli occhi, perché non aveva saputo né voluto vedere la responsabilità di chi l'aveva governata per decenni, diventando di fatto connivente con un modo di vita che disprezzava la legalità, denigrava lo Stato, umiliava la verità. Chi era dunque colpevole della rovina di Tebe? La radice dell'arbitrio dove nasceva e dove andava a conficcarsi? In quale colpa personale o collettiva?

«L'uccisore che cerchi sei tu» dice tristemente Tiresia a Edipo. «La tua città, Edipo, è una nave sbattuta dai marosi, non ce la fa a rialzare la prua dagli abissi della tempesta che ha il colore del sangue, e va morendo di infiniti morti.» Anche da noi, osserva Dacia Maraini, l'Italia va

> morendo di infiniti morti [...] come un Edipo sicuro di sé, il nostro Paese sembra brancolare cieco, di fronte al grande tema della responsabilità. Da un delitto sono nati altri delitti, ma già dal primo è mancata la punizione esemplare. Il sentimento di giustizia è stato umiliato. La verità è stata negata.

«L'offesa alla verità sta all'origine della catastrofe» dice Tiresia che vede tutto, nonostante sia cieco. Quando la questione criminale coinvolge in modo determinante la responsabilità delle classi dirigenti divenendo il male oscuro dello Stato e della democrazia, il Paese viene attaccato dalla peste, proprio come Tebe.

---

[1] J. De Maistre, *Oeuvres complètes*, Lyon 1891-92, p. 373.

[2] Il decreto «milleproroghe» varato il 23 febbraio 2006 prevede infatti che «in caso di scioglimento anticipato del Senato della Repubblica o della Camera dei deputati il versamento delle quote annuali dei relativi rimborsi è comunque effettuato». Quindi, partiti come l'Udeur, Rifondazione comunista, i Comunisti italiani, i Verdi hanno diritto a ricevere i finanziamenti relativi agli anni 2008, 2009 e 2010 tenuto conto dello scioglimento anticipato della Camera e del Senato eletti nel 2006.

[3] Per un'articolata casistica giudiziaria, si rinvia a G. Barbacetto, P. Gomez, M. Travaglio, *Mani pulite*, Editori Riuniti, Roma 2002. In particolare p. 183 e seguenti.

[4] Per un'accurata ricostruzione dei casi giudiziari citati si rinvia a G. Barbacetto, P. Gomez, M. Travaglio, *Mani sporche*, Chiarelettere, Milano 2007. In particolare, a proposito dell'incrocio di interessi, si rinvia per esempio a p. 376.

[5] Cfr. G. Maranini, *Storia del potere in Italia*, Vallecchi, Firenze 1968, p. 452 e seguenti.

[6] Esemplari restano in proposito le pagine dedicate al rilievo strategico dell'indipendenza e autonomia dell'ordine giudiziario da G. Maranini nell'opera citata. A p. 260: «La sovranità effettiva, nella loro sfera, dei giudici, sempre apparve, sul piano storico come sul piano logico, la premessa e la condizione di ogni ulteriore efficace divisione dei poteri: perché la divisione dei poteri non è che un modo per assicurare il regno della legge, l'imparziale traduzione del comando generale e astratto della legge nel comando specifico e concreto. Se il giudice non è sovrano nella sua funzione, l'esistenza della legge si riduce a un mero inganno: la norma precostituita in realtà non esiste più, esi-

ste solo un comando che il potere politico adegua alla sua mutevole convenienza, caso per caso. Solo quando la norma viene applicata (e cioè ridotta al concreto) da un giudice indipendente, gli organi stessi dello Stato, quelli esecutivi come quelli legislativi, sono anch'essi forzati al rispetto della norma, che possono modificare con le dovute procedure, ma non autoritariamente deformare o violare in sede di applicazione. È a questo punto e non prima, che il suddito si trasforma in cittadino. È a questo punto e non prima che le competenze e i poteri dei vari organi costituzionali acquistano consistenza». A p. 459: «La legge mette dunque in giuoco una garanzia davvero fondamentale, una garanzia che è condizione di tutte le altre garanzie, poiché tutte si fondano sulla giustizia, e se la giustizia vacilla tutte vacillano» p. 459. E Maranini ricorda in proposito la celebre massima di David Hume: «Tutto il nostro sistema politico, e ciascuno degli organi suoi, l'esercito, la flotta, le due Camere e via dicendo, tutto ciò non è che mezzo a un solo e unico fine, la conservazione e la libertà dei dodici grandi giudici d'Inghilterra».

[7] Alcuni punti qualificanti della cosiddetta «bozza Boato» meritano di essere ricordati per comprendere la trasversalità e la sostanziale continuità nel tempo dell'avversione all'autonomia e all'indipendenza della magistratura. Nella bozza veniva enfatizzato il momento della «devianza» mediante l'istituzione di un organo chiamato Corte di Giustizia della magistratura, che sottraeva la materia disciplinare al Consiglio superiore, frammentando così il governo della magistratura. Una logica, questa, confermata dalla divisione in sezioni del Consiglio, una riservata ai giudici e l'altra ai pubblici ministeri. I «politici» nel Consiglio passavano da un terzo a due quinti, con un aumento che aveva il solo significato di una pubblica dichiarazione di sfiducia verso i magistrati. Veniva realizzata la separazione delle carriere, e non delle sole funzioni, tra giudici e pubblici ministeri, e per questi ultimi si virava verso logiche di governo gerarchico degli uffici. Tendenza che trovava uno sbocco nella previsione di una relazione annuale al Parlamento del ministro della Giustizia anche sull'esercizio dell'azione penale.

[8] L'articolo 7 del decreto legge numero 152/91 prevede due particolari aggravanti per tutti i delitti puniti con pene diverse dall'ergastolo. La prima di tali aggravanti ricorre quando il soggetto pur senza essere partecipe o concorrere nel reato di associazione mafiosa, delinque uti-

lizzando il metodo mafioso. La Cassazione ha precisato che tale aggravante sussiste quando il non associato pone in essere: «...una condotta idonea a esercitare una particolare coartazione psicologica – non necessariamente su una o più persone determinate, ma, all'occorrenza, anche su un numero indeterminato di persone, conculcate nella loro libertà e tranquillità – con i caratteri propri dell'intimidazione derivante dall'organizzazione criminale della specie considerata. In tal caso non è necessario che l'associazione mafiosa, costituente il logico presupposto della più grave condotta della gente, sia in concreto precisamente delineata come entità ontologicamente presente nella realtà [...]; essa può essere anche semplicemente presumibile, nel senso che la condotta stessa, per le modalità che la contraddistinguono, sia già di per sé tale da evocare nel soggetto passivo l'esistenza di consorterie e sodalizi amplificatori della valenza criminale del reato commesso...».

Seconda parte
Il Principe e l'eterna corruzione

PREMESSA

Prima di analizzare più in profondità il problema della corruzione, possiamo sintetizzare la chiave di lettura dei fenomeni finora esposti?

La storia politica italiana è stata segnata dalla figura del Principe: la componente più arcaica e premoderna della nostra classe dirigente il cui modo di praticare la lotta politica si è declinato, oltre che in termini palesi e legittimi, anche in forme criminali le cui principali espressioni sono state la corruzione, lo stragismo e la mafia.

Si tratta di una criminalità che, essendo espressione del potere, ha ricadute:

– sulla forma dello Stato, sempre esposto a un processo di involuzione illiberale e autoritaria;

– sulla coesione e lo sviluppo sociale gravemente compromessi dal dilagare di un'illegalità che produce un senso di solitudine nei cittadini e un disincanto nei confronti della politica che si traduce in disprezzo;

– sull'economia, zavorrata dalla predazione incontinente delle risorse destinate allo stato sociale e allo sviluppo.

Cominciamo dalla corruzione.

Se vogliamo cogliere appieno la natura non episodica ma strutturale della corruzione nella storia italiana, dobbiamo affrancarci dalla cultura da rassegna stampa tutta appiattita sul presente, che, sull'onda del contingente, insegue di volta in volta con affanno l'ultimo caso di cronaca.

Potremmo definirla la cultura «dell'ultimo anello» che, restando disancorato dagli anelli precedenti, non consente di riannodare i fili del presente a quelli del passato, tessendo così un'unica trama globale.

IL PRIMO GRANDE SCANDALO: LA BANCA ROMANA

Da quale «anello» vogliamo cominciare?

Direi dallo scandalo della Banca Romana esploso nel 1892, il primo grande scandalo finanziario dell'età monarchica dopo l'Unità d'Italia, a seguito del quale si istituì la Banca d'Italia; una Bancopoli di cui vi è cenno in tutti i libri di storia, e che, non a caso, presenta alcuni tratti comuni con i più recenti casi di Bancopoli.

Dopo l'unificazione e il trasferimento della capitale del regno a Roma, era iniziata una selvaggia speculazione immobiliare trainata dai palazzinari del tempo, molti dei quali, grazie a raccomandazioni di vertici politici e istituzionali, costruivano senza rischiare capitali propri in quanto utilizzavano quelli generosamente forniti loro da alcune banche senza adeguate garanzie.

Verso la fine del secolo, la bolla immobiliare iniziò a sgonfiarsi trascinando nella crisi molte società edili e alcune delle banche che avevano concesso loro crediti senza garanzie.

Tra queste vi era la Banca Tiberina che rischiava di fallire compromettendo gli interessi di taluni esponenti della famiglia reale e che, pertanto, venne salvata grazie all'intervento della Banca Romana retta dal governatore Bernardo Tanlongo, nominato da quella famiglia. Ma poco tempo dopo anche la Banca Romana entrò in crisi, sia perché dissanguata da questa operazione di salvataggio, sia perché, come sarà accertato, era diventata la cassaforte alla quale attingevano illecitamente e a piene mani i potenti del tempo.

Nel corso di un'ispezione, disposta a seguito di alcune interpellanze parlamentari, un onesto funzionario di nome Gustavo Biagini accerta che la Banca Romana, uno dei cinque istituti autorizzati a stampare carta moneta per conto dello Stato, aveva emesso banconote (alcuni milioni del tempo) in eccedenza alle quote rigorosamente stabilite da leggi e regolamenti. Biagini interroga in proposito il governatore Tanlongo, il quale per tutta risposta gli chiede in tono amichevole che stipendio ha, se è in grado di mantenere decorosamente la moglie e i quattro figli. Quindi, con disinvoltura, indicando un pacco che ha poggiato sulla scrivania, aggiunge: «Lei potrebbe da un giorno all'altro cambiare la sua posizione». Biagini non accetta la proposta e nell'ottobre 1889 presenta una relazione completa sull'accaduto al ministro Antonio Monzilli. Ma la relazione resta nei cassetti per ben tre anni e l'onesto Biagini per la «sua preziosa opera» viene promosso e trasferito altrove. Bernardo Tanlongo viene nominato senatore del regno e componente della Regia commissione di vigilanza del debito pubblico.

Nel frattempo la situazione della Banca Romana si aggrava sempre di più, lo scandalo diventa incontenibile ed esplode sulla stampa nazionale anche a seguito di una battaglia parlamentare per riesumare la relazione ispettiva insabbiata. Viene quindi disposta una nuova ispezione e viene iniziata un'indagine penale che porterà all'arresto prima di Tanlongo nel gennaio del 1893 e poi di altri colletti bianchi.

A seguito delle indagini si accerta che era stata fabbricata un'enorme quantità di moneta falsa mediante la duplicazione di serie e di numeri di biglietti di precedenti creazioni legali: circa quaranta milioni del tempo (l'equivalente di circa sessanta miliardi di oggi). La cassa era stata inoltre defraudata di una somma molto elevata, circa venti milioni. La banca era seppellita da una catasta di cambiali «in sofferenza», per la maggior parte firmate da nomi illustri della politica e del giornalismo. Gli illeciti erano stati realizzati mediante una serie di falsi contabili e operazioni bancarie simulate.

I deputati (compresi alcuni ministri o ex ministri) compromessi verso Tanlongo, dal quale avevano ricevuto generosi «prestiti» mai restituiti, erano circa centocinquanta.

Il processo, apertosi a Roma nel 1894, si concluse dopo sessantuno udienze con l'assoluzione di tutti gli imputati: i responsabili della banca, un deputato e due funzionari preposti alla vigilanza dell'istituto.

Sembra la grande madre di tutte le Bancopoli. E i fatti accertati, immagino, rimasero senza colpevoli.

Naturalmente. Lo scandalo di quell'assoluzione viene denunciato da Giolitti il quale in una lettera rivolta al re Umberto I utilizza parole che potrebbero essere scritte oggi, a dimostrazione della continuità dell'impunità della criminalità del potere nel nostro Paese:

L'assoluzione scandalosa di ladri di milioni ha fatto purtroppo una triste reputazione al nostro Paese, e ha dimostrato alle classi povere che le leggi penali non raggiungono in Italia i grossi delinquenti. Ora si aggiungerà la prova che i grossi delinquenti in Italia, oltre a essere assolti, possono con i milioni rubati far processare coloro che li avevano denunciati e messi in carcere.

Almeno il presidente del Consiglio assunse quella posizione.

Purtroppo Giolitti predicava bene ma razzolava male. Anche lui si trovò infatti coinvolto in quel ciclone.

Dopo l'arresto di Tanlongo la polizia che operava alle dirette dipendenze del ministero dell'Interno, cioè del governo, aveva compiuto un blitz nei locali della Banca Romana senza alcun mandato della magistratura. Dalle deposizioni testimoniali era risultato che i funzionari di polizia, prima di formalizzare il sequestro, avevano fatto sparire molti documenti scottanti che coinvolgevano la responsabilità di importanti uomini politici.

L'ispettore Mainetti e il delegato Montalto, che avevano eseguito le operazioni, dopo appena due giorni erano stati promossi «con menzione onorevole».

Era emerso inoltre che, molto stranamente, la sera stessa della denuncia si era svolta una riunione tra il procuratore generale, il procuratore del re e il giudice istruttore non negli uffici giudiziari ma al ministero dell'Interno.

Si aprì dunque un procedimento nei confronti dei funzionari di pubblica sicurezza che avevano eseguito le perquisizioni ed effettuato il sequestro, procedimento che coinvolse come mandante della sottrazione dei documenti l'onorevole Giolitti, presidente del Consiglio dei ministri in carica e ministro dell'Interno all'epoca in cui si erano verificati i fatti.

Dopo varie traversie, anche Giolitti uscì di scena grazie a una «provvidenziale» sentenza della Cassazione che stabilì che i reati compiuti da ex ministri erano sottratti al giudice ordinario sia che provenissero da un abuso di potere ministeriale, sia che avessero un movente politico o dovessero essere considerati come «un mezzo a fine politico».

Quale fu la reazione della pubblica opinione?

L'assoluzione generale per lo scandalo della Banca Romana fu così commentato dalla «Rivista penale», una delle più autorevoli riviste giuridiche del tempo:

> Fu un verdetto che da molti si prevedeva, e in modo tale da far sorprendere come mai non si provvedesse, per iscongiurarlo, con la sospensione del dibattimento. Ma tutto, anzi, parve che congiurasse per venire a questa conclusione. Dai primi passi dell'istruttoria alla sentenza di accusa, alla fissazione della sede del giudizio, alla scelta del pm, al modo in cui fu condotto il dibattimento, agli episodi dolorosi e deplorevolissimi che si tollerarono [...] tutto parve rivolto al triste epilogo.

Per evidenziare lo scarto culturale esistente tra la classe dirigente nazionale e quella di altri Paesi europei, vale la pena ricordare che in quegli stessi anni in Francia si era svolto un processo per lo scandalo finanziario del canale di Panama, che aveva pure coinvolto degli uomini politici, imputati di avere ricevuto denaro per dare voto favorevole alla legge che autorizzava il prestito Panama.

In quel Paese le cose erano andate molto diversamente.

In che modo?

La Corte di Cassazione francese aveva respinto il ricorso con il quale deputati e senatori avevano sostenuto il divieto di sindacare il loro voto per l'immunità parlamentare che vi era connessa, ritenendo che il divieto di sindacare il voto dei parlamentari non si estendeva agli atti che un membro del Parlamento avesse compiuto «criminalmente», ancorché in connessione con le opinioni e i voti emessi in una delle due Camere.

Criminalmente: un avverbio al quale la classe politica italiana, da allora a oggi, non ha mai riconosciuto diritto di cittadinanza nel suo vocabolario.

E infatti era bastato quell'avverbio a fare la differenza, e il processo francese si concluse con la condanna dei principali imputati.

Una lezione di senso dello Stato inimmaginabile ieri come oggi in un Paese come il nostro.

E per comprendere come ci troviamo all'interno di una storia circolare destinata a ripetersi, basti ricordare la motivazione con la quale nel 1996 – circa un secolo dopo lo scandalo della Banca Romana – la nostra Camera dei deputati respinse la richiesta di autorizzazione a procedere per il reato di corruzione avanzata nei confronti dell'onorevole Cirino Pomicino, accusato di avere ricevuto in qualità di presidente della Commissione bilancio della Camera quattro miliardi dalle aziende che dovevano realizzare il métro collinare di Napoli, per far passare nella legge finanziaria dello Stato lo stanziamento necessario.

Con quale motivazione fu respinta la richiesta di autorizzazione a procedere?

L'autorizzazione fu negata con la motivazione che in sostanza il comportamento contestato rientrava tra le prerogative insindacabili del parlamentare.

Una motivazione singolare.

Dopo la vicenda della Banca Romana, stava per esplodere in campo nazionale un altro scandalo bancario, quello della gestione illegale del Banco di Sicilia. Di questa storia però parleremo nel capitolo dedicato alla mafia, perché in quel caso il Principe invece del metodo di insabbiamento soft messo in opera per chiudere lo scandalo della Banca Romana, adottò quello hard.

Metodo «hard»?

«Insabbiare» fisicamente, seppellire cioè sotto due metri di terra e sabbia tutti coloro che a causa della loro incorruttibilità rompono il grande gioco del potere, ponendo così a rischio gli equilibri del sistema.

In quel caso si procedette a «insabbiare» il direttore generale del Banco di Sicilia, l'incorruttibile Emanuele Notarbartolo, dopo averlo fatto assassinare da killer mafiosi il 1° febbraio 1893 a colpi di coltello sulla carrozza di un treno.

Ma tornando per ora al metodo «soft», quella della Banca Romana fu solo la prima di una serie interminabile di assoluzioni scandalose. Con una assoluzione generale nei primi decenni del Novecento si concluse anche il processo per un altro grande scandalo bancario che riguardava la Banca Italiana di Sconto e che coinvolse, oltre che numerosi colletti bianchi, anche quattro senatori del regno per i quali il Senato si costituì in Alta Corte di Giustizia.

Con generali assoluzioni si conclusero, sempre all'inizio

del secolo, anche numerosi processi per frodi nelle forniture militari.

Con riferimento a una di queste assoluzioni la «Rivista penale» commentò:

> Effetto non certamente favorevole per il prestigio della giustizia e dell'amministrazione. Risultato finale: che molto probabilmente i vampiri dell'una e dell'altra seguiteranno imperturbati le loro ignobili imprese. Evviva la guerra!

Nel libro *Storia del potere in Italia*, lo storico Giuseppe Maranini osservava:

> La giustizia non aveva potuto colpire i responsabili degli scandali finanziari dell'epoca crispina, non aveva potuto carcerare i mazzieri di Giolitti, non poteva neppure reprimere, se il governo non lo voleva, le violenze rosse e più tardi le violenze fasciste.
> Molti giudici nonostante tutto si esposero coraggiosamente, ma solo per constatare il loro avvilimento e la loro impotenza, come appare dal drammatico atto di accusa pubblicato sulla rivista «Magistratura». Anche se osavano sfidare la disgrazia politica con tutte le sue conseguenze, non disponevano della polizia giudiziaria e la pubblica accusa era in virtù delle leggi agli ordini del governo, fossero ordini di viltà oppure ordini di sopraffazione e persecuzione.

Se si esaminano i documenti di archivio, si può poi verificare come i pochi magistrati che nel periodo prefascista avevano osato promuovere certe indagini e avevano espresso le critiche alle quali ho accennato, subirono una via crucis che li spinse ai margini stroncando le loro carriere.

LA CORRUZIONE DURANTE IL FASCISMO

Durante il fascismo che cosa cambiò?

Non cambiò molto. Approfittando dell'abolizione della libertà di stampa e del totale asservimento della magistratura, la corruzione di tanti capi e capetti che occupavano i vari gradini della catena gerarchica poté dilagare in silenzio senza alcun freno. Nessuno poteva fiatare. La corruzione di tanti gerarchi che abusavano dei loro poteri per arricchirsi permeava i malumori popolari che si sfogavano sottobanco con la proliferazione inarrestabile di barzellette in materia, oppure nel famoso tormentone «oh se lui sapesse!» con il quale si alludeva a Mussolini che si reputava ignaro di quanto accadeva alle sue spalle.[1]

Alcuni intellettuali, Benedetto Croce, Arturo Carlo Jemolo e pochissimi altri annotano in pagine semiclandestine quel che stava accadendo. In alcuni suoi appunti del 1942 e del 1943 Luigi Einaudi parla del diffondersi della «lebbra» della corruzione, scrivendo:

> La corruzione è fatale. Se come è naturale, il capo supremo non può attender a tutto e deve delegare le sue facoltà a qualche migliaio di sottocapi e gerarchi, chi potrà impedire che costoro abusino della loro situazione? Un industriale, al quale un permesso, un'assegnazione può fruttare centomila lire di guadagno, si asterrà sempre dall'offrire una partecipazione del dieci o venti per cento a chi ha il potere di dare o rifiutare quel permesso? [...] Ecco diffusa la lebbra della corruzione pubblica, della mancia in Paesi che prima ne erano immuni: ecco diventata caratteristica dei Paesi civili la consuetudine levantina del *bakschisch*.
> Ecco verificarsi un regresso spaventoso nella compagine civile e sociale del Paese.

Benedetto Croce per descrivere l'Italia fascistizzata dei suoi tempi ricorre al gioco delle allusioni, dedicando nella *Storia d'Europa nel secolo decimonono* ampio spazio alla descrizione delle conseguenze prodotte dall'impero totalitario instaurato da Napoleone III a seguito del colpo di Stato del 2 dicembre 1851:

> Con quel complesso di leggi e di metodi e di costumi che sono i medesimi di tutti i regimi autoritari, quali che ne siano l'origine e l'occasione, e che si riducono alla semplice operazione di legare le mani e tappare le bocche per imporre la propria unilaterale volontà.

Queste alcune delle conseguenze descritte da Croce:

> Acclamazioni, adulazioni, servitù volontarie, spergiuri, rapide conversioni di accesi democratici, che sarebbero state comiche se non fossero state umilianti, restrizioni mentali, accomodamenti, e timori e terrori e abbandoni di amici e viltà di denunzia, insensibilità per la violata giustizia e pei quotidiani soprusi, infingimenti di non vedere e non sapere quel che ben si vedeva e si sapeva per acchetare così i rimproveri della coscienza, ignoranza circa l'andamento dei pubblici affari con congiunto e incessante bisbigliare di scandali, supino plauso di ogni detto o asserzione che venisse dall'alto e insieme incredulità per ogni notizia di carattere ufficiale; e, in mezzo a questo generale tremore, audacia degli audaci nel dare l'assalto alla fortuna, e prontezza a cogliere privati vantaggi o a soddisfare odi privati con sembianze di politico zelo, senza che alcuno osasse opporsi o protestare; tutte queste cose, insomma, che, praticate talvolta anche da uomini ai quali la società non rifiuta la sua stima, fecero esclamare al romanziere che dipinse quei tempi: «Che canaglia, la gente onesta».

Che io sappia l'unico caso in cui la corruzione di un gerarca emerge fortuitamente nel corso di un processo si verifica in Sicilia. Ancora una volta si tratta di una vicenda nella quale – come nella vicenda dell'omicidio di Emanuele Notarbartolo – ci troviamo dinanzi all'intreccio di alcune delle varie forme in cui si declina la criminalità del Principe: corruzione e mafia. Ma ne riparleremo.

Negli anni venti Mussolini inviò in Sicilia il prefetto Mori per reprimere la mafia dandogli carta bianca. Mori, dopo avere conquistato il plauso collettivo facendo incarcerare con metodi spicci centinaia di mafiosi dell'ala militare, commise l'errore di alzare il tiro anche sui colletti bianchi incriminando per mafia l'alto gerarca fascista Alfredo Cucco.

Anche in questo caso, niente di nuovo sotto il sole.

Questa iniziativa segnò la sua fine e poco dopo fu giubilato.

Cucco uscì assolto dall'accusa di collusione con la mafia, ma nel corso di quel processo vennero accertate molte storie che riguardavano gli arricchimenti illeciti che il gerarca aveva conseguito grazie al suo potere, tra cui quella del dono di due automobili nuove di zecca frutto di una colletta spontanea organizzata da Santo Termini, capomafia di San Giuseppe Jato, e da Francesco Cuccia, capomafia di Piana dei Greci, nonché quella della dazione di un milione di lire – somma rilevantissima per quel tempo – sotto forma di pubblicità per il suo giornale.

DEMOCRATIZZARE LA CORRUZIONE

E caduto il fascismo, che accadde?

Crollato il fascismo, la storia del nuovo Stato repubblicano è scandita – come sappiamo – da un'ininterrotta serie di scandali noti e meno noti: dallo scandalo dell'Ingic a quello di Fiumicino, dallo scandalo delle banane a quello dell'Anas, dallo scandalo del crac dei Caltagirone alla faccenda dell'Italcasse, dal primo e secondo scandalo dei petrolieri a quello dei fondi neri della Montedison, dallo scandalo Lockheed all'affare Sindona e al caso Calvi, dallo scandalo dello Ior al bubbone dei mille affari sporchi che giravano intorno alla P2. Solo punte dell'iceberg di un infinito *work in progress* della criminalità del potere, un'enciclopedia del crimine tanto lunga da riempire gli scaffali di un'intera biblioteca e che non può essere neppure accennata. Non si saprebbe da dove iniziare e dove finire; un'ininterrotta serie di scandali che giunge sino alla Tangentopoli esplosa negli anni novanta e ai più recenti casi degli ultimi anni: dalle vicende Cirio a quelle della Parmalat e del gruppo Previti, dagli assalti alle banche da parte dei «furbetti» con relative coperture di alcuni esponenti della Banca d'Italia a Calciopoli, Sanitopoli, Affittopoli e via elencando.

Tutti scandali che – tranne rarissime eccezioni – furono messi a tacere nella prima Repubblica mediante la sistematica negazione da parte del ceto politico delle autorizzazioni a procedere avanzate nel corso degli anni dalla magistratura, o mediante provvidenziali avocazioni e conflitti di competenza che convogliavano le indagini più scottanti verso rassicuranti e indolori lidi giudiziari.

Possiamo concludere che la corruzione italiana è sempre stata sistemica? Che non presenta sostanziali novità dall'Unità d'Italia fino ai nostri giorni?

Esistono a mio parere tre importanti passaggi di fase che hanno determinato sostanziali salti di qualità. Il primo –

che potremmo definire come la «progressiva democratizzazione della corruzione» – si verifica nella transizione dallo Stato monarchico liberale a quello repubblicano.

L'ingresso progressivo del ceto medio e delle masse nella struttura statuale e istituzionale determina il passaggio da una corruzione di élite praticata da un ristretto vertice della piramide sociale (aristocrazia, alta borghesia e borghesia palazzinara emergente) a una corruzione praticata sempre più a livello di massa da un personale politico e amministrativo di estrazione medio-piccolo borghese che, mediante la partitizzazione dello Stato e la feudalizzazione delle istituzioni, inizia a praticare una predazione sistemica delle risorse collettive.

Spinta di massa alla corruzione?

In altri termini, il codice culturale della corruzione si è progressivamente popolarizzato divenendo trasversale ai partiti di governo e opposizione. Ha dato vita a una società che negli anni ottanta è arrivata a coinvolgere dal vertice fino alla base della piramide sociale migliaia e migliaia di politici, imprenditori, top manager, pubblici amministratori, professionisti, finanzieri, modesti impiegati in un'immensa trama; un'enorme ragnatela che da Nord a Sud ha permeato la polpa viva, il cuore pulsante di settori imponenti della classe dirigente e dell'intera società civile, se consideriamo oltre i diretti protagonisti anche i circuiti parentali, amicali e l'enorme indotto della corruzione. Come vedremo nell'ultimo capitolo, lo stesso fenomeno si verifica anche sul versante della mafia, dove nel transito storico dalla monarchia alla repubblica si registra una progressiva democratizzazione e popolarizzazione del metodo mafioso, prima appannaggio delle classi alte dell'aristocrazia terriera e dei grandi latifondisti.

Il secondo passaggio?

Il secondo passaggio lo potremmo definire come «la privatizzazione della decisione dell'allocazione delle risorse». Inizia, a mio parere, durante la prima Repubblica, proseguendo nei nostri giorni per stratificazioni successive, come guidato da un'interna e inesorabile logica macrosistemica trasversale alle classi dirigenti. Nel corso degli anni settanta, man mano che cresce la domanda di democrazia da parte della società civile, e quindi la domanda di partecipazione ai processi decisionali di distribuzione delle risorse, si verifica un fenomeno di progressiva trasmigrazione dei centri decisionali. Dal circuito pubblico istituzionale a quello privato. Lentamente ma inesorabilmente i luoghi del potere reale si spostano dal circuito istituzionale a circuiti privatizzati, sempre più defilati.

Alla fine il pubblico resta un guscio vuoto, mentre la polpa del processo decisionale si è spostata altrove...

Il pubblico diventa il luogo di registrazione notarile di decisioni prese altrove o il luogo della delega in bianco a oligarchie private di decisioni di spesa e orientamento dei flussi di denaro pubblico.

La prima tappa di questo processo di trasmigrazione è stata – come sappiamo – la partitocrazia e la correntocrazia, cioè la confisca di quote strategiche della sovranità popolare da parte di clan e oligarchie private. Tangentopoli è stata uno dei frutti di questa privatizzazione del potere e della politica.

Nella seconda metà degli anni settanta, nel momento in cui il sistema di partiti comincia a subire la crescente spinta sociale dal basso e inizia a mostrare i primi segni di cedimento – siamo ai tempi del compromesso storico e del possibile ingresso delle sinistre nell'area di governo –, menti raffinatissime e lungimiranti pongono in essere un'ulteriore manovra finalizzata a decentrare ulteriormente i centri decisionali dalle istituzioni e dai partiti in circoli sempre più ristretti e segreti.

A chi rispondevano, in quel caso, le menti raffinatissime?

È il fenomeno del piduismo, la cui sostanza politica era appunto un'ulteriore spinta alla privatizzazione delle decisioni politiche. Sventato il progetto piduista, la privatizzazione delle decisioni politiche prosegue in modo strisciante su altri versanti, mediante un'accelerazione dei processi di destatalizzazione dei centri di spesa, mettendo così a frutto le opportunità offerte da alcuni complessi processi di riorganizzazione del pubblico.

Si tende cioè a trasferire progressivamente funzioni, competenze statali, risorse collettive dagli organi statali a enti privati o a società che gestiscono settori del pubblico con regole del diritto privato: società miste formalmente private, ma controllate da amministrazioni locali (Regioni, Province, Comuni), società per azioni dello Stato dalle quali dipendono migliaia di altre S.p.A. e S.r.l. controllate o partecipate.

Con quali risultati?

Il primo risultato è la creazione di una galassia di enti e società che si muove in un'orbita eccentrica rispetto a quella statale, con logiche interne a volte imperscrutabili e una gestione delle risorse – tra cui l'affidamento di migliaia e migliaia di consulenze miliardarie – ammantata da segreto e protetta dallo scudo stellare della discrezionalità. Il secondo risultato è che i manager e gli amministratori di questi enti e società perdono in molti casi la qualifica di pubblici ufficiali e di incaricati di pubblici servizi e, quindi, non sono perseguibili penalmente per comportamenti che altrimenti sarebbero classificabili come concussione e corruzione.

Un congegno complesso.

Durante Tangentopoli tanti imprenditori e top manager di questi enti e società vennero assolti proprio perché le tangenti venivano pagate e riscosse da soggetti che formalmente non avevano la qualifica di pubblici ufficiali. Ricordiamo per esempio, tra i tanti, il caso della Cariplo. Un fondo pensione i cui vertici erano nominati da azionisti pubblici. Venne accertato che in cambio di tangenti i dirigenti della Cariplo concedevano finanziamenti facili. Gli imputati erano 494: più della metà, circa 250, furono prosciolti, non per non aver commesso il fatto, bensì perché il fatto non costituiva reato. Il giudice infatti non poté qualificarli pubblici ufficiali.

In questo trend si colloca poi, a mio parere, anche il dilatarsi delle zone di opacità conseguente alla progressiva sostituzione delle procedure pubbliche per l'assegnazione degli appalti per le grandi opere pubbliche (strade, ponti, trafori, acquedotti, ferrovie, alta velocità, termovalorizzatori), con procedure di tipo privatistico che azzerano o rendono estremamente difficile ogni possibilità di controllo.

Mi riferisco alla progressiva diffusione degli strumenti quali il *project financing*, il *global service* e il *general contractor* che, per esempio, consente di affidare la progettazione, il finanziamento, l'esecuzione e persino la gestione delle opere pubbliche a un'unica impresa privata. Quando entra in azione il *general contractor*, cioè l'azienda privata che fa da capocordata, più difficilmente si potranno contestare i reati di corruzione e concussione, imputabili solo ai pubblici ufficiali o agli «incaricati di pubblico servizio». Inoltre, in un mercato come quello italiano, ancora molto protetto, definito di capitalismo senza mercato, chiuso di fatto – nonostante l'unificazione europea – alla concorrenza internazionale e povero di operatori, le imprese in grado di fungere da *general contractor* sono pochissime.

Ma in simili condizioni di mercato, in che cosa consiste la concorrenza?

È proprio qui che sta il problema. È infatti elevato il rischio che pochi colossi privilegiati, in accordo con la politica, azzerino la concorrenza, si spartiscano il mercato e producano a cascata un sistema di appalti e subappalti precostituito, lottizzato, costoso e inquinato: una nuova Tangentopoli a rischio zero. Già oggi si verificano parecchi casi in cui alle gare viene presentata una sola offerta da parte di megacartelli di imprese. Proseguendo nell'inventario dei passaggi che hanno contribuito ad aprire dei varchi al dilagare della corruzione, va ricordata la riforma dei reati contro la pubblica amministrazione varata da una maggioranza di centrosinistra con la legge 234 del 16 luglio 1997.

In cosa si è tradotta questa riforma?

Viene abolito il reato di abuso di ufficio «non patrimoniale», cioè quello del pubblico ufficiale che commette un atto contrario ai suoi doveri di ufficio, per fini diversi da quelli di procurare a sé o ad altri un ingiusto vantaggio patrimoniale. Si decriminalizzano così tutta una serie di condotte finalizzate alla gestione clientelare del potere. L'abuso patrimoniale rimane reato ma la pena viene sensibilmente ridotta, da cinque a tre anni. Con tre conseguenze: niente più custodia cautelare per i colletti bianchi, niente più intercettazioni e termini di prescrizione accorciati che passano da quindici anni a sette e mezzo senza le attenuanti generiche, da sette e mezzo a cinque con le generiche.

In cinque anni celebrare tre gradi di giudizio con il nuovo codice di procedura penale è impresa impossibile, soprattutto se si tiene conto che, grazie a una serie di altre riforme approvate in quegli anni, imputati eccellenti o danarosi hanno la possibilità di allungare a dismisura i tempi dei processi con varie tattiche dilatorie.

Di fatto l'abuso è stato pressoché depenalizzato?

Di fatto, al di là delle intenzioni degli autori di quella riforma, si pone il primo tassello per la legalizzazione del conflitto di interessi. Infatti la depenalizzazione dell'abuso non patrimoniale e la sostanziale castrazione di quello patrimoniale legalizzano in sostanza l'interesse privato in atti d'ufficio.

Come venne argomentata questa riforma?

La giustificazione della riforma fu che la magistratura aveva abusato dei suoi poteri di controllo sulla gestione della discrezionalità amministrativa, operando una sorta di criminalizzazione di massa dei pubblici amministratori. Occorreva pertanto ristabilire il primato della politica surrogando la responsabilità penale con quella politica. Abbiamo visto i risultati. La riforma, oltre a determinare l'impunità di migliaia di pubblici amministratori e politici che in quel momento erano sotto processo e rischiavano la galera per avere asservito le pubbliche istituzioni a pratiche lottizzatorie imbottendo gli uffici di parenti e clienti politici, ha purtroppo contribuito a disattivare alcuni validi anticorpi contro il dilagare del nepotismo, del clientelismo e delle pratiche lottizzatorie.

Da Parentopoli a Vallettopoli, da Affittopoli a Sanitopoli e via dicendo, è stato un nuovo via libera alla feudalizzazione del pubblico sotto cui si occultano mille forme di corruzione. È così?

Le statistiche giudiziarie documentano, come un referto medico legale, la sopravvenuta impotenza della giurisdizione di fronte all'illegalità politica affaristica: le condanne definitive per i reati di corruzione per atti contrari ai doveri d'ufficio sono crollate dalle mille all'anno (registrate sino al 2000) alle appena centotrenta del 2006; quelle per abuso d'ufficio sono addirittura scemate da 1305 a 45.

La classe politica, nel suo complesso, ha fatto un buon lavoro. Non c'è che dire.

Le cifre fornite dalla Criminalpol indicano un disastroso crollo della fiducia dei cittadini nelle istituzioni. Le denunce per abuso d'ufficio sono scese nel 2006 rispetto al 2005 del 40 per cento, quelle per concussione del 30 per cento, quelle per corruzione di incaricato di pubblico servizio e per atti d'ufficio del 50 per cento.

IL CODICE CULTURALE DELLA CORRUZIONE

Dopo la democratizzazione della corruzione e la privatizzazione delle decisioni sulla destinazione delle risorse, qual è la terza fase?

La terza fase si è aperta a seguito della caduta del comunismo e della globalizzazione, che hanno completamente reindirizzato la storia mondiale su diversi binari. Potremmo definirla la fase della «legalizzazione del codice culturale della corruzione».

Cosa intende per «codice culturale della corruzione»?

Dinanzi alla straordinaria continuità storica della corruzione sistemica mi pare inadeguato continuare a parlare di questione morale, secondo un radicato luogo comune. Una patologia del potere che dura ininterrottamente da più di un secolo e mezzo godendo – in un modo o in un altro – di eterna impunità, si presta a essere interpretata in modo diverso: un codice culturale che plasma la forma stessa di esercizio del potere. In altri termini, la corruzione in Italia non sembra essere una deviazione del potere, ma una forma «naturale» di esercizio del potere che gode di accettazione culturale da parte della classe dirigente e che conta sulla rassegnazione da parte delle classi sottostanti.

In questo senso la corruzione si profila come una componente organica della politica italiana e dunque come una questione macropolitica con la quale occorre fare i conti a livello macroeconomico. Le ricadute più gravi non si misurano infatti solo sul piano della distruzione dell'etica sociale e pubblica, ma anche su quello della decadenza economica del Paese. Superato un certo tasso di illegalità, sfasa l'intero quadro macroeconomico e si va in entropia.

Su questo punto torneremo in seguito.

Non è eccessivo parlare di codice culturale della corruzione?

Che si tratti di un codice culturale molto diffuso e non

della mera sommatoria aritmetica di tanti casi singoli pare confermato non solo dalla lezione della storia, ma anche dalla comparazione internazionale. Molte ricerche sul caso italiano hanno segnalato l'anomalia di un Paese liberaldemocratico industrializzato che presenta un livello di corruzione paragonabile a quello dei Paesi in via di sviluppo.[2]

Nell'indice di percezione della diffusione della corruzione elaborato sin dal 1995 dall'organizzazione internazionale non governativa Transparency International, l'Italia si colloca stabilmente e con ampio distacco al primo posto fra i principali Paesi occidentali, superando nell'indice di corruzione Paesi come Malaysia, Giordania, Bahrein, Estonia, Taiwan, Botswana. Secondo il *Global Corruption Barometer*, in Italia l'influenza della corruzione è ritenuta maggiore nel mondo degli affari di quanto non lo sia nel sistema politico.

Per comprendere la natura di sistema del fenomeno occorre prendere in considerazione non solo il primo livello costituito da coloro che rubano direttamente, i quali sono già massa, ma anche il secondo livello formato dai tanti che, pur non partecipando in prima persona, coprono con la loro solidarietà operosa i primi, garantendone l'impunità.

Senza questa decisiva complicità il sistema non potrebbe sopravvivere.

Prima ricordavamo il ruolo decisivo svolto da Giolitti, il quale, pur non avendo preso un soldo per sé, si adoperò in ogni modo per garantire l'impunità dei tanti imputati eccellenti coinvolti nel crac della Banca Romana.

Ma era solo un esempio. Ciascuno potrà esercitare la propria memoria nel compilare un chilometrico elenco di personaggi che da allora ai nostri giorni si sono comportati come Giolitti e che, dunque, sono corresponsabili dei guasti prodotti dal sistema della corruzione.

Può specificare meglio cosa intende quando qualifica la corruzione come un codice culturale interno alla classe dirigente?

Per comprendere questo concetto dobbiamo fare appello alle risorse della scienza criminologica. Negli anni trenta il famoso criminologo americano Edwin Sutherland infranse il radicato tabù culturale secondo cui un soggetto criminale è soltanto colui che si trova alla base della piramide sociale. Con l'opera *White Collar Crime* (La criminalità dei colletti bianchi) – la cui edizione integrale, dopo essere stata censurata per decenni, è stata pubblicata solo nel 1983 – costrinse la società benestante americana a guardarsi allo specchio e a prendere atto che accanto alla criminalità delle classi disagiate esisteva la criminalità delle classi alte. Per spiegare l'origine e la natura della criminalità dei colletti bianchi, Sutherland elaborò la teoria dell'associazione differenziale, che proverò a sintetizzare.

Le società moderne si articolano in una pluralità di strati e classi. Dietro l'apparenza di codici culturali generalisti condivisi da tutti, in realtà ciascuno di questi strati ha propri codici culturali interni che in tutto o in parte divergono da quelli generali. Questi codici peculiari sono quelli che formano le reali gerarchie di valore degli individui e che ne pilotano l'orientamento mediante un complesso sistema di segnali di approvazione o disapprovazione sociale.

All'interno della piramide sociale esistono dunque diversi orizzonti normativi, diversi criteri di valutazione delle condotte che operano secondo i vari livelli di appartenenza sociale. Con il risultato che un comportamento ritenuto riprovevole all'interno di un determinato livello può essere valutato come normale all'interno di un altro livello.

Esempi in proposito?

Per esempio è noto che sin dagli anni settanta in molti salotti della Milano bene era uso offrire agli ospiti a fine serata un tiro di cocaina. La polvere bianca veniva offerta già divisa in piste su lussuosi vassoi d'argento con aspiratori fatti costruire appositamente da abili gioiellieri. Nel tempo l'abitudine si è diffusa in molti ambienti medio borghesi nei quali acquistare droga e sniffare è ritenuto comportamento normale e non riprovevole, nonostante sia stigmatizzato dal codice culturale generalista. Può così accadere che la stessa persona impronti la propria vita su un duplice codice culturale: quello generalista e quello interno al suo ambiente sociale. In pubblico, quando si trova a gestire la propria immagine dinanzi a persone appartenenti a classi sociali diverse, condannerà la condotta dei cocainomani, magari spendendosi in critiche accese. In ambienti protetti e riservati si concederà la libertà di praticare il proprio vizio contando sulla complicità culturale o sulla tolleranza interne al proprio ceto sociale.

Cambiando mondo, è noto che in molti quartieri popolari, coloro che vivono di furti, taccheggi, truffe ai danni dei ceti ricchi, di prostituzione e altre attività illegali vengono considerati alla stregua di lavoratori che «campano» la famiglia e godono di accettazione sociale come se praticassero un lavoro normale. E potremmo continuare... I falsari più abili godono nel loro ambiente della stessa stima di cui può godere un professore universitario e via dicendo. All'interno dei vari segmenti sociali esistono processi di comunicazione e interazione che consentono di apprendere quali sono i comportamenti accettati anche se definiti come criminali dal codice generalista.

La devianza è dunque un prodotto di un processo di socializzazione culturale delle attività criminali. Quel che conta per il singolo non è il giudizio generalista della società, ma solo il giudizio della cerchia sociale di cui fa parte: su quello fonda la propria autostima e la propria reputazione sociale.

La stessa persona considerata deviante se analizzata dal punto di vista del codice generalista è invece considerata normale o apprezzabile se valutata dal punto di vista del codice culturale interno al proprio segmento sociale. È questo che voglio dire. Pirandello ha scritto che la coscienza può essere definita come tante teste che dentro di te dicono sì o dicono no, che approvano o disapprovano. Mi pare una stupenda metafora letteraria del concetto freudiano di Super-Io. Quelle che contano sono solo le teste del tuo mondo.

Vale anche per il mondo mafioso?

Sì. Ai killer di mafia per esempio non importa nulla della riprovazione morale della società civile. Importa moltissimo invece il giudizio del proprio popolo: il popolo di mafia.

L'esecuzione di un omicidio eccellente è considerata un'impresa di grande valore militare degna di ammirazione; anche i terroristi islamici quando uccidono centinaia di persone sono impermeabili al giudizio morale della società occidentale e sensibili solo a quello del loro universo sociale.

Tornando alla corruzione, alcuni indici depongono nel senso che all'interno dello specifico orizzonte normativo della classe dirigente nazionale la corruzione sia considerata un comportamento normale e dunque culturalmente accettato o tollerato.

Quali sarebbero questi indici?

Andiamo per ordine. Il primo indice è l'assenza di qualsiasi forma di disapprovazione morale o censura nei confronti degli appartenenti alla propria classe sociale condannati per corruzione.

Tutti coloro che oggi come ieri incappano nelle maglie della giustizia continuano a frequentare gli stessi salotti e ambienti di prima, accolti come se nulla sia accaduto. Anzi, pacche sulle spalle e grandi manifestazioni di solidarietà. La stessa gente che non esita a licenziare e a bollare come ladra la domestica appena sospettata di avere sottratto un capo di biancheria griffata, vezzeggia poi gli appartenenti alla propria classe sociale condannati con sentenza definitiva per avere rubato decine o centinaia di miliardi di soldi pubblici. I criminologi sanno che la vera sanzione non è la pena ma la vergogna. Il timore di subire la riprovazione collettiva e vedere scadere la propria immagine sociale costituisce il primo vero deterrente contro il crimine.

In Giappone quando l'operaio di una fabbrica ha uno scarso rendimento è costretto a portare sulla propria tuta un contrassegno che lo rende visibile agli altri compagni di lavoro. E spesso si è verificato che alcuni di quei lavoratori si siano suicidati proprio per la vergogna. O pensiamo a La lettera scarlatta *di Nathaniel Hawthorne, romanzo che descrive il trattamento riservato a una donna nella Boston puritana del Seicento, costretta a portare ricamata sul vestito la lettera A di adultera.*

Questi due esempi rendono perfettamente l'idea. E di contro, l'assenza di vergogna indica l'approvazione morale da parte della società del comportamento accertato. Tale approvazione morale indica a sua volta la vera codificazione culturale del comportamento all'interno di una certa cerchia sociale al di là della sua qualificazione come deviante dal codice culturale generalista.

L'immediato effetto di questa concezione è la disapprovazione morale nei confronti di coloro che denunciano la corruzione e collaborano con i magistrati.

Tale disapprovazione è il secondo indice che si tiene perfettamente con il primo. Si ricorderà che nei primi tempi di Tangentopoli molti imprenditori facevano la fila dietro la porta dei magistrati inquirenti per collaborare. Alcuni avvocati agevolavano tale collaborazione.

Abbiamo già ricordato nel primo capitolo come l'ondata di feroce riprovazione morale che i mondi superiori hanno scatenato sui soggetti che avevano trasgredito il codice di omertà interno alla propria classe sociale sia stata di efficacia tale da determinare in breve tempo la fine del fenomeno della collaborazione. Alcuni ricordano ancora oggi il disprezzo e la riprovazione da cui si sentivano circondati; come furono emarginati da certi salotti e dal loro ambiente.

Il terzo indice, forse il più devastante, è la promozione sociale e politica di alcuni dei più rinomati protagonisti della corruzione e l'impegno di alcune delle massime autorità dello Stato nel designificare le sentenze di condanna definitive, rendendo omaggio pubblico a soggetti condannati.

Ancora una volta i codici culturali relativi, quelli interni alla classe dirigente, si sovrappongono a quelli generalisti che sembrano valere soltanto per i cittadini senza potere.

LA SOCIETÀ DEL RICATTO

Questo codice culturale ha una straordinaria capacità di riproduzione metastatica e di necrotizzazione progressiva di porzioni sempre più consistenti del tessuto democratico che può portare al collasso l'intero sistema, come stava già avvenendo agli inizi degli anni novanta e come potrebbe nuovamente avvenire. La società della corruzione infatti genera la società del ricatto.

In che consiste la società del ricatto?

Ancora una volta possiamo trarre alcuni esempi dalle dichiarazioni acquisite agli atti di processi di Tangentopoli che consentono di estrapolare regole generali di sistema, non legate cioè a quella particolare stagione. Per esempio, Paolo Caccia, amministratore delegato della Saipem, la società di impiantistica del gruppo Eni, arrestato il 13 febbraio 1993 per le tangenti Aem, ha raccontato il seguente episodio significativo che riguarda l'inizio del suo rapporto con il famoso Pierfrancesco Pacini Battaglia (condannato con sentenza definitiva a sei anni nel processo per i fondi neri dell'Eni e salvato dal carcere grazie all'indulto), banchiere italosvizzero proprietario di una *merchant bank*, la Karfinco, che costituiva il crocevia di tutti i più importanti affari sporchi dell'Eni, delle Ferrovie dello Stato e che era in contatto diretto con i vertici del mondo politico e di quello imprenditoriale.[3]

Cosa dichiarò Caccia?

Mise a verbale quanto segue:

> A un certo punto Pacini mi fece capire che io non potevo restare fuori dal sistema e al riguardo mi disse: «Tu vieni con me a Ginevra e io ti apro un conto». Compresi allora che io dovevo diventare una persona ricattabile, perché il sistema aveva bisogno di persone ricattabili in quanto esse – e nella fattispecie io – costituivano la massima garanzia di sopravvivenza del sistema stesso.

Questa dichiarazione costituisce l'esatto *pendant* di un'altra dichiarazione raccolta da Piercamillo Davigo.

Un funzionario dell'Ufficio Iva di Pavia processato per corruzione, alla domanda come mai si fosse fatto corrompere per l'irrisoria somma di 250.000 lire, aveva risposto:

> Lei non può capire, perché fa parte di un mondo dove la scelta fra essere onesti o disonesti è una scelta individuale, dipende da lei. A me le 250.000 le ha messe in mano il mio capo e dopo quindici giorni di lavoro avevo perfettamente capito che aria tirava in quegli uffici. Non avrebbero tollerato fra loro la presenza di una persona onesta, perché avrebbe costituito un pericolo per tutti gli altri.

Trovo queste dichiarazioni illuminanti perché provenendo sia da personaggi al vertice della piramide – top manager e banchieri – sia, all'opposto, da modesti funzionari Iva della base della piramide, consentono di ricomporre il quadro globale e comprendere come il sistema a un certo punto si autoimmunizzi per garantire la propria sopravvivenza, espandendosi continuamente.

Ritornando all'assunto che se tutto è corruzione niente è corruzione, se tutti siamo corrotti nessuno più è corrotto.

Il metodo consiste nell'integrare al proprio interno quanti

più soggetti possibili, rendendoli complici e quindi ricattabili. In questo modo non esistono variabili indipendenti che possano scombinare i giochi. Il sistema integra al suo interno le opposizioni disinnescando il controllo politico, integra magistrati disinnescando il controllo penale, integra, corrompendoli, esponenti delle stesse forze di polizia, integra, comprandoli, giornalisti che possono rivelarsi scomodi.

L'integrazione nel sistema non si realizza solo con la corruzione hard, che abbiamo esemplificato, ma anche con quella soft. Mi riferisco alla cooptazione collusiva. Vi sono tanti che non sono disposti a vendersi per denaro, perché non saprebbero giustificarsi dinanzi a se stessi, ma sono disposti a farlo in cambio di altre gratificazioni: l'inserimento nell'anticamera della stanza dei bottoni o più semplicemente nel giro dei privilegiati del potere, avanzamenti di carriera, la nomina in commissioni governative, la direzione di una fondazione eccetera.

Il sistema conosce mille modi per comprare la coscienza e il silenzio delle anime belle. Quelle che dinanzi alla corruzione sistemica consumata sotto i loro occhi e grazie anche al loro silenzio complice sono sempre pronte a giustificarsi che loro non hanno mai preso una lira, graniticamente certe che i privilegi di cui hanno goduto sono dovuti solo ai propri meriti.

Secondo alcune belle menti dell'intellighenzia nazionale questo sistema farebbe parte della realtà della politica e dovrebbe essere valutato esclusivamente con il metro della politica e non con quello dell'etica.

Secondo costoro pretendere di esercitare un penetrante controllo di legalità tradisce un atteggiamento da moralisti e determina uno sconfinamento della giurisdizione nella sfera riservata alla politica. Questa è per esempio la tesi di Giuliano Ferrara che nel corso di un dibattito con Davigo pubblicato su «MicroMega» lo ha in sostanza tacciato di moralismo ingenuo:

> Nella politica italiana il punto fondamentale non è che tu devi esser capace di ricattare, è che tu devi essere ricattabile; per fare politica devi stare dentro un sistema che ti accetta perché sei disponibile a fare fronte, a essere compartecipe di un meccanismo comunitario e associativo attraverso cui si selezionano le classi dirigenti.

Dubito fortemente che la società dei ricatti incrociati sia il sistema di selezione delle classi dirigenti in Francia, in Germania, in Inghilterra, o negli Stati Uniti.

Per fare un solo esempio, negli Stati Uniti esiste da tanto tempo una legge che regola l'attività delle lobby rendendo trasparenti e controllabili i rapporti tra i gruppi di interesse e i parlamentari.

Quando in Italia la Commissione anticorruzione presieduta da Luciano Violante osò proporre l'introduzione di una legge analoga si scatenò il putiferio dopodiché la proposta fu abbandonata.

In Inghilterra, dopo secoli di accumulazione predatoria e di scorribande da parte delle classi dirigenti, si è consolidata intorno all'Ottocento una tradizione di moralità pubblica di cui sono emblematici la massima «*honesty is the best policy*» (l'onestà è la migliore politica) e la tradizione dell'*accountability* (del rendere conto), in base alla quale appena gli esponenti della classe dirigente sono sfiorati da scandali rassegnano subito le dimissioni, oppure vengono emarginati per fatti che in Italia verrebbero considerati peccati veniali. Recentemente un importante esponente politico inglese è finito in carcere a espiare una pesante condanna detentiva perché aveva mentito negando che il conto dell'albergo della figlia – di poche migliaia di euro – era stato pagato da un'azienda privata. Anche in Francia e in Germania esiste una tradizione molto rigorosa all'interno della pubblica amministrazione, i cui funzionari sono selezionati con estremo rigore.

In Germania, l'ex cancelliere Kohl, uno dei padri dell'unificazione tedesca, è scomparso dalla scena dopo una vicenda di finanziamenti al suo partito che in Italia verrebbe considerata meno di una marachella.

Quanto agli Stati Uniti, in un articolo intitolato *Il Paese dove i potenti vanno in galera*, Alexander Stille ha fornito un impressionante elenco di uomini potenti condannati dalla giustizia americana e finiti in galera a espiare la pena, sottolineando l'enorme differenza con l'Italia, patria elettiva dell'impunità garantita ai potenti.[4]

Da noi sembra vigere invece un sistema di selezione delle classi dirigenti analogo a quello dell'Argentina, del Brasile, del Cile e di altri Paesi premoderni.

Tirando le fila possiamo dunque pervenire ad alcune conclusioni preliminari?

In primo luogo occorre mettere da parte nella riflessione pubblica sul fenomeno della corruzione la categoria abusata della «questione morale». Si tratta, a mio parere, di un'ingenuità culturale.

Chi continua a parlare di questione morale assume come metro e criterio di valutazione il codice culturale generalista alla stregua del quale i comportamenti corruttivi sono ritenuti moralmente squalificati. Partendo dunque dall'erroneo presupposto che tale codice sia intimamente condiviso da tutti gli strati della piramide sociale, considera devianti e quindi suscettibili di un comune giudizio morale negativo condiviso corrotti e corruttori.

Se si cambia prospettiva e si assume invece realisticamente come metro e criterio di valutazione il codice culturale interno ad ampi settori della classe dirigente, ci si rende conto che il codice generalista è il codice dei cittadini senza potere, e come tale è ininfluente e impotente a orientare e plasmare i comportamenti dei potenti, i quali adottano un diverso codice interno.

Dunque la riflessione si sposta su altri piani: quello macropolitico e quello macroeconomico. Il piano macropolitico è divenuto in questi ultimi anni facilmente leggibile. Oggi infatti – e qui inizio a esaminare il terzo e ultimo passaggio di fase – sembra di assistere a un'importante novità rispetto al passato.

Quale?

Fino a qualche anno fa il codice culturale di cui parlavo restava un fatto interno e occulto alla classe dirigente in ossequio alla vecchia doppia morale dei vizi privati e delle pubbliche virtù. Da alcuni anni a questa parte, invece, si sono rotti tutti gli argini, sicché quel codice si sta trasformando da interno, praticato in segreto, a codice pubblico legittimato giuridicamente.

In altre parole, ci avviamo verso una democrazia della corruzione legalizzata?

Non condivido definizioni così radicali. Tuttavia il clima di progressiva accettazione culturale del conflitto di interesse – che in sostanza consiste nella legittimazione dell'interesse privato in atti di ufficio – mi sembra un segnale allarmante se si tiene conto che si tratta di un vero e proprio terreno di coltura e di un moltiplicatore di tante possibili forme di corruzione. Solo i *parvenu* del potere si ostinano a praticare il vecchio sistema della richiesta della tangente con la bustarella.

Coloro che occupano i gradini più alti della piramide ormai possono fare i propri interessi privati alla luce del sole perché hanno la forza sociale e politica per trasformare in legalità quel che prima era considerato illegale. Si può ben dire che oggi chi non ha un conflitto di interessi è un signor nessuno. Sugli organi di stampa si allunga giorno dopo giorno l'elenco di esponenti governativi, parlamentari nazionali, regionali, sindaci, amministratori e via dicendo dei quali si apprende che nell'esercizio dei loro poteri o grazie alla propria influenza avrebbero direttamente o indirettamente procurato vantaggi a società e imprese di famiglia o a persone a loro vicine.

Del resto, chi detiene il potere possiede anche gli strumenti attraverso cui formulare le definizioni di giusto e ingiusto, stabilendo i confini tra lecito e illecito.

Uno dei più autorevoli criminologi italiani, il professore Vincenzo Ruggiero, a proposito della capacità regolativa, normativa, addirittura legislativa, della criminalità dei potenti ha scritto:

> La criminalità dei potenti, in Italia come altrove, sembra seguire una logica «sperimentale», secondo cui alcune pratiche illecite vengono adottate con la consapevolezza che sono tali, con l'attenzione rivolta alle risposte sociali e istituzionali che ne possono conseguire. Sarà l'intensità di quelle risposte a determinare se le violazioni sono praticabili oppure vanno cautamente evitate. È quanto, in termini diversi, suggerisce Jacques Derrida quando afferma che alcune violazioni

possеggono forza fondatrice, nel senso che sono capaci di trasformare le precedenti relazioni di diritto e di affermare una legittimità inedita. La criminalità dei potenti rifonda il diritto e la politica.[5]

LA FINE DEL COMUNISMO E I MILIARDI DI BRUXELLES

Se volessimo indicare una data che ha segnato la perdita di ogni inibizione e la rottura degli argini?

Azzardo un'ipotesi. Credo che si tratti di un fattore di carattere internazionale: la fine del pericolo comunista.

Che c'entra?

Mi spiego; fino alla caduta del muro di Berlino, nel 1989, il pericolo del sorpasso comunista agiva da occulto calmieratore della predazione delle classi dirigenti perché la sofferenza e l'ingiustizia sociale potevano alimentare una canalizzazione politica del dissenso e dare vita a un'alternativa di sistema. Esisteva per milioni di italiani sempre più stanchi un possibile altrove politico.

Non una semplice alternanza ma una alternativa.

Esattamente. Basti ricordare il successo politico elettorale della sortita di Enrico Berlinguer sulla questione morale, alla quale abbiamo già accennato. Per scongiurare il pericolo rosso, l'ala dura e oltranzista delle classi dirigenti ha utilizzato il bastone del rumore di sciabole dei progetti di colpo di Stato e della strategia della tensione, l'ala progressista e riformista ha invece sfiatato il dissenso popolare mediante la progressiva costruzione dello stato sociale che ha garantito anche agli ultimi un portafoglio sociale costituito da una pluralità di diritti: il lavoro a tempo indeterminato, la sanità, la scuola, la pensione eccetera.

Il pericolo rosso improntava anche i rapporti tra economia e politica. Il grande capitale aveva bisogno della politica non solo per ottenere commesse, appalti pubblici e regolazioni di settore favorevoli, ma anche per svolgere un'importante funzione di mediazione sociale. La fine del comunismo ha fatto venir meno questo calmieratore. L'impossibilità di un'alternativa e l'irrilevanza della classe operaia nell'economia postindustriale globalizzata hanno privato di sbocchi politici l'antagonismo sociale, disarticolandolo. Il primo ad accorgersene è stato proprio il grande capitale, che ha sempre meno bisogno della politica per realizzare i propri interessi.

Se nell'economia industriale il capitale era legato a un territorio, a una fabbrica e quindi era costretto a una mediazione affidata ai professionisti della politica, oggi quel capitale è libero da ogni vincolo territoriale.

Ormai è pacifico che se in una fabbrica qualcuno osa protestare oltre il «limite consentito», l'imprenditore trasferisce la fabbrica in uno dei Paesi emergenti del Terzo e Quarto mondo.

Il capitale oggi alla politica chiede deregulation, mancanza di regole per essere libero di incrementare i profitti sfruttando senza limiti il lavoro dipendente e l'ambiente. La deregulation internazionale e nazionale è così divenuta uno straordinario moltiplicatore di opportunità criminali a rischio zero e chiave di uno sviluppo economico iniquo che permette ogni forma di predazione e pirateria finanziaria; ne fanno le spese milioni di persone. Permette anche l'utilizzo all'estero di lavoro forzato e di manodopera infantile, l'esportazione di beni difettosi, lo scarico di sostanze tossiche e rifiuti velenosi. Sembra di essere ritornati alle origini della rivoluzione industriale quando una imprenditoria speculatrice si arricchì a dismisura grazie alla mancanza di diritti chiari e codificati a tutela dei lavoratori e delle popolazioni sfruttate.

Parafrasando Cronin potremmo dire: e i governi nazionali stanno a guardare...

Purtroppo non sempre si tratta solo di semplice distrazione o sopravvenuta impotenza. C'è anche di peggio. Il capitale si serve talora della complicità di segmenti delle élite nazionali e locali che garantiscono deregulation e privatizzazioni realizzate con la svendita del patrimonio pubblico nazionale in cambio di sostegno e di arricchimenti privati assicurati mediante l'inserimento di parenti o prestanomi di politici nelle compagini societarie.

Ma il fattore della caduta del comunismo che ha illustrato sin qui è l'unica spiegazione?

No, esiste un secondo fattore, anche questo internazionale: il processo di unificazione europea. Fino agli inizi degli anni novanta la corruzione sistemica veniva finanziata tramite l'inflazione. La dilatazione senza limiti della spesa pubblica consentiva di foraggiare gli enormi costi della corruzione e di alimentare giganteschi circuiti clientelari. Basti pensare che il giro di affari della corruzione aveva generato un indebitamento pubblico tra i 150.000 e 250.000 miliardi con 15.000-25.000 miliardi di relativi interessi annui sul debito.

Il rapporto tra debito pubblico e prodotto interno lordo

era salito dal 60 per cento del 1980 al 118 per cento del 1992, il deficit di bilancio all'11 per cento. Eravamo abissalmente lontani dai parametri di Maastricht, tagliati fuori dall'Europa e a un passo dalla deriva argentina.

Il 16 settembre 1992 il valore della lira crollò a tal punto da costringerla a uscire dal sistema monetario europeo.

Come ha inciso Maastricht in questo scenario?

I rigidi parametri economici imposti dal trattato di Maastricht hanno fatto venir meno la possibilità di finanziare la corruzione con la dilatazione a gogo della spesa pubblica e con l'inflazione.

A questo punto le modalità di sfruttamento conosciute e classiche hanno lasciato il posto a nuove forme ancora più pericolose.

Per spiegarmi ricorrerò a una metafora. Quando manca il cibo l'organismo umano è costretto ad attingere alle risorse interne.

Esaurite le risorse energetiche conservate nei pannicoli adiposi, inizia ad attingere calorie dal tessuto muscolare, che dunque progressivamente si rachitizza sino al punto che si determina uno squilibrio generale che può condurre a gravi malattie o a esiti letali.

A causa dei vincoli europei e internazionali, il sistema corruttivo italiano è stato messo a dieta?

A causa della riduzione delle risorse esterne – cioè una spesa pubblica dilatabile senza limiti – ha cominciato ad attaccare le riserve interne. In altri termini ha iniziato a nutrirsi del tessuto connettivo del corpo sociale, mediante il progressivo e programmatico smantellamento dello stato sociale e il trasferimento delle risorse a potentati e lobby private. Questa complessa ristrutturazione si declina su vari versanti: uno dei più importanti è quello delle privatizzazioni all'italiana, palesi e occulte, un altro quello della predazione dei fondi nazionali (per esempio la legge 488) ed europei destinati allo sviluppo.

Gli esempi adesso sono indispensabili.

Quanto alle privatizzazioni palesi (a partire dagli anni novanta gran parte dell'industria pubblica è stata privatizzata), in tanti casi si sono risolte – come dimostra l'illuminante esempio del caso Telecom, al quale abbiamo già accennato – in svendite sottocosto e nella spartizione di settori strategici del patrimonio immobiliare e industriale nazionale tra poche decine di megagruppi; sempre i soliti noti che mediante il controllo di pacchetti strategici e ragnatele di partecipazioni incrociate controllano – incontrollati – snodi cruciali dell'intera economia e dello stesso mondo politico, dettando legge. L'azionariato diffuso popolare si è rivelato – come era scontato – una mera chimera, ridotto a un parco buoi privo di qualsiasi possibilità di incidere sulle decisioni dei centri di comando.

Segreti accordi di cartello tra i megagruppi eliminano o riducono in taluni casi la libera concorrenza a danno dei consumatori e degli utenti. Dal monopolio pubblico si è passati così agli oligopoli privati. Anche questa è una storia italiana che si ripete sempre uguale. Dopo l'Unità d'Italia per incrementare la piccola proprietà rurale il governo decise di privatizzare, mettendole all'asta, le terre dei beni demaniali borbonici e degli ordini religiosi soppressi. Quel che accadde fu che con metodi analoghi a quelli odierni quei beni, tranne poche eccezioni, furono invece accaparrati dai latifondisti e dai maggiorenti politici del tempo a prezzi di favore. Dopo avere privatizzato il patrimonio industriale e immobiliare, si procede a passo veloce alla privatizzazione occulta di altri servizi e beni essenziali come l'acqua, la sanità, la pubblica igiene, lo smaltimento dei rifiuti.

Perché parla di privatizzazione occulta? Non è sin troppo palese?

La privatizzazione occulta consiste nello smantellamento e nel degrado programmato del pubblico mediante il dirottamento dei fondi statali verso privati ai quali si devolve il compito di svolgere gli stessi servizi e le stesse prestazioni che potrebbe svolgere il pubblico. A questo riguardo è interessante quanto sta avvenendo nel settore della sanità, divenuto da anni oggetto degli appetiti di tanti perché la spesa sanitaria costituisce una delle voci principali e incomprimibili del bilancio nazionale e di quelli regionali. È una voce che negli ultimi anni è aumentata dell'80 per cento passando dai quarantasei miliardi di euro del 1992 a novantasette miliardi di euro nel 2007. Mi riferisco allo smantellamento progressivo di settori importanti della sanità pubblica, mediante il dirottamento dei fondi statali dagli ospedali pubblici alle cliniche private convenzionate di cui sono spesso soci palesi o occulti esponenti del ceto politico, loro parenti o prestanomi. A tali cliniche vengono ceduti tutti i pezzi del sistema sanitario suscettibili di produrre ampi profitti (le alte tecnologie, la diagnostica raffinata, la chirurgia complessa, la ricerca biomedica applicata), mentre vengono lasciati al pubblico quelli a redditività bassa o nulla (per esempio la rianimazione, la terapia intensiva, il pronto soccorso).

Le prestazioni effettuate – gran parte delle quali inutili ma prescritte da centinaia di medici integrati nel sistema a suon di mazzette e regali – vengono poi rimborsate con il denaro pubblico.

Spesso, i tariffari sono gonfiati ad arte; oppure vengono rimborsate prestazioni mai effettuate o effettuate in misura molto minore, anche grazie alla complicità di funzionari delle Asl addetti ai controlli. Sicilia docet...

Così mentre le cliniche private prosperano e fanno affari d'oro con i soldi statali, gli ospedali pubblici vengono condannati al degrado e alla fatiscenza a causa della mancanza di fondi. La gente muore perché in caso di emergenza non si trova un posto in rianimazione in nessun ospedale. Il 16 febbraio 2005 un uomo di cinquantaquattro anni è morto a Licata per uno choc anafilattico perché dopo dodici ore di telefonate nessun reparto di terapia intensiva aveva posto. In Calabria il 25 ottobre 2007 Flavio Scutella, un ragazzo di dodici anni, si procura un ematoma cadendo per terra e battendo la testa sul selciato. Mentre l'ematoma si allarga sempre più, i parenti del ragazzo cercano disperatamente e inutilmente una sala operatoria in ben sette ospedali: Palmi, Polistena, Rosario, Taurianova, Oppido Mamertino, Gioia Tauro, Cittanova. Poco dopo muore. Si tratta solo di due esempi tra i tanti. Chi trova posto è costretto spesso a passare la notte in barelle improvvisate nei corridoi di locali fatiscenti. A volte per salvare un paziente è necessario trasformare la sala operatoria in camera di rianimazione, paralizzando la chirurgia. La malasanità figlia della malavita politica causa più morti delle guerre di mafia: un rosario di cadaveri non eccellenti di poveri cristi senza santi in paradiso. La sanità in Sicilia, una delle patrie della malasanità, è la prima industria con sessantamila occupati, una spesa pubblica di 7,8 miliardi di euro pari al 40 per cento del bilancio regionale.

Vorrei ricordare che la Regione Sicilia ha stipulato ben 1846 convenzioni con strutture private: un numero di convenzioni superiore di venti volte a quello della Regione Emilia-Romagna e superiore a quello di tutte le altre Regioni messe insieme.

Sono dati che parlano da soli. A seguito di un'indagine condotta dalla Procura di Palermo su una delle più rinomate cliniche private dell'isola – la clinica Santa Teresa di Bagheria – è emerso che su ventinove milioni di euro pagati dalla Regione Sicilia alla clinica solo quattro erano effettivamente dovuti. Per un ciclo completo di terapia contro il cancro alla prostata, Villa Teresa fatturava alla Regione 136.000 euro.

Oggi che la clinica sotto sequestro è gestita da un amministratore giudiziario, quello stesso trattamento costa 8.093 euro. Nel corso delle indagini è tra l'altro venuto alla luce che il proprietario della clinica, recentemente condannato in primo grado a quattordici anni per mafia, e il presidente della Regione (condannato in primo grado a cinque anni per il reato di favoreggiamento) si erano incontrati nel retrobottega di un negozio di vestiti per discutere di alcune voci del tariffario regionale sui rimborsi.[6]

Per completezza d'informazione: l'imprenditore si chiama Michele Aiello, e l'ex presidente della Regione, Salvatore Cuffaro.

Ma non è solo una faccenda siciliana. Il sistema che ho appena descritto prolifera, come dimostrano decine di processi, in tutto il Paese: dalla Lombardia, al Lazio, alla Puglia, alla Calabria...

Nel 2007 il sistema sanitario della Regione Lazio è arrivato al collasso: un buco di dieci miliardi di euro, parte dei quali divorati da una miriade di cliniche e laboratori privati gestiti a vario titolo da truffatori ammanigliati a politici o a parenti di questi ultimi, finiti sotto inchiesta. In Calabria, dove la sanità succhia il 65 per cento del bilancio della Regione, a seguito delle indagini per l'omicidio di Francesco Fortugno, primario dell'ospedale di Locri e vicepresidente del Consiglio regionale calabrese, è emerso che il sistema delle generose convenzioni a favore di strutture private ha contribuito a portare il deficit a oltre quaranta miliardi di lire nel 2001.

In sei anni gli amministratori della Asl di Locri – commissariata nel marzo 2006 per una serie infinita di sprechi e irregolarità – avevano speso più di ottantotto milioni di euro, quasi il doppio della spesa massima autorizzabile, per un totale di oltre undici milioni di interventi sanitari. In media, ottantaquattro prestazioni per ogni assistito. Molti milioni di euro erano finiti nelle casse di case di cura private. Per esempio la casa di cura Villa Vittoria dal 2000 al 2005 aveva ricevuto 8,4 milioni di euro, benché l'ospedale di Locri fosse in grado di assicurare le stesse prestazioni fornite dalla casa di cura. Tra i soci della casa di cura risultavano, tanto per cambiare, parenti di un ex assessore regionale alla sanità e di un ex direttore generale della stessa Asl.[7]

Certo, sarebbe errato demonizzare aprioristicamente l'integrazione virtuosa tra pubblico e privato. Tuttavia mi pare difficilmente contestabile che in molte parti del Paese tale integrazione non è affatto «virtuosa».

Parliamo anche dello smaltimento dei rifiuti.

In Sicilia l'affidamento di questo servizio pubblico a privati pagati con i soldi pubblici si è risolto in un abbassamento medio della qualità del servizio di igiene ambientale in quasi tutti i comuni dell'isola e in una straordinaria opportunità di arricchimento per imprese private, talune delle quali al solito partecipate direttamente o indirettamente da esponenti delle varie élite politiche locali, quando non gestite direttamente dai mafiosi. Il tutto si è tradotto in una significativa lievitazione delle tasse per i rifiuti per i cittadini. La situazione della Campania è sotto i riflettori nazionali.

Un altro terreno elettivo della nuova corruzione è quello della predazione degli incentivi pubblici all'industria, destinati a creare nuove imprese e quindi sviluppo e lavoro.

I dati statistici sono eloquenti. I delitti di indebita percezione di erogazioni a danno dello Stato e di truffa aggravata per il conseguimento di erogazioni pubbliche nel 2006 (ultimo dato disponibile) hanno registrato sul 2005 un incremento rispettivamente del 40 per cento e del 200 per cento.

La legge 488, promulgata nel 1992 e messa in atto già nella metà degli anni novanta, finanzia a fondo perduto fino al 50 per cento del capitale necessario per un'attività imprenditoriale, con particolare riguardo al Mezzogiorno. Sono stati sinora finanziati oltre quarantamila progetti, per un impegno totale di 22,5 miliardi, dei quali 5,8 miliardi ancora da erogare. Chi accede alla 488 ha diritto di ricevere il contributo pubblico in tre fasi: all'accettazione del progetto, al termine di uno stato di avanzamento, al collaudo finale. L'istruzione delle pratiche e l'erogazione dei fondi sono state affidate alle banche private, le quali quindi svolgono un mero ruolo di service nei confronti della pubblica amministrazione. Ebbene, il tutto si è risolto in uno dei più colossali furti di denaro pubblico e di futuro degli ultimi anni.

Perché?

Perché su questa legge hanno lucrato banche compiacenti, consulenti spregiudicati, un'imprenditoria cialtrona e parassita e una sequela di truffatori. Grazie alla complice indifferenza o compiacenza di chi doveva effettuare i controlli, nella maggior parte dei casi i soldi sono finiti nelle tasche di soggetti che con mille stratagemmi non hanno creato nessuna nuova impresa e occupazione. Imprenditori che fingevano di creare nuovi posti di lavoro e invece facevano transitare i propri operai dall'una all'altra impresa simulando nuove assunzioni, altri che acquistavano vecchi capannoni e macchinari dismessi spacciandoli per nuovi.

Alcuni intascavano le prime due tranche dei finanziamenti e poi sparivano. Altri riuscivano a ottenere collaudi compiacenti e intascavano pure la terza tranche.

Per avere un'idea della dimensione di massa del fenomeno, basti considerare che da un monitoraggio effettuato dalla Guardia di finanza per la Sicilia e la Calabria è emerso che solo il 25 per cento dei finanziamenti è andato a buon fine. Un esercito di termiti ha divorato le risorse destinate dallo stato sociale per dare occupazione, dignità e lavoro ai nostri giovani, per consentire ai nostri imprenditori onesti di creare circuiti virtuosi per fuoriuscire dal sottosviluppo. Una megafurto di massa realizzato da colletti bianchi – tra i quali anche bei nomi del mondo imprenditoriale – con la complicità di altri colletti bianchi (banche e addetti ai controlli) e con la garanzia di una sostanziale impunità conseguente a una serie di leggi approvate negli ultimi anni.

Un'impunità totale?

Quasi totale. Prima la legge Cirielli ha dimezzato i termini di prescrizione di questi reati rendendo molto difficile accertare le responsabilità in via definitiva in tempo utile. Poi l'indulto ha completato l'opera, graziando i pochi che si era riusciti a condannare.

Un altro filone aurifero per la nuova corruzione è quello dei finanziamenti erogati dalla Comunità europea con la finalità di consentire alle aree depresse di recuperare il ritardo accumulato, in maniera tale da uniformare il panorama economico all'interno dell'Ue. Un fiume di miliardi di euro che, stante la riduzione coatta della spesa pubblica statale per i motivi che abbiamo spiegato, è divenuta per tanti una greppia alternativa alla quale attingere a mani basse. Il primo periodo di finanziamenti, detto «quadro comunitario di sostegno», è andato dal 1994 al 1999; nel secondo periodo 2000-06, volgarmente conosciuto come Agenda 2000, sono stati erogati 31 miliardi e 900 milioni di euro. Infine per il terzo periodo 2007-13 sono stati stanziati cento miliardi di euro.

Il grosso dei fondi europei cofinanzia iniziative di emanazione regionale; una parte cofinanzia iniziative o incentivi a carattere nazionale, come quelli previsti dalla legge 488; altre iniziative sono direttamente finanziate dall'Unione europea attraverso bandi ad hoc.

Per quanto riguarda le singole Regioni, esse gestiscono i fondi europei costruendo e attuando dei piani definiti Por, cioè Programmi operativi regionali, con i quali dettano le linee guida, approvate in concertazione con l'Ue, e sulla cui base preparano i bandi.

I metodi per accaparrarsi i fondi europei destinandoli alle proprie tasche, a quelle degli «amici» e dei clienti, sono i più svariati. Alcuni sono estremamente complessi, tanto che, come ha osservato Antonio Di Pietro, si può ben parlare di «ingegnerizzazione» della corruzione.

Conclusione?

Mentre in Irlanda, in Spagna e in altri Paesi i fondi europei hanno fatto da volano al decollo economico, in Italia – patria del Principe – il fiume dell'oro di Bruxelles viene prosciugato lungo il suo percorso mediante mille canali di drenaggio che ne dirottano il corso verso i tanti rivoli della corruzione.

Milioni e milioni di euro destinati a consulenze improbabili o palesemente inutili assegnate a *clientes*, parenti e uomini del sottobosco politico-imprenditoriale. Altri milioni destinati a studi e indagini di mercato, a spese di interpretariato e di traduzione, a fiere e workshop, viaggi, comunicazione, pubblicazioni e costruzione di siti web ciascuno dei quali del costo di 50.000-100.000 euro.

Un altro sistema consiste nel creare delle procedure burocratiche molto complesse che richiedono necessariamente il ricorso a delle consulenze. Naturalmente poi tutti nel giro sanno che il progetto ha la certezza di essere accolto solo rivolgendosi a determinati consulenti ammanigliati con i giusti referenti politici e amministrativi. Il costo della consulenza consiste in una tangente secca o in una partecipazione agli utili.

Poi vi è tutto l'enorme giro dei corsi di formazione professionale molto spesso fantasmi.

Insomma, si potrebbe continuare a lungo, ma rischiamo la noia. È un terreno pericoloso e difficile anche per chi indaga, perché il livello delle complicità e delle coperture è talora molto elevato e trasversale.

Inoltre tutto si consuma spesso nel segreto di alcune stanze dei bottoni.

CONCLUSIONE. VERSO UNA DEMOCRAZIA DELLA CORRUZIONE?

Tiriamo le fila di un ragionamento che sembra indurre al più cupo pessimismo.

Ricapitolando, il Principe ha da sempre praticato la corruzione, divenuta nel tempo un codice culturale di larghe componenti della classe dirigente, comprese quelle che non praticano direttamente la corruzione ma la coprono con la propria omertà culturale e politica, privilegiando così gli interessi interni al gruppo di appartenenza rispetto a quelli generali della collettività e al benessere della nazione.

Nel tempo la crescita del tasso di democrazia nel Paese e la conseguente emancipazione culturale di parte della magistratura ha provocato – soprattutto dagli anni ottanta agli anni novanta – un progressivo innalzamento del controllo della legalità che ha toccato i piani alti della gerarchia sociale. I rappresentanti di questa gerarchia hanno iniziato a perdere la garanzia dell'impunità, entrando nel mirino delle indagini.

Si è pertanto attivata una controreazione diretta a disinnescare tutti i controlli e a far coincidere sempre più l'ordinamento formale dello Stato con le esigenze reali del sistema di potere del Paese. Tale controreazione, che ha subito un'improvvisa accelerazione dopo la caduta del comunismo, si è realizzata anche mediante una serie di operazioni di ortopedia istituzionale e normativa dispiegate sui più diversi versanti.

Spiegato così sembra un disegno diabolico e perfetto.

Non è un disegno. Non c'è un grande vecchio. Ogni organismo naturale e sociale ha un suo equilibrio omeostatico che, se turbato da fattori contingenti, si ristabilisce progressivamente nel tempo attestandosi su un nuovo livello.

Il filo rosso che sotto traccia attraversa tutti gli interventi al di là delle motivazioni formali e pubbliche che caratterizzano ciascuno di essi sembra essere quello di sottrarre la governance alle regole e ai controlli giuridici del codice generalista destinato a regolare solo i normali rapporti sociali. Di anno in anno si registra una progressiva assuefazione culturale di parti crescenti della società civile al nuovo stato delle cose. Certe condotte prima percepite come negative sono divenute neutre.

Ma non c'è almeno un modo per limitare i danni?

Gli unici fattori che, a mio parere, possono allo stato limitare i danni del ritorno dell'egemonia del Principe, derivano dal fatto che il Principe italiano non può più considerare il Paese come l'orto di casa né può, dopo la fine del bipolarismo internazionale, contare più sul sostegno del grande fratello americano elargito per ragioni di ordine superiore nel conflitto di civiltà tra superpotenze.

Il processo di unificazione europeo costringe oggi il Principe italiano a fare i conti con le classi dirigenti degli altri Paesi europei più avanzati che gli impongono di adeguare la propria legislazione interna a quella comunitaria.

È emblematico in proposito quanto si è verificato in tema di legislazione sulla corruzione.

Ricordiamolo.

Nel 1996 fu istituita una Commissione parlamentare per la prevenzione e la repressione dei fenomeni di corruzione presieduta da Luciano Violante, della quale faceva parte anche Elio Veltri, ex sindaco di Pavia da sempre in prima linea nella lotta alla corruzione. Veltri ha raccontato in un'intervista al settimanale «L'espresso»[8] la fine ingloriosa di quella Commissione a causa del boicottaggio dei partiti praticato in tanti modi: dalla diserzione delle sedute parlamentari alla mancata copertura finanziaria del disegno di legge elaborato dalla Commissione al termine dei suoi lavori, che conteneva dieci proposte per garantire un po' di trasparenza nella pubblica amministrazione, nei partiti e nelle imprese.

Ecco uno stralcio della sua intervista:

> La prima volta che se ne discusse in aula, alla Camera, ci ritrovammo in quattordici. Le misure per combattere la corruzione non erano proprio in cima ai pensieri dei parlamentari: almeno finché non rischiò di esserne approvata qualcuna. Allora, al momento del voto, Montecitorio si riempì. E cominciò il fuoco di sbarramento. «Escrementi di stalinismo! Roba da Stasi, da socialismo reale!» sparacchiò Filippo Mancuso. Era il segnale convenuto: il gruppo di Forza Italia gli andò dietro come un sol uomo. «Giustizialisti», «Comunisti» «Menti malate», «Giacobini». Piccolo particolare: quelle pro-

poste di legge portavano la firma di tutti i partiti, berlusconiani inclusi. Capimmo subito che fine avrebbe fatto l'iniziativa.

Le uniche norme serie contro la corruzione sono quelle che il nostro Parlamento è stato costretto ad approvare, talora *obtorto collo* e con gravi ritardi, a causa degli obblighi assunti con il Parlamento europeo.

Così, seppure dopo tanti anni di ritardo, il governo il 12 ottobre 2007 ha dovuto adeguare la legislazione italiana al Trattato anticorruzione europeo firmato nel lontano 21 novembre 1997. Scompare così la concussione, cioè il reato che oggi non punisce il privato pagatore ma solo il pubblico ufficiale che induce o costringe il privato a dargli o promettergli un'utilità: una fattispecie che l'Ocse aveva sempre chiesto fosse eliminata sulla base del principio che chi paga una tangente deve comunque essere punito. L'attuale «concussione per costrizione» rientrerà nel reato di estorsione, mentre la vecchia «concussione per induzione» sarà assorbita nell'unica fattispecie della corruzione, di cui risponderà anche il privato. Una scelta dettata dalla volontà di spostare il baricentro legislativo dai singoli atti, appalti, licenze, concessioni alla tutela dell'amministrazione pubblica in sé.

Il trattamento sanzionatorio diviene più severo verso gli amministratori pubblici coinvolti in comportamenti illeciti; la pena della reclusione viene raddoppiata da cinque a dieci anni, mentre la pena prevista per il privato passa da cinque a sei anni.

Entra come novità nel codice penale la nuova fattispecie di traffico di influenze illecite che sostituisce e amplia la portata del reato di millantato credito.

Diventerà più rischioso offrire mediazioni interessate destinate ad accelerare o a portare a buon fine l'iter delle pratiche grazie alle buone conoscenze e a contatti vantati all'interno dell'amministrazione. La reclusione prevista è da tre a sette anni, con ulteriori aggravanti nell'ipotesi in cui a millantare credito sia proprio il pubblico ufficiale o l'incaricato di pubblico servizio come un avvocato.

Non solo. Per dare attuazione alla decisione quadro 2003/568/Gai del Consiglio europeo del 22 luglio 2003, il governo ha recentemente recepito nell'ordinamento italiano la «corruzione privata», cioè il reato di chi nell'esercizio della propria attività professionale accetta tangenti per compiere atti dai quali derivi una distorsione della concorrenza (per esempio il capoufficio acquisti di un'azienda che incassi denaro da un fornitore per privilegiarlo). La nuova figura prevede da uno a cinque anni non solo per il corruttore, ma anche per il corrotto. E, soprattutto, verrà inserita tra i reati per i quali può scattare la responsabilità della persona giuridica (cioè della società) per reati commessi dai propri dirigenti nell'interesse aziendale.

Anche quest'ultimo tipo di responsabilità – molto temuta dalle imprese – è stata introdotta nel nostro ordinamento con il decreto legislativo numero 231 dell'8 giugno 2001 in osservanza di leggi di ratifica di una serie di convenzioni internazionali.

Cosa prevede questo tipo di responsabilità?

Secondo tale normativa, l'ente è responsabile per i reati commessi nel suo interesse o a suo vantaggio da:

a) persone che rivestono funzioni di rappresentanza, amministrazione o direzione dell'ente o di una sua unità organizzativa dotata di autonomia funzionale e finanziaria, nonché da persone che esercitano, anche di fatto, la gestione e il controllo dello stesso;

b) persone sottoposte alla direzione o alla vigilanza di uno dei soggetti sopraindicati.

Le imprese che vogliano esimersi da una tale responsabilità devono adottare al loro interno modelli di organizzazione e gestione idonei a scongiurare reati come quelli citati. Questi modelli sono adottati dalle imprese sulla base dei codici di comportamento redatti dalle associazioni di categoria e debitamente approvati dal ministero di Giustizia di concerto con i ministri competenti, i quali possono effettuare le dovute osservazioni sull'idoneità dei singoli modelli.

Cosa rischiano gli enti nell'eventualità cha aggirino questa normativa?

Rischiano sanzioni pecuniarie fino a tre miliardi delle vecchie lire, sanzioni quali l'interdizione dall'esercizio dell'attività, la revoca di licenze o autorizzazioni, il divieto di stipulare contratti con la pubblica amministrazione, l'esclusione di agevolazioni, finanziamenti, il divieto di pubblicizzare beni e prodotti oltre che la confisca del bene oggetto del reato e la pubblicazione della sentenza.

Un'altra norma anticorruzione introdotta da una legge nazionale che ha dovuto ratificare e dare esecuzione ad atti internazionali elaborati in base al Trattato dell'Unione europea è l'articolo 322 ter del codice penale.

Questa nuova norma ha stabilito l'obbligo della confisca per i beni dei condannati per corruzione, prevedendo che qualora il corrotto sia riuscito a far sparire (per esempio in conti esteri) il bottino ricavato dalla corruzione, si può procedere alla confisca di altri beni dello stesso in Italia per un valore equivalente.

Il Principe resterà a guardare?

Naturalmente la futura operatività di queste e altre norme presuppone una magistratura che conservi le proprie garanzie di indipendenza e la possibilità di fare ricorso alle intercettazioni. E qui siamo al cane che si morde la coda. Perché gli anticorpi introdotti dall'Europa vengono a loro volta disinnescati dagli anticorpi degli anticorpi varati a getto continuo nel nostro ordinamento nazionale.

Quali sono i costi della corruzione?

Il resettamento macrosistemico dello Stato conseguente a questa massiccia opera di ingegneria istituzionale ha ricadute sul piano macroeconomico.

La corruzione «costa» perché genera oneri rilevanti sottraendo risorse alla società. Attualmente il costo globale della corruzione è stato calcolato in cinque punti circa di Pil per gli interessi sul debito pubblico. Un megapizzo che pro quota pagano tutti gli italiani sotto forma di maggior onere fiscale e senza il quale saremmo uguali al resto d'Europa. Ma non si tratta dell'unica conseguenza sul piano macroeconomico. Ve ne sono di ancora più gravi che, a mio parere, possono contribuire ad accelerare il declino del Paese.

Quali?

In passato il sistema Italia era riuscito a metabolizzare le gravi scorie prodotte dalla corruzione sistemica sia grazie ad alcuni cicli positivi dell'economia (gli anni del boom), sia perché inserito nell'economia bloccata propria del bipolarismo internazionale che garantiva una sorta di improprio protettorato interno dei grandi gruppi e minimizzava il fattore concorrenza consentendo la creazione di oligopoli interni. Non esistendo la concorrenza non era necessario investire in ricerca, organizzazione, evoluzione tecnologica. A seguito della fine del bipolarismo internazionale e della creazione di un unico mercato globale che ha messo in campo nuovi giganti dell'economia quali la Cina, l'India, le tigri asiatiche che producono merci a costi estremamente competitivi non sostenibili dalle economie occidentali, alcuni Paesi occidentali avanzati come la Germania, la Francia, la Spagna, l'Inghilterra nonché gli Stati Uniti hanno compreso che per reggere la concorrenza con questi competitori globali non c'è altra via che investire nella produzione di merci caratterizzate da un elevato standard di know how tecnologico. Il che comporta politiche di sistema che investano notevoli quote del bilancio statale per potenziare l'istruzione universitaria, la ricerca scientifica, l'innovazione e il capitale umano.

Che questa sia la direzione giusta lo dimostra il caso dell'India che in questi ultimi anni ha avuto un enorme balzo in avanti grazie alla formazione di decine di migliaia di ingegneri informatici i quali hanno fatto conquistare al Paese una posizione ormai di avanguardia internazionale.

L'Italia, invece, è rimasta al palo.

Più o meno. Una democrazia come quella italiana erosa al proprio interno da un elevato tasso di corruzione e dal ritorno del popolo delle tribù, ciascuna delle quali pratica un becero machiavellismo per cui il fine che giustifica i mezzi è la cura esclusiva dei propri interessi particolari, non può «fare sistema», non può fare gioco di squadra. Bene che vada può contare solo su alcuni fuoriclasse che si salvano da soli senza poter salvare il Paese.

Quali le previsioni per il futuro?

Una corruzione sistemica quale quella sin qui tratteggiata è destinata a fare entrare in entropia il sistema economico del Paese, impedendogli di reggere la pressione selettiva del mercato internazionale.

Perché?

Perché sterilizza le sue migliori potenzialità intellettuali penalizzate da un sistema di selezione che invece di privilegiare la meritocrazia premia la fedeltà di gruppo e l'obbedienza ai padrini-padroni del sistema. Perché disperde gran parte delle risorse destinate allo sviluppo e alla ricerca nei mille rivoli della corruzione e della gestione clientelare. Così, a meno che non si determini una correzione di rotta, a mio parere si profilano allo stato due possibili pericoli.

Quali?

Il primo è che l'intero Paese perda progressivamente terreno nella competizione internazionale trasformandosi, tranne poche isole di eccellenza, in un grande emporio del Mediterraneo: un luogo cioè nel quale non si producono merci ma si scambiano quelle prodotte da altri Paesi.

Il secondo è più complesso. L'Italia presenta fra i Paesi Ocse uno dei range maggiori di differenza regionale tra Nord e Sud. Questa forbice tende ad accentuarsi. I nuovi dati sull'occupazione vedono il Nord aumentare dello 0,7 per cento nel secondo trimestre del 2007 contro un calo del Sud dello 0,9 per cento. Esaminando vari indici, è stato constatato come dal 2003 al 2006 l'indice aggregato delle regioni del Nord sia passato da 2,01 a 3,1 mentre quello del

Sud da 1,04 a 1,7, con un aumento della distanza di 0,43 fra le due aree. Il che significa per il Sud una perdita del 30 per cento rispetto al Nord. La forbice crescente tra Nord e Sud secondo gli analisti economici è causata in buona parte dalle differenze di comportamento delle rispettive classi dirigenti pubbliche. La sinergia al Sud tra management del sottosviluppo, corruzione, sistemi criminali, criminalità mafiosa determina lo zavorramento di tutta l'economia meridionale allargando di anno in anno il fossato con un Nord nel quale la corruzione viene almeno in parte riassorbita e compensata dal ciclo economico globale e da politiche pubbliche improntate all'efficienza. L'attuale ordinamento centralistico dello Stato ha in parte frenato l'allargamento della forbice tra Nord e Sud.

Ma nel 2009 si completerà l'attuazione della riforma in senso federale del titolo V della Costituzione (legge costituzionale numero 3/2001) che ha esaltato le autonomie locali, la potestà legislativa delle Regioni, e ha eliminato il preesistente sistema di controlli preventivi dello Stato nei confronti delle Regioni e delle Regioni sull'attività amministrativa degli enti locali.

Allora che cosa potrebbe accadere?

A quel punto la differenza della qualità della governance tra Settentrione e Meridione potrebbe scavare un solco tale tra le due parti del Paese da determinare quella che alcuni esperti hanno definito il rischio di una «secessione tecnologica». Nei prossimi anni, in nome del federalismo, verranno meno i trasferimenti netti dello Stato nei confronti del Mezzogiorno (migliaia di miliardi all'anno).

Gli enti locali subiranno decurtazioni alla «spesa corrente» che dovranno compensare o con maggiore imposizione fiscale (improbabile) o con un netto taglio alla spesa pubblica corrente.

Un ulteriore impoverimento del Sud?

Si profila così il pericolo dell'apertura di una linea di faglia tra regioni che reggono meglio la sfida della globalizzazione e un Mezzogiorno che, dopo il fallimento di tutte le politiche di sviluppo nazionali ed europee, resterebbe condannato a rimanere un'area periferica, consegnato a una classe politica inadeguata che, dopo aver gestito il management del sottosviluppo, cerca di riciclarsi tra circuiti clientelari e criminali.

Con l'ulteriore pericolo di un rilancio in alcune aree – come la Sicilia al centro dell'area strategica del Mediterraneo – di un'economia parallela da porto franco – quale era quella di Tangeri – per attrarre capitali sporchi di tutte le specie compensando così la perdita di competitività sul terreno dell'economia legale.

---

[1] Cfr. A. Galante Garrone, *L'Italia corrotta*, Editori Riuniti, Roma 1996.

[2] Cfr. D. Della Porta, A. Vannucci, *Mani impunite*, Laterza, Roma-Bari 2007; G. Barbacetto, P. Gomez, M. Travaglio, *Mani sporche*, cit.

[3] Cfr. G. Barbacetto, P. Gomez, M. Travaglio, *Mani pulite*, cit., p. 142.

[4] *Il Paese dove i potenti vanno in galera*, in «la Repubblica» del 21 dicembre 2007. Si riportano alcuni stralci dell'articolo: «Il governatore del Connecticut John Rowland, potente repubblicano di profilo nazionale, fu costretto alle dimissioni nel 2004 per avere accettato che una ditta eseguisse gratuitamente lavori di ristrutturazione nella sua

casa di vacanza. Nel marzo 2005, imputato di corruzione, fu condannato a un anno e un giorno di carcere. Entrò in cella due settimane dopo e scontò nove mesi. Il governatore dell'Illinois, George Ryan, anch'egli potente repubblicano, fu costretto a lasciare l'incarico e finì in tribunale alla fine del 2005 per degli appalti concessi a persone amiche ottenendo in cambio doni e vacanze pagate. Condannato nell'aprile 2006, ha iniziato a scontare la pena di sei anni e mezzo di detenzione nel novembre 2007, esauriti i gradi di giudizio. Jeffrey Skilling, amministratore delegato della Enron, la società energetica texana che fu tra i maggiori finanziatori della campagna elettorale del presidente George Bush, ha iniziato a scontare lo scorso anno una condanna a ventiquattro anni di prigione [...] Randall Cunningham, congressman repubblicano sessantaquattrenne, è stato condannato a otto anni e quattro mesi per tangenti ed evasione fiscale. Ha iniziato a scontare la pena entro un anno dalle sue dimissioni dal Congresso. Tom Delay, potentissimo capogruppo repubblicano alla Camera, è stato costretto alle dimissioni per uno scandalo di fondi elettorali in Texas. Benché finora non sia stato condannato per alcun reato, la dirigenza repubblicana lo ha invitato a lasciare il seggio in parlamento fino alla conclusione dell'iter giudiziario. [...] Forse l'aspetto più importante della realtà americana, portata qui come esempio, è che negli Usa esistono delle istituzioni, come i tribunali e la stampa, che, indipendentemente dal colore politico, operano in autonomia, producendo elementi oggettivi da tenere necessariamente in considerazione, nel bene o nel male».

[5] V. Ruggiero, «Criminalità dei potenti, Appunti per un'analisi anticriminologica», in *Studi sulla questione criminale*, Carocci editore, Roma 2007, p. 125.

[6] Per una accurata ricostruzione della vicenda cfr. L. Abbate, P. Gomez, *I complici. Tutti gli uomini di Bernardo Provenzano da Corleone al Parlamento*, Fazi editore, Roma 2007.

[7] Per una ricostruzione della vicenda cfr. G. Barbacetto, P. Gomez, M. Travaglio, *Mani pulite*, cit., p. 415 e seguenti.

[8] In «L'espresso», 27 agosto 1998, p. 68-69.

Terza parte
Il Principe e l'eterna mafia

I SEGRETI

Approfondiamo ora perché la mafia è una delle varie forme in cui si è declinata la criminalità delle classi dirigenti del nostro Paese. Dunque: cos'è la mafia? Anzi... perché la mafia?

Devo fare due premesse. La prima è che molti snodi essenziali della storia della mafia sono destinati a restare segreti. Se la mafia fosse costituita solo da personaggi come Provenzano e Riina tutto potrebbe venire alla luce del sole. Ma la mafia è anche uno dei tanti complicati ingranaggi che nel loro insieme costituiscono la macchina del potere reale nazionale; macchina che scrive il corso della storia collettiva operando in parte sulla scena, ma in gran parte dietro le quinte. Nessuno può permettersi di svelare taluni segreti della parte oscena della storia che gli è accaduto di intravedere senza rischiare di restare stritolato dalla reazione compatta e trasversale di tutto il sistema.

Quanti di coloro che si sono occupati professionalmente della mafia sono consapevoli di questo?

Diversi. Tra questi – per citare solo i morti lasciando in

pace i vivi – certamente Rocco Chinnici, Carlo Alberto Dalla Chiesa, Giovanni Falcone e Paolo Borsellino. Il primo affidò alcuni frammenti di segreti alle pagine del proprio diario personale pubblicate dopo la morte e alle confidenze con pochissimi colleghi. Anche Dalla Chiesa sentiva il peso degli scottanti segreti di cui era venuto a conoscenza, come annotò in un epistolario in forma di diario che scriveva la sera rivolgendosi, in un dialogo ideale, alla sua prima moglie deceduta.

Falcone coniò l'espressione «gioco grande» proprio per definire il gioco totale del potere di cui il Principe è uno dei coprotagonisti. Quando nel 1989 fu sventato l'attentato dell'Addaura – una carica di esplosivo che doveva farlo saltare in aria insieme ai magistrati svizzeri con i quali stava indagando sui canali del riciclaggio internazionale – disse espressamente che dietro l'attentato vi era la regia di quelle che definì «menti raffinatissime». Non andò oltre. È un esempio di quello che sto cercando di spiegare.

Falcone aveva capito, ma non poteva che esprimersi con un codice criptato, decodificabile solo da pochissimi.

Neanche Falcone poteva articolare compiutamente il proprio pensiero, illuminando una realtà di potere criminale intrecciato con quello legale così complessa da sembrare ai più incredibile e frutto di un'allucinazione. Esplicitare compiutamente il suo pensiero l'avrebbe delegittimato ed esposto alla reazione violentissima di tutto il sistema.

Per avere un metro di paragone, nel 1989 c'era ancora chi metteva in discussione che la mafia fosse un organismo unitario comandato da una cupola. Immaginiamo cosa avrebbe significato allora, dopo un attentato di quel genere, affermare esplicitamente che la mafia opera talora come braccio esecutivo di un sistema criminale nazionale di cui fanno parte soggetti apicali di altri sistemi di potere. Ti avrebbero preso per pazzo. Molti ti avrebbero subito invitato a fare nomi e cognomi; nomi e cognomi che Falcone sapeva bene di non potere fare...

E Borsellino?

Paolo rimase sgomento quando, cercando di scoprire la verità sulla strage di Capaci, si rese conto dell'enormità di quello che si celava dietro le maschere degli assassini che si muovevano sulla scena. Il 19 luglio 1992, sul luogo della strage di via D'Amelio, mentre l'aria era ancora intrisa dell'odore acre dell'esplosivo e del sangue, qualcuno si incaricò di far sparire l'agenda rossa dalla quale Paolo non si separava mai e dove probabilmente aveva annotato qualcosa che riguardava il «fuori scena» di quel che stava accadendo.

Essere costretti a tenersi dentro certi segreti, cambia la vita?

Il peso dei segreti sull'anima schiaccia per sempre un certo sorridere alla vita, ti cambia lo sguardo sull'esistenza. Non riguarda solo magistrati e investigatori, ma ha coinvolto, bene o male, tanti di coloro la cui esistenza è stata violentata dal potere mafioso, o meglio, per intenderci, dal potere del Principe mafioso: vittime, carnefici e anche coloro che a volte sono rimasti schiacciati in mezzo agli uni e agli altri; tutti condannati dalla grandezza dei segreti che erano costretti a portarsi dentro. Penso, per esempio, a Piersanti Mattarella, presidente della Regione siciliana assassinato nel 1980 che, come vedremo, tentò di sfuggire alla morte rendendo partecipi di quei segreti alcuni vertici del suo partito (la Dc) nella vana speranza di un loro intervento. Penso a Rosario Nicoletti, segretario regionale della Dc, suicidatosi il 17 novembre 1984, a pochi anni di distanza dall'omicidio Mattarella e pochi giorni dopo l'arresto dei potentissimi cugini Nino e Ignazio Salvo, due eventi sconvolgenti per motivi diversi; penso ad alcuni mafiosi che si sono tolti la vita in carcere, come Antonino Gioè, coinvolto nel disegno stragista del 1992-93, ad altri che hanno deciso di scontare l'ergastolo e di tenersi tutto dentro.

Emblematica la vicenda di Michele Greco, il «papa» di Cosa nostra, recentemente scomparso dopo ventidue anni di detenzione. E ne aveva segreti che ne avranno schiacciato l'esistenza...

Già... perché, come ho tentato di spiegare all'inizio, per quanto possa apparire strano in fondo è l'intero sistema che chiede il silenzio: e lo chiede perché certi segreti, certe verità non sono gestibili pubblicamente né sul piano giudiziario, né su quello politico. La stessa coltre di silenzio giudiziario e politico calata sui tentativi di golpe e sui crimini commessi dal Principe negli anni della strategia della tensione avvolge anche i suoi crimini mafiosi. Il silenzio coatto sui crimini è il sigillo del potere.

Prendiamo il caso di Tommaso Buscetta. All'inizio della sua collaborazione nel 1984 spiegò a Falcone che lui non poteva dire quello che sapeva su mafia e politica perché lo avrebbero preso per pazzo in quanto la democrazia italiana non era ancora matura. Lo ripeté fino al 1992.

È difficile dargli torto. Immaginiamo la reazione del sistema culturale italiano se Buscetta avesse rivelato allora i rapporti tra Andreotti e la mafia. Per avere una pietra di paragone basti considerare che ancora nel 1993, quando iniziò il procedimento a carico di Andreotti, molti ci considerarono dei visionari. E a tutt'oggi l'intero sistema culturale nazionale – dall'estrema destra fino all'estrema sinistra, passando per il centro – continua a rimuovere il fatto enorme, che invece dovrebbe essere al centro di mille dibattiti e riflessioni, che uno dei protagonisti della storia di questo Paese nel dopoguerra ha avuto rapporti accertati con la mafia e ha garantito con il proprio silenzio l'impunità di autori di gravissimi delitti politici mafiosi.

Il sistema non vuole sapere, non vuole vedere: anzi non può permettersi di sapere e vedere. E va anche detto che quelle preoccupazioni non furono solo di Buscetta.

Infatti. Altri collaboratori, negli anni 1993-96, a volte si lasciavano sfuggire per un attimo accenni a fatti di straordinaria gravità di cui erano venuti a conoscenza. Ma se noi provavamo a insistere perché parlassero, essi, così come aveva fatto Buscetta con Falcone, ci rispondevano che noi *non potevamo neanche immaginare* e che certe cose è meglio per tutti dimenticarsele e fingere con se stessi di avere avuto solo un brutto incubo.

Da quando mi occupo di mafia ho dovuto sempre fare i conti con la realtà dell'incredulità e della credulità collettiva e, soprattutto, misurarmi con le imposture costruite dal Principe.

Certe volte sembra di vivere nel Paese dei campanelli. Possibile che nessuno veda mai niente?

L'Italia resta un Paese culturalmente immaturo, impantanato nella vecchia pratica dei vizi privati e delle pubbliche virtù, impreparato a fare i conti con la realtà della propria storia e affollato da una sterminata folla di intellettuali di fede machiavelliana pronti a stritolarti se osi discostarti dalle verità ufficiali: verità e potere restano inconciliabili.

Sul tema della mafia, la distanza fra verità e potere la definirei abissale.

A volte sono colto da un senso di grande tristezza dinanzi all'omertà culturale che ha ridotto la questione mafia a una scadente opera dei pupi in cui solitari paladini del bene si scontrano contro draghi cattivissimi come Riina o Provenzano.

LE IMPOSTURE

La seconda premessa?

È che nel parlare della mafia farò una scelta di fondo della quale ritengo corretto avvisare i lettori.

La mafia, come ho più volte accennato, è un capitolo importante della storia nazionale: quella con la S maiuscola. Occorrerebbe un'enciclopedia per descriverne tutti i poliedrici aspetti: la componente popolare, quella che costituisce in genere i quadri della struttura militare dell'organizzazione e il suo ordinamento interno, la componente borghese e l'evoluzione dei suoi rapporti con quella popolare, le dinamiche economiche, le connessioni con la politica e i vari sistemi di potere nazionale e internazionale, l'evoluzione storica dei rapporti organici con la massoneria deviata, le protezioni e le alleanze di carattere internazionale e via dicendo.

Poiché nell'economia della nostra conversazione non è possibile affrontare tutti questi profili, e poiché tutta l'industria culturale ridonda del racconto a senso unico delle *res gestae* della componente popolare e militare della mafia – i Provenzano di ieri e di oggi – la mia scelta è di sorvolare su questa parte della storia. Non perché la ritenga priva di importanza, ma perché è quella di cui si è più parlato fino ad abusarne, presentandola come onnicomprensiva della storia della mafia.

Intendo quindi concentrarmi sulla parte «oscena» della storia: quella che, a mio parere, costituisce l'anima, l'essenza della mafia, la sua *conditio sine qua non*: il suo essere un *instrumentum regni* del Principe. Privilegiare questo profilo costituisce, a mio parere, una necessità ermeneutica. Fino a quando l'attenzione continuerà a essere depistata dalle trappole cognitive e dalle imposture alimentate dal Principe, non esisterà la possibilità di formulare una esatta diagnosi del male né di comprendere il reale corso degli avvenimenti e di fare scelte congrue sul piano delle politiche criminali e sociali di contrasto.

Essendo uno degli *arcana imperii*, il sapere di mafia è sempre stato contaminato dalle imposture del potere. Fino agli anni settanta la vulgata costruita da una miriade di intellettuali interni al sistema – tra cui anche alti magistrati e autorevoli prelati – era che la mafia non esisteva. Che si trattava solo di un atteggiamento culturale della popolazione isolana o di un'invenzione dei comunisti per screditare il buon nome dell'isola.

Il depistaggio culturale non è mai venuto meno. Negli anni ottanta si negava che avesse una struttura unitaria e la si declassava come una semplice galassia anarchica di singole bande criminali. Nonostante lo straordinario lavoro di alfabetizzazione culturale – oltre che giudiziario – svolto dal pool antimafia di Palermo, solo dopo le stragi del 1992 è divenuto impossibile negarne l'esistenza e l'unitaria organizzazione interna. Da allora si è fatto credere alla gente che, comunque, la mafia è un'organizzazione composta solo da ex pecorai e contadini semianalfabeti, con la complicità di qualche pecora nera del mondo borghese. Un mondo, quest'ultimo, costituito tutto da onesti imprenditori, onorati professionisti, specchiati politici e pubblici amministratori che hanno dovuto subire prima la violenza mafiosa e poi quella di pentiti calunniatori i quali hanno trovato credito presso magistrati politicizzati o, nella migliore delle ipotesi, privi di equilibrio e professionalità.

Questa disinformazione si realizza azionando due leve: quella della censura informativa su tutti i fatti che riguardano i rapporti mafia-potere (censura praticata con il silenzio *tout court* oppure relegando l'informazione alle cronache locali o, per le trasmissioni televisive, a fasce orarie della seconda serata dedicate a un pubblico di adulti insonni) e quella dell'amplificazione a senso unico delle vicende criminali di bassa macelleria tipiche della struttura militare. Si crea così artificialmente l'«effetto Luna»; la parte visibile del pianeta mafioso, quella illuminata dal sapere omologato – cioè la mafia militare – viene spacciata come il simbolo, l'immagine che riassume il tutto, mentre la faccia oscurata resta nell'ombra e inconoscibile.

Facciamo alcuni esempi?

Gli episodi di informazione a senso unico, talora praticata anche in buona fede per pregiudizi culturali o per ignoranza della realtà del fenomeno, sono innumerevoli. Mi limito solo a qualche caso più eclatante.

In occasione dell'assoluzione di Andreotti in primo grado,

Bruno Vespa dedicò all'evento una puntata trionfale della trasmissione televisiva *Porta a porta*. Quando invece il giudizio di primo grado venne ribaltato e la Corte di Cassazione, confermando la sentenza della Corte di Appello, ritenne accertato con sentenza definitiva che Andreotti aveva avuto rapporti organici con la mafia sino agli anni ottanta restando coinvolto in fatti gravi, lo stesso Vespa non ne fece cenno al suo pubblico. Il giorno in cui il senatore Dell'Utri fu condannato per tentata estorsione insieme al capomafia di Trapani, Vincenzo Virga, la trasmissione fu dedicata a un'ennesima puntata del giallo di Cogne. Quando Dell'Utri fu condannato alla pena di nove anni di reclusione per concorso in associazione mafiosa, *Porta a porta* ignorò il fatto dedicandosi, se mal non ricordo, al tema della sessualità degli anziani o ad altre amenità. Idem per la condanna definitiva per mafia di Bruno Contrada, già numero tre dei servizi segreti.

Quello di Vespa, che cito tra i tanti solo perché è un conduttore televisivo talmente potente e rispettato da essere stato definito il presidente «del terzo ramo del Parlamento», è solo una delle punte di maggiore visibilità della politica culturale condotta dall'apparato televisivo, oggi certo il più potente apparato culturale esistente in un Paese quale il nostro, dove solo una ristrettissima élite legge qualche libro, i lettori dei giornali sono una netta minoranza a fronte del pubblico televisivo. Come ha osservato Franco Cordero, chi controlla gli schermi televisivi satura lo spazio mentale.

Si potrebbe scrivere un'altra piccola enciclopedia su tutti i casi di censura televisiva a proposito dei rapporti tra mafia e politica.

Può essere interessante a questo proposito ricordare un fatto poco noto. Dopo l'inizio del processo per mafia a carico del senatore Andreotti, la Rai fu autorizzata a riprendere tutte le udienze. Era stata quindi inserita nel palinsesto Rai la programmazione di trasmissioni quotidiane e anche settimanali di scene tratte dalle udienze. Dopo le prime due trasmissioni, che avevano registrato un'audience molto elevata, la programmazione fu cancellata. La Rai si accollò l'onere delle spese già anticipate e liquidate. Non si ritenne neppure di selezionare una sintesi delle udienze di tutto il processo per una puntata della nota trasmissione *Un giorno in pretura*. Così gli italiani hanno potuto vedere varie puntate dedicate ai processi per rapina, per omicidio, e per altri fatti di cronaca nera, ma è stato loro precluso di assistere al dibattimento di quello che la stampa internazionale ha definito come «il processo del secolo».

La stessa censura opera anche nel mercato editoriale e nel mondo culturale in genere.

Lo storico Nicola Tranfaglia in occasione della presentazione di un suo libro sul processo Andreotti ha raccontato le difficoltà incontrate prima di trovare un editore disposto a pubblicarlo.

L'attrice Piera degli Esposti ha dovuto rinunciare a uno spettacolo teatrale sul processo Andreotti di cui erano autori la regista televisiva Rita Calapso e il giornalista Francesco La Licata. Il 27 luglio 1998, tre giorni prima che lo spettacolo andasse in scena a Roma, ha dichiarato alla stampa: «Ho avuto paura. È la prima volta che rinuncio ad andare in scena, ma sono spaventata».

Gli autori dello spettacolo hanno provato successivamente a mandarlo in scena con altri attori a Palermo, ma si sono sentiti rispondere che non era «prudente».

Non so se poi ha notato come tutti i film, i documentari e le fiction sulla mafia si fermino al maxiprocesso e alle stragi del 1992-93, sfumando in dissolvenza sul delitto Lima. Quel che è avvenuto dopo – cioè la celebrazione di decine di processi che hanno messo a nudo i rapporti tra mafia e potere – è tabù.

Potrei continuare con esempi che riguardano migliaia di altri casi noti e meno noti, ma ritengo sia sufficiente per dare l'idea di fondo della sistematica censura e autocensura praticata a tutti i livelli sulla mafia dei colletti bianchi.

Nel frattempo, la stessa industria culturale ci subissa di prodotti che rappresentano la mafia con il volto di individui appartenenti alla classica iconografia del Padrino. Indugia ossessivamente con le telecamere sulle stalle e i tuguri dei latitanti o su facce di arrestati che sembrano recare le stimmate lombrosiane della degradazione morale.

Tra i tanti, il caso Provenzano è ormai divenuto di scuola. Per anni la Rai, come del resto la maggior parte dei media, ha contribuito a creare il mito di un demiurgo assoluto del male che tirava le redini di tutti gli affari sporchi dell'isola tenendo al guinzaglio legioni di killer e di colletti bianchi costretti controvoglia a essere proni al suo malefico volere.

Ma qual è il risultato finale?

Il risultato finale di questa manovra a tenaglia (censura e amplificazione) è – per fare due esempi simbolici – che nove italiani su dieci sono convinti che Andreotti – personificazione del potere statale e politico – è stato completamente assolto e che la mafia è solo Provenzano. Il resto è roba da *Piovra* e di confuse opinioni.

Allora vogliamo provare a intraprendere con i nostri lettori un immaginario viaggio astronautico intorno alla faccia nascosta del pianeta mafioso?

Tengo a sottolineare ancora una volta che quella che vado a esporre è una ricostruzione che si fonda su una libera e personale interpretazione di fatti storici ed eventi processuali. Ciò premesso, incentrerò la mia analisi sulla mafia siciliana perché questa mafia, a differenza delle altre, è nata come criminalità del Principe mantenendo tale impronta originaria fino ai nostri giorni, nonostante alcune parentesi storiche e significative evoluzioni. La 'ndrangheta e la camorra, alle quali farò pure cenno, sono invece nate come forme criminali popolari e solo negli ultimi decenni si sono in parte evolute come criminalità del potere.

La mafia siciliana costituisce dunque uno straordinario osservatorio storico e sociologico per comprendere la modellistica generale delle interazioni e delle sinergie tra criminalità delle classi dirigenti e quella delle classi popolari.

ALLE ORIGINI: LA MAFIA COME AFFARE DI FAMIGLIA DELLA CLASSE DIRIGENTE

Cosa si può vedere da questo osservatorio?

Che quello della mafia non fosse solo un problema di volgari malfattori da gestire con gli usuali metodi di polizia fu chiaro sin dall'inizio, quando, dopo la formazione del nuovo Stato unitario, esplose la questione sociale che assume caratteri di particolare drammaticità nel Mezzogiorno, segnato da uno stato di grave arretratezza e da profondi squilibri nella distribuzione della ricchezza, causa di un'endemica conflittualità sociale.

In quel contesto, la Sicilia diviene una delle zone più calde del Paese per l'incrociarsi di due fattori critici apparentemente non omogenei: da una parte la crisi dell'ordine pubblico locale per la recrudescenza del brigantaggio e della delinquenza mafiosa, e dall'altra la crisi dell'ordine politico nazionale per la crescente insofferenza della classe dirigente siciliana, quasi interamente confluita nella sinistra, a fronte della sua perdurante esclusione dalla direzione politica del Paese saldamente monopolizzata dalla destra cavouriana nella quale si riconosceva il patriziato e la borghesia continentale.

Cosa c'era alla base di quel contrasto?

La destra addebitava il degrado della sicurezza pubblica alla responsabilità dei ceti dirigenti locali – aristocrazia baronale e una borghesia in rapida crescita – accusandoli di utilizzare briganti e mafiosi come forza armata per mantenere i loro privilegi contro le crescenti rivendicazioni dei ceti popolari, e di aizzare lo scontento di questi ultimi contro il governo. Gli agrari meridionali, a loro volta, accusavano gli esponenti della destra di strumentalizzare politicamente il problema dell'ordine pubblico in chiave antisicilianista.

In questo clima, dopo un dibattito parlamentare tesissimo, viene approvata nel 1875 una legge sui provvedimenti straordinari antimafia e viene istituita una Giunta parlamentare d'inchiesta sulla Sicilia composta di nove membri che si trattiene nell'isola dal 5 novembre 1875 al 1° febbraio 1876. Quasi contemporaneamente in Sicilia si reca anche Leopoldo Franchetti, uomo della destra storica il quale, insieme a Sidney Sonnino, conduce per mesi una inchiesta privata sulle condizioni politiche e amministrative della Sicilia,[1] che, come è stato osservato, non rappresenta solo uno dei più alti esempi di indagine sociale della cultura italiana dell'Ottocento, ma è forse «il primo e più rilevante luogo di origine di due cruciali questioni che hanno attraversato e tuttora connotano il dibattito civile dell'Italia contemporanea: la questione meridionale e la questione mafiosa».[2]

Quando a volte qualcuno mi chiede di consigliargli delle letture per comprendere cosa è la mafia, io propongo sempre l'inchiesta di Franchetti. Sebbene sia stata pubblicata nel 1876 resta, a mio parere, uno dei testi più attuali e più completi sull'argomento.

È straordinario verificare come, seppure sia trascorso più di un secolo, non vi sia nulla di nuovo sotto il sole. Il mutare delle forme dell'economia e dello Stato si rivelano inessenziali – mutamenti della crosta esterna – rispetto all'essenziale: cioè il modo di essere e di operare di quella parte della classe dirigente nazionale che abbiamo simbolicamente definita «il Principe», personificazione e interprete autentica delle peggiori culture nazionali premoderne.

Franchetti, fervente ammiratore dell'esperienza dell'autogoverno e del decentramento inglese, voleva comprendere se in Sicilia vi fossero i presupposti per la formazione di una *middle class*, di un ceto di proprietari in grado di gestire la cosa pubblica sul modello del *self-government*.

Lo animava una discreta dose di utopia, non crede?

Ne guarì presto. Al termine del suo viaggio pubblica l'esito della sua inchiesta individuando la chiave di volta del sistema di potere mafioso in quella che lui chiama la «classe media» e che nel secolo successivo sarà denominata la «borghesia mafiosa». Aveva capito tutto, non c'è che dire. Quello che mi pare interessante sottolineare è che non solo egli era un uomo della destra, insospettabile dunque di pregiudizi antiborghesi contro la propria classe sociale, ma che, soprattutto, la sua inchiesta fu redatta in epoca preideologica: prima della diffusione del marxismo, della rivoluzione russa e della nascita del comunismo.

Coniugando evidenze empiriche e studi storici, Franchetti si rende conto che l'apparente disordine della mafia assolve in realtà a una funzione d'ordine.

Non è una contraddizione in termini?

Contraddizione solo apparente. Quella mafiosa infatti non è, come il brigantaggio, una forma criminale di tipo popolare che sfida l'ordine costituito.

I ceti popolari forniscono alla mafia gli esecutori, la manovalanza, ma i registi della violenza appartengono alla classe media e ne governano la somministrazione non solo per finalità di arricchimento personale ma anche all'interno di una più generale funzione politica di mantenimento di un ordine reale fondato sul dominio dei pochi sui molti: di minoranze delle classi abbienti sulla massa della popolazione.

A questo proposito Franchetti coglie come in Sicilia, nella transizione storica dal sistema sociale tardofeudale al nuovo ordine inaugurato dallo Stato unitario, si stesse verificando una peculiare ricomposizione del ceto dirigente: la vecchia classe baronale che unitamente al clero deteneva la quasi totalità della proprietà terriera iniziava a cedere quote sempre più consistenti di potere sociale a favore di una borghesia di recente formazione che presentava vistosi caratteri di anomalia.

Quali anomalie?

Si trattava di una borghesia priva di tradizioni, rimasta ai margini delle correnti di pensiero europee che avevano dato vita all'illuminismo e al liberalismo, cresciuta alla scuola di violenza e di sopraffazione della classe baronale di cui aveva ereditato l'ethos e i paradigmi di accumulazione della ricchezza e di costruzione del potere.

In una società nella quale non esisteva quell'economia di mercato che in altri Paesi europei aveva generato il terzo Stato, la classe media, rimasta per secoli rachitica e subalterna a quella aristocratica, si stava ora facendo tardivamente strada acquisendo quote sempre più consistenti di ricchezza fondiaria mediante il governo sapiente delle risorse della violenza, della frode e della manipolazione culturale: gli stessi strumenti di cui avevano fatto uso i baroni per secoli.

La differenza dove stava?

La differenza era che la violenza dei baroni era stata palese e legittima in quanto ammessa dall'ordine giuridico feudale. Quella della classe media era invece destinata a restare occulta perché vietata dal nuovo ordine giuridico dello Stato liberale che avocava a sé il monopolio della violenza.

Esempio paradigmatico di questa nuova borghesia erano tra gli altri gli amministratori e i grandi affittuari dei latifondi (i gabelloti), che prima avevano esercitato violenza per conto dei baroni nei confronti di masse sterminate di contadini affamati e sfruttati e poi avevano iniziato a usarla in proprio, sostituendosi ai vecchi padroni assenteisti e in declino.

La proprietà passava così di mano, ma i metodi di accumulazione e i rapporti di dominio restavano sostanzialmente immutati. Come avrebbe icasticamente riassunto

Tomasi di Lampedusa nel romanzo *Il Gattopardo*, ogni giorno di più ai Salina venivano progressivamente affiancandosi e poi sostituendosi i Sedara.[3]

Franchetti individua la quintessenza della mafia in quel binomio che successivamente sarà riassunto nella formula: cervello borghese e lupara proletaria. In proposito scrive:

> L'industria delle violenze è per lo più in mano a persone della classe media [...] niuna industria è per loro migliore di quella della violenza. Perché portano nell'esercizio di questa tutte le doti che distinguono la loro classe, e, in altri Paesi, la fanno prosperare nelle industrie pacifiche: l'ordine, la previdenza, la circospezione; oltre a un'educazione e in conseguenza una sveltezza di mente superiore a quella del comune dei malfattori. Perciò l'industria delle violenze è, in Palermo e dintorni venuta in mano di persone di questa classe.

Osserva che se la manovalanza della mafia proviene dalle classi infime, la direzione strategica è nelle mani delle classi abbienti:

> Tutti i cosiddetti capimafia sono persone di condizione agiata. Sono sempre assicurati di trovare istrumenti sufficientemente numerosi a cagione della gran facilità al sangue della popolazione anche non infima di Palermo e dei dintorni.

Già allora non furono pochi quelli che seppero vedere oltre le imposture del potere. Questa significativa circostanza non era sfuggita in precedenza anche ad altri acuti osservatori, come, per esempio, don Pietro Ulloa, procuratore generale di Trapani.

> Vi ha in molti Paesi delle fratellanze, specie di sette che diconsi partiti, senza riunione, senz'altro legame che quello

> della dipendenza da un capo, che qui è un possidente, là un arciprete. Una cassa comune sovviene ai bisogni, ora di far esonerare un funzionario, ora di conquistarlo, ora di proteggere un funzionario, ora d'incolpare un innocente [...]. Al centro di tale stato di dissoluzione evvi una capitale [...] città nella quale vivono quarantamila proletari, la cui sussistenza dipende dal lusso e dal capriccio dei grandi. In questo umbelico di Sicilia, si vendono gli uffici pubblici, si corrompe la giustizia, si fomenta l'ignoranza.

Franchetti compie però un passo avanti nell'analisi. Osserva infatti che l'estrazione borghese dei capimafia non è casuale.

Il governo politico della risorsa della violenza nella competizione per l'accaparramento delle risorse richiede infatti un'intelligenza sociale che presuppone un minimo di acculturazione, e che sappia cogliere sempre il momento in cui l'esercizio della violenza funzionale alla perpetuazione dei rapporti sociali ed economici esistenti rischia di trasmodare in eccesso controproducente.[4] Coglie inoltre come il blocco sociale di cui la borghesia mafiosa è una delle assi portanti, detenga un potere politico tale da condizionare il governo nazionale. Ed è proprio questo il motivo per cui perviene a una prognosi di irredimibilità del sistema di potere mafioso.[5]

In sostanza, conclude Franchetti, la mafia attiene a una modalità di esercizio violento e illegale del potere in Sicilia da parte di settori portanti della classe dirigente.

Quella classe dirigente non è capace di autoriformarsi epurando la violenza dalla competizione sociopolitica per l'accaparramento delle risorse. Tale compito, dunque, non può essere assolto che dalla classe dirigente nazionale contro la volontà di quella locale. Ma poiché il gioco degli equilibri nazionali fa sì che la prima non possa reggersi senza il contributo della seconda, il problema ha natura macropolitica e appare insolubile come il cane che si morde la coda.

Quindi?

Qui sta il punto nodale – ieri come oggi – della questione. Qui sta il segreto della irredimibilità della mafia e il suo essere una componente della costituzione materiale del Paese. I Riina e i Provenzano passano, il Principe, il sistema di potere che li alleva, resta.

Quali conseguenze ne discendono?

In primo luogo, come insegna la lezione della storia, chiunque governi – destra, centro o sinistra – non può non tenere conto del peso politico-sociale del Principe. Quando si elencano i poteri forti si indicano generalmente la Confindustria, la grande finanza, il Vaticano e via dicendo.

È un elenco incompleto?

Si dimentica sempre di inserire nell'elenco uno dei poteri forti con i quali qualunque governo in Italia ha sempre dovuto fare i conti: la borghesia mafiosa, una delle componenti organiche e strutturali del Principe. Il passato, il presente e il futuro del sistema di potere mafioso si sono giocati e probabilmente continueranno a giocarsi sul terreno dei rapporti di forza tra il Principe e le altre parti della classe dirigente nazionale. Tanto più cresce il potere del Principe, tanto più sarà elevato il prezzo da pagare per garantire gli equilibri nazionali e viceversa.

Se ai tempi di Franchetti il volto del Principe era riconoscibile nelle fisionomie dei baroni, dei Sedara, dei Palizzolo, nel secondo dopoguerra assume le sembianze dei Lima, dei Ciancimino e di tanti altri – noti e meno noti – in grado di condizionare e aggregare quote strategiche del consenso elettorale.

Mi permetto di ricordare che per risultare vincenti nei congressi nazionali della Dc, e per governare il «partito Stato» di maggioranza relativa, asse portante di tutti gli equilibri, non si poteva fare a meno dell'alleanza con i siciliani. Lo ammisero in varie udienze del processo Andreotti molti big di quel partito.

Per venire all'attualità, oggi come ieri, gli equilibri regionali e talora anche quelli nazionali possono spostarsi verso l'uno o l'altro schieramento a seconda di come si spostano una serie di personaggi politici siciliani e meridionali che governano sterminate clientele e godono di un diffuso consenso sociale. Molti, tanti, troppi di costoro sono stati a vario titolo coinvolti in processi di mafia.

In Sicilia, da sempre un laboratorio politico avanzato che anticipa spesso quel che avviene in campo nazionale, è già avvenuto che taluni di questi capitribù abbiano determinato la caduta di governi regionali spostandosi dall'uno all'altro schieramento.

Si tratta dunque di personaggi politicamente corteggiatissimi, circondati di ogni considerazione e riguardo.

Torniamo al silenzio di Stato sul rapporto fra mafia e politica.

Mai come in questa stagione storica il silenzio sull'argomento è diventato assordante. Credo che ci troviamo dinanzi a una vera e propria rimozione culturale.

Ho un ricordo recente. Nel luglio del 2007 la Commissione parlamentare antimafia effettuò una lunga audizione dei magistrati di Palermo. Siamo rimasti tutti colpiti dal totale disinteresse della Commissione circa il tema mafia-politica in una regione dove tanti Consigli comunali sono stati sciolti per inquinamenti mafiosi, e nella quale sono stati coinvolti in indagini di mafia molti dei più importanti vertici istituzionali: dal presidente della Regione a un ex vicepresidente, da numerosi assessori regionali a una nutrita schiera di esponenti apicali di varie amministrazioni provinciali e comunali.

Un componente della Commissione, l'onorevole Orazio Licandro, ha fatto poi sapere che durante le audizioni gli era stato discretamente recapitato un bigliettino con il quale si raccomandava di non fare domande su mafia e politica. Ma a parte tale notizia riservata, durante una pausa dei lavori, un mio collega aveva colto un brano di conversazione tra due componenti della Commissione appartenenti a schieramenti diversi che concordavano sull'opportunità di non fare domande su tale scottante argomento.

Anche la sinistra ha dovuto fare i conti con la realtà del Principe. Vogliamo specificare?

Dopo la sanguinosa «lezione» impartita dal Principe con la strage dissuasiva di Portella della Ginestra del 1° maggio 1947 e l'impressionante sequenza di omicidi di sindacalisti del mondo contadino che segnerà gli anni cinquanta e sessanta, il Pci abbandonerà l'illusione di un sorpasso accarezzata con lo straordinario successo conseguito in occasione delle elezioni regionali del 1947, quando il Blocco del popolo (comunisti e socialisti insieme) conseguì il primo posto ottenendo 567.000 voti, corrispondenti al 29,13 per cento dell'elettorato. Lentamente, anche a causa del progressivo esaurirsi del movimento contadino con la scomparsa dell'economia agraria, si farà strada all'interno del partito una componente che sull'altare del realismo politico accetterà un rapporto di convivenza con il sistema mafioso.

Nello scontro con questa componente interna anche il segretario regionale Pio La Torre risulterà perdente.

Perché?

Perché i «compagni» da lui individuati come contigui alla mafia e dei quali aveva invano chiesto l'emarginazione non solo non saranno messi da parte dopo il suo omicidio il 30 aprile 1982, ma nel tempo – nonostante fossero stati poi arrestati e processati per mafia – continueranno a fare brillanti carriere all'interno del partito, occupando posti istituzionali talora strategici.[6]

Le cooperative rosse negli anni ottanta si inseriranno nel sistema politico-mafioso di spartizione degli appalti pubblici, come è stato appurato in alcuni processi. Manager di primo piano delle cooperative sono stati condannati in primo grado per il reato di concorso esterno in associazione mafiosa.

Anche dopo il crollo della prima Repubblica, il partito dei Ds erede del Pci continuerà a misurarsi con la realtà del potere del Principe.

In occasione della campagna elettorale del 1996 si verificò un fatto inedito. Il partito dei Ds, che da sempre aveva fatto della lotta alla mafia un vessillo delle sue campagne elettorali, per la prima volta nella sua storia mise la sordina sull'argomento. Anzi, suoi autorevoli esponenti trovarono il destro di esprimere forti perplessità su inchieste della magistratura che coinvolgevano vari personaggi del mondo imprenditoriale.

A cosa imputa questo cambio di atteggiamento?

Forse alla lezione della sconfitta elettorale del 1994: accadde che quella che veniva definita «una gioiosa macchina da guerra» destinata alla vittoria dopo il crollo del vecchio sistema dei partiti della prima Repubblica si arenò nelle secche del Paese reale: un Paese nel quale volenti o nolenti occorreva fare i conti con il Principe nelle sue diverse articolazioni nazionali.

Da allora i temi del rapporto mafia-politica e della corruzione sono stati rimossi anche a sinistra.

Tuttavia all'interno dei Ds esiste una componente erede delle migliori tradizioni di un partito che è stato in prima linea nel contrasto al sistema mafioso.

Lo so bene. L'ex Pci ha scritto alcune delle pagine più gloriose della lotta antimafia. Sono tanti coloro che hanno continuato a impegnarsi senza compromessi, ma non mi pare contestabile che costoro hanno dovuto accettare di convivere con quella parte del partito che a sua volta ha accettato di coabitare con il sistema di potere mafioso.

Oltre che alcuni fatti processualmente accertati, lo dimostrano vicende inequivocabili come, per esempio, la candidatura – nonostante lo scandalo della pubblica opinione e il danno d'immagine per il partito – di personaggi sorpresi dalle telecamere della polizia a discutere con noti capimafia di politica e affari.

Anche all'interno della sinistra esiste dunque uno spinoso e rimosso affare di famiglia?

In occasione dell'anniversario dell'omicidio di Pio La Torre, si celebra la memoria del martire condannato a morte dalla sua intransigenza morale ed elevato da entrambe le anime del partito a simbolo della comune identità. Nessuno che faccia autocritica. Nessuno che si interroghi e avvii una riflessione seria su quanto è avvenuto in passato. Nessuno che osi dire che alcuni hanno rinnegato la memoria di La Torre e farebbero bene a restarsene a casa almeno il giorno della sua commemorazione. Si tratta di argomenti tabù.

IL PRIMO OMICIDIO POLITICO MAFIOSO ECCELLENTE

Torniamo di nuovo ai tempi della mafia nello Stato liberale.

La diagnosi e la prognosi di Franchetti riceveranno nel tempo tali e tanti riscontri da consegnarsi alla storia come un modello imprescindibile per la comprensione delle segrete dinamiche generali che connettono il potere mafioso al sistema di potere nazionale; dinamiche che rimarranno pressoché costanti sino ai nostri giorni, nonostante il mutare delle forme dello Stato (liberale, fascista, repubblicano) e dell'economia (dall'economia agraria premoderna al neoliberismo postindustriale).

I primi riscontri si registrano già nel 1876, quando con l'avvento della sinistra al potere la classe padronale siciliana assume la direzione politica del Paese mantenendola per vari anni. Lentamente le tensioni interne alle due anime della classe dirigente si ricomporranno mediante quello che alcuni storici hanno definito «un matrimonio con rigida separazione dei beni»: un assetto di potere che ripartisce le potestà sovrane dello Stato tra borghesia industriale del Nord e classe dirigente meridionale. In questa separazione dei beni, il problema della mafia cessa ben presto di essere una questione nazionale venendo assegnato al gioco dei poteri locali. Da quel momento la *res* borghesia mafiosa scompare dalla scena del sapere ufficiale, specchio dei nuovi assetti di potere, divenendo oscena, destinata cioè a vivere nel fuori scena della storia come realtà innominabile e sommersa.

Se volessimo indicare una data?

Il primo segnale dell'avvenuta «chiusura delle acque» e della nascita di un sapere sulla mafia addomesticato e compromissorio sull'altare degli equilibri nazionali si è registrato con l'esito dei lavori della Giunta parlamentare d'inchiesta sulla Sicilia.

La giunta ultimò i suoi lavori gratificando la classe dirigente locale con l'affermazione che la mafia non era che un retaggio dei tempi borbonici, della quale i ceti benestanti erano stati povere vittime e che, comunque, stava scomparendo. In cambio, gli agrari isolani si sdebitarono con il governo centrale collaborando con il prefetto Malusardi nell'eliminazione, in appena nove mesi, del brigantaggio, forma criminale propria delle classi subalterne, tendenzialmente anarchica e quindi, a differenza della mafia, inidonea a essere governata come occulto *instrumentum regni* per garantire la continuità dei rapporti di dominio esistenti.

Nello stesso periodo, a sottolineare la differenza dell'atteggiamento del governo nei confronti della mafia, il neopresidente del Consiglio Depretis si rifiutava di emanare il decreto ministeriale necessario a dare esecuzione all'articolo 7 della legge di pubblica sicurezza con il quale si disponeva che per esercitare la funzione di guardia campestre occorreva avere la fedina penale pulita e ottenere l'approvazione della polizia. Una norma ritenuta essenziale dalla stessa Commissione parlamentare per contrastare la conquista e il controllo del territorio realizzati dalla mafia proprio attraverso la rete dei campieri, dei soprastanti, dei curatoli e dei guardiani, truppe scelte della neoborghesia mafiosa e della vecchia classe baronale.

Ma anche allora c'era la questione dei mafiosi eletti in Parlamento?

Eccome. Nelle elezioni del 1882, la nuova rappresentanza parlamentare annovera, insieme a personaggi di grande levatura, anche una quota significativa di esponenti della «borghesia mafiosa». Nella sola Provincia di Palermo su dieci eletti ben quattro appartengono a questa categoria, tra i quali l'onorevole Raffaele Palizzolo, destinato di lì a poco a divenire celebre in campo nazionale come mandante del primo delitto politico mafioso eccellente della storia unitaria.

Che cosa accadde?

Il 1° febbraio 1893 viene assassinato da sicari mafiosi Emanuele Notarbartolo di San Giovanni, esponente della destra storica e uomo di grande dirittura morale, già sindaco di Palermo e poi direttore generale del Banco di Sicilia. Il mandante dell'omicidio viene individuato nell'onorevole Palizzolo, entrato in conflitto con il Notarbartolo perché questi aveva intrapreso un'opera di moralizzazione nella gestione del Banco di Sicilia che rischiava di colpire al cuore molti interessi illegali. Il caso, per il suo scalpore, solleva molta della polvere nascosta sotto il tappeto del salotto buono della borghesia nazionale, costretta a prendere atto che la mafia non è solo questione di bassa macelleria criminale opera di loschi figuri appartenenti alle classi infime.

I giornali, uno per tutti «La Domenica del Corriere», scoprono infatti che:

> La mafia è terribile e in pieno rigoglio, e a essa appartengono non solo oziosi e viziosi, ma persone delle classi superiori, titolati, alti papaveri, uomini che per censo ed educazione avrebbero il dovere di essere almeno galantuomini. Contro costoro il Notarbartolo, che aveva del fegato, erasi levato spietato. E perciò venne soppresso.

Venne celebrato un interminabile processo.

Che divenne uno psicodramma dell'intera classe dirigente nazionale e che, sottobanco, permea l'intera vicenda giudiziaria dal 1893 al 1905, coinvolgendo oltre a un numero indefinito di uomini politici, di esponenti di potentati economici, di magistrati, di vertici della polizia, anche ben quattro presidenti del Consiglio.

A proposito del caso Notarbartolo, lo storico Francesco Renda ha scritto:

> La storia del processo Notarbartolo, pur facendo parte a pieno titolo della storia della mafia, non è in senso stretto solo un capitolo di storia della mafia, ma anche un capitolo della storia della politica [...]. Lo scandalo che fra il 1893 e il 1899 sottrae il Palizzolo alla giustizia ha la sua matrice nell'esistere e nel perdurare del blocco di potere ora crispino ora dirudiano, così come la celebrazione del processo di Milano e poi del processo di Bologna e quindi di Firenze ha la primaria ragion d'essere nella disgregazione e nella scomparsa di quel blocco dalla scena politica nazionale [...]. Palizzolo si trova a essere la cerniera o il punto debole di tutto il sistema

Sicilia, nel momento in cui Sicilia vuol dire Italia; e non solo perché la presidenza del Consiglio viene tenuta alternativamente e quasi ininterrottamente da due uomini politici siciliani, il Crispi e il Di Rudinì; ma anche perché la soluzione della crisi italiana di fine secolo passa, in due momenti particolari, per la Sicilia.

Un'eventuale condanna definitiva di Palizzolo era, dunque, incompatibile con gli equilibri politici esistenti?

Direi proprio di sì. Tanto è vero che in un crescendo da manuale che coniuga violenze materiali, occulte manipolazioni e campagne di stampa innocentiste sapientemente orchestrate, il processo si conclude il 23 luglio 1904 con l'assoluzione per insufficienza di prove. Anche grazie alla provvidenziale uscita di scena del teste chiave, tale Filippello il quale preferisce suicidarsi piuttosto che deporre in udienza contro Palizzolo.[7]

Al suo ritorno in Sicilia, l'onorevole viene accolto come un trionfatore da una folta rappresentanza di quella parte della classe dirigente isolana di cui la borghesia mafiosa costituiva il nucleo portante.

Insieme a Palizzolo, dal processo esce indenne anche l'esecutore materiale del delitto, Giuseppe Fontana, esponente della mafia militare di Villabate. La sua biografia merita di essere riassunta perché emblematica dei rapporti tra alta e bassa mafia. Facciamolo con le parole del figlio della vittima. Nelle sue memorie, Leopoldo Notarbartolo scrive:

> Il Fontana, dopo l'assassinio di mio padre, vide ribadita la sua fama di mafioso emerito, e con essa la considerazione dei suoi concittadini [...] dopo l'assassinio egli entrò, dunque, nelle grazie di un intimo amico di gioventù di mio padre, il princi-

> pe di Scalea, che aveva bisogno di un buon mafioso per l'amministrazione di una sua proprietà sita nella difficile contrada dei Colli. E quando, nel 1894, il Fontana fu arrestato per l'associazione a delinquere di Villabate (ma in realtà perché ritenuto sicario nell'uccisione di mio padre), il principe impiegò tutta la sua influenza per proteggerlo e portò egli stesso al giudice una parte dei documenti del famoso alibi tunisino [si trattava di un abile falso per dimostrare che il Fontana il giorno del delitto si trovava in Tunisia, *N.d.A.*].

Se il principe di Scalea si premura di avallare il falso alibi dell'esecutore del delitto, un altro aristocratico di lignaggio ancora maggiore, l'onorevole Pietro Seggio, principe di Mirto, nasconde Fontana all'autorità nei suoi possedimenti e gli paga i migliori avvocati quando nei suoi confronti viene spiccato il mandato di cattura. Della sua opera il principe si era avvalso in passato per mettere a posto un brigante che imperversava nelle sue proprietà. Solo quando il prefetto De Seta a nome del governo si reca nella sua casa per chiedere la consegna di Fontana ventilandogli una possibile responsabilità per favoreggiamento, il principe cede imponendo però le condizioni per la consegna. Fontana così si presenterà nell'abitazione del questore Sangiorgi accompagnato dagli avvocati del principe Mirto e si trasferirà nel carcere a bordo della carrozza a due cavalli del principe.

La consegna di mafiosi dell'ala militare mediante patteggiamenti all'interno della classe dirigente con gli esponenti dell'alta mafia è sempre rientrata nelle tradizioni del sistema mafioso. Come pure costituiva un classico il diverso metro probatorio utilizzato nei processi. L'assoluzione del Palizzolo non era un'eccezione, ma un caso paradigmatico di quella che era la normalità.

Nei processi del periodo liberale gli esponenti della borghesia mafiosa in un modo o in un altro vengono quasi sempre assolti; quelli che a volte restano incastrati e sacrificati sono solo gli uomini dell'ala militare appartenenti alle sfere inferiori.

Le cronache del tempo sono piene delle gesta criminali di capimafia appartenenti alla media e alta borghesia. È un elenco lunghissimo, per citare solo alcuni tra i tanti: i Guccione di Alia e i Nicolosi di Lercara, sindaci, grandi proprietari e affittuari di enormi latifondi; Giuseppe Valenza e Luciano D'Angelo, ricchi possidenti di Prizzi; Giuseppe Torina, ex sindaco e deputato di Caccamo; Francesco Cuccia, sindaco e capomafia di Piana dei Greci; Santo Termini, sindaco e capomafia di San Giuseppe Jato; Antonino Lopez, sindaco e capomafia di Mezzoiuso. Tutti esponenti di una neoborghesia rampante che, in una fase di accumulazione primitiva della ricchezza, faceva un uso spregiudicato della violenza per conquistare spazi sempre più ampi di potere in campo politico ed economico. In un processo del 1868 conclusosi come tanti altri con l'ennesima scandalosa assoluzione dei colletti bianchi e la condanna dei soli militari, il procuratore del re, Bersani, aveva commentato: «Pochi cenciosi mandati a espiare la colpa comune ai ricchi impuniti».

Cosa accadde dopo il delitto Notarbartolo?

Spenti i riflettori nazionali sul caso Notarbartolo si ritorna al «discreto» e defilato stacanovismo della violenza praticato nell'isola dalla borghesia agraria per mano di sicari mafiosi che lascia sul campo tutti i principali dirigenti del movimento socialista.

Dal 1905 al 1920 vengono assassinati: Luciano Nicoletti, Andrea Orlando, Lorenzo Panepinto e Bernardino Verro, sindaco socialista di Corleone, Salvatore Mineo, capo dell'opposizione in Consiglio comunale a San Giuseppe Jato;

tutti impegnati in una lotta politica e sociale che, facendo leva sulla legge Sonnino, aveva per posta una operazione di grande respiro strategico regionale e nazionale: la promozione dello sviluppo dell'affitto cooperativo degli ex feudi e latifondi. Nel 1916 «l'alta mafia di Ciaculli» nelle persone di Salvatore e Giuseppe Greco uccide il sacerdote Giuseppe Gennaro il quale nel corso di una predica aveva denunciato pubblicamente l'ingerenza della mafia nell'amministrazione delle rendite ecclesiastiche.[8]

MAFIA E FASCISMO: IL PRINCIPE SI FA STATO

Di omicidio in omicidio si arriva intanto al fascismo.

Con il fascismo l'ordine reale si fa Stato, cioè ordine giuridico formale, e utilizza apertamente la violenza per garantire la sua perpetuazione. Al prefetto Mori viene data carta bianca per disfarsi della manovalanza della mafia militare della cui opera non vi era più bisogno; il compito viene portato a termine con centinaia di retate e operazioni di polizia passate alla storia quali esempio di un uso spregiudicato della forza statale, incurante di diritti e garanzie.

Lo stesso Mori, tuttavia, venne giubilato.

Sì. Quando, chiusa la partita con la mafia militare, inizia a indagare sul livello politico che coinvolge i colletti bianchi appartenenti alle componenti di quella classe media e agiata di franchettiana memoria. La stessa sorte prima di lui era toccata nel 1878 al prefetto Malusardi, quando nella repressione del brigantaggio, che pure tante lodi gli aveva procurato, si era trovato a indagare come manutengolo di briganti sul marchese Spinola, amministratore della casa reale. Tra i colletti bianchi indagati da Mori i più influenti erano l'alto gerarca fascista onorevole Alfredo Cucco e il generale Di Giorgio, comandante di corpo d'armata di Palermo, già deputato di Mistretta dal 1913.

Gli storici osservano che il vertice politico romano ritirò il suo iniziale sostegno a Mori quando si rese conto che questi non aveva intenzione di fermarsi ed era determinato a procedere oltre nella direzione dei colletti bianchi.

È sempre lo stesso canovaccio che si ripete.

Il 30 marzo 1928, Mussolini scrive a Mori impartendogli la direttiva di disinteressarsi delle vicende Cucco e accoliti nonché:

> Di provvedere alla liquidazione giudiziaria della mafia nel più breve tempo possibile e *limitare l'azione di ordine retrospettivo.*

Il 16 giugno 1929 Mori riceve la comunicazione di essere stato licenziato in tronco dal servizio.

Tra le carte di Mori è stato rinvenuto un ritaglio della «Nazione» di Firenze del 26 giugno 1929, che riportava in poche righe la seguente notizia: «Il capo del governo elogia l'opera di Mori». Attorno a quell'articolo Mori disegnò una ghirlanda di fiori scrivendovi sotto: «Qui riposa in pace».

Il 30 marzo 1930, il sottosegretario agli Interni zittiva sgarbatamente Mori il quale – nominato senatore – aveva detto che la mafia aveva rialzato la testa, invitandolo a non parlare più di una vergogna che il fascismo aveva cancellato. «È nostro diritto e dovere dimenticare» aveva ammonito il sottosegretario.

Il 10 aprile 1931 Alfredo Cucco veniva assolto dai trenta capi di imputazione contestatigli. Insieme a lui venivano assolti il console della milizia e tutti gli altri membri del direttorio fascista rinviati a giudizio insieme al Cucco. La sentenza veniva festeggiata con una grandiosa manifestazione di piazza al grido di «Viva la giustizia fascista».

In una lettera del 26 dicembre 1931, un avvocato di Termini Imerese nell'esprimere la propria solidarietà a Mori gli scriveva:

> Ora in Sicilia si ammazza e si ruba allegramente come prima. Quasi tutti i capimafia sono tornati a casa per condono dal confino e dalle galere. Soltanto gli straccioni sono rimasti dentro. Dove andremo a finire?

Caduto il fascismo, nel temporaneo disfacimento degli equilibri politici nazionali seguiti alla fine della Seconda guerra mondiale, l'altra Italia, quella manganellata, confinata, ridotta al silenzio, costretta a emigrare per fame o per non essere trucidata, assume il timone del comando per un breve periodo.

AVVENTO DELLA REPUBBLICA E STRAGE DI PORTELLA DELLA GINESTRA. IL PRINCIPE INAUGURA LA STRATEGIA DELLA TENSIONE

Sono gli anni della Costituente. Le élite nazionali della cultura liberale, di quella cattolica, socialista, comunista e azionista – quell'Italia trasversale che pure esiste ma che da sempre è stata condannata a restare strutturalmente minoritaria – esprime la Costituzione del 1948, riconosciuta dalla cultura giuridica mondiale come un capolavoro di civiltà.

Ma si tratta di una breve parentesi.

E infatti subito dopo la fine della Seconda guerra mondiale il fronte dei vincitori si spacca verticalmente dividendo il mondo nei due blocchi occidentale e orientale.

Stretta nella morsa del bipolarismo internazionale, l'Italia è condannata a essere una terra di confine, un territorio strategico dello scacchiere mondiale su cui si gioca la partita mondiale della sfida di civiltà tra impero sovietico e Stati Uniti.

Nel 1948, lo stesso anno in cui viene promulgata la Costituzione italiana, il National Security Council, che fa capo al presidente Usa, sancisce in via definitiva che:

> Gli Stati Uniti devono fare uso completo di tutto il loro potere politico, economico e se necessario militare in modo da aiutare e prevenire che l'Italia possa cadere sotto la dominazione dell'Urss.

Il nuovo ordine geopolitico e l'esigenza prioritaria di scongiurare il pericolo rosso accelerano il ristabilimento degli equilibri di forza già preesistenti nel Paese prima della caduta del fascismo, riportando a galla, spesso in posizione di vertice, tanti protagonisti del passato regime.

Alcuni di loro andranno a ingrossare le fila dei corpi speciali di polizia, quali – per esempio – la famigerata Celere istituita dal ministro degli Interni Mario Scelba, che semineranno molte piazze d'Italia di feriti e cadaveri, sparando ad altezza d'uomo su contadini, minatori, lavoratori che manifestavano per ottenere condizioni di vita migliori. In tutta la penisola, dal gennaio 1948 al luglio 1950 verranno uccisi, nel corso di scioperi e dimostrazioni, 62 lavoratori, 3123 saranno feriti.

Quale fu la ricaduta dei nuovi equilibri sull'assetto mafioso?

In Sicilia, il ristabilimento degli equilibri passa necessariamente attraverso il Principe – l'alta mafia o borghesia mafiosa come la si voglia chiamare. Già nell'immediato dopoguerra, i servizi segreti americani si erano infatti resi conto che per garantire agli Stati Uniti il futuro controllo del Mediterraneo, area strategica per l'ordine geopolitico mondiale, non si poteva fare a meno della collaborazione di quella che nei loro rapporti segreti definiscono esplicitamente «l'alta mafia».

A seguito della desegretazione di tali documenti decisa dal presidente Clinton è divenuto possibile conoscerne il contenuto. Così, per esempio, in un rapporto segreto del 13 agosto 1943 dell'Oss (Office of Strategic Services), predecessore della Cia, si legge:

> Per quanto riguarda le nostre attività in Sicilia non dobbiamo mai dimenticare che la mafia gioca un ruolo importante. La mafia, a sua volta, è divisa in due tendenze: quella alta (composta da intellettuali e professionisti) e quella bassa, in cui troviamo elementi che svolgono lavori di manovalanza (ne fanno parte anche i borsaioli e i criminali). Solo la mafia è in grado di sopprimere il mercato nero e di influenzare i contadini che costituiscono la maggioranza della popolazione.

Sembra di leggere un passo dell'inchiesta sulla mafia di Franchetti, di cui i pragmatici americani nulla sapevano, a riprova ulteriore di come quella inchiesta avesse fotografato la realtà nella sua nuda fattualità.

In un successivo rapporto del 27 aprile 1944 gli agenti dell'Oss forniscono un resoconto di incontri avvenuti con esponenti dell'alta mafia e degli argomenti trattati.

> Si sono svolti frequenti incontri politici tra i vari capimafia di Palermo e di Caltanissetta. Una di queste riunioni si è recentemente tenuta all'Hotel Sole di Palermo; un'altra al Grand Hotel di Caltanissetta. Lo scorso 23 aprile, due tra i più importanti capimafia hanno fatto alcune rivelazioni a nostri confidenti durante un incontro economico [...] presso la sede del consorzio di via Bologni 10, a Palermo. I due capimafia erano il cavaliere Calogero Vizzini, ricco proprietario agricolo e uno dei più influenti leader della mafia siciliana; il dottor Volpe, medico chirurgo. Si dice che suo padre e suo fratello siano elementi americani della mafia siciliana. Risiedono in America e sono in possesso della cittadinanza statunitense.

Sembra quasi che l'intelligence statunitense faccia i conti con il Partito mafia, forza politica a tutti gli effetti.

Segue un resoconto dei vari argomenti di natura politica ed economica trattati e degli accordi raggiunti, dopodiché si legge ancora:

> Domenica 24 aprile due persone (note come luogotenenti della mafia) hanno visitato diverse città della provincia di Palermo per rinsaldare i legami con questi centri e comunicare le decisioni dei capimafia. I cognomi dei due individui (non siamo a conoscenza dei loro nomi di battesimo) sono Basile, un ingegnere, e D'Azzo. La prima tappa è stata Cinisi, dove si sono incontrati con una decina di attempati benestanti.

Prima cavalcando l'onda della realpolitik nazionale e poi di quella internazionale, il Principe continua dunque ad attraversare i vari rivolgimenti politici e i conflitti internazionali restando sempre in sella, a differenza della mafia popolare che, occupando i gradini inferiori, era stata invece costretta a subire durante il fascismo il benservito da parte dei mondi superiori: quelli che la storia la fanno e non la subiscono. Ma ora anche per loro, per gli specialisti della violenza che durante il periodo fascista si erano eclissati secondo la vecchia massima «*calati iuncu ca passa la china*» (la canna deve flettersi fino a quando passa la piena del fiume), tornano i tempi d'oro.

Della loro opera c'è, infatti, nuovamente bisogno. Ma per fare cosa?

Per reprimere le rivendicazioni sociali non è sufficiente l'uso militare e repressivo delle forze di polizia. Ogni incidente di piazza alza pericolosamente la temperatura dello scontro, esponendo i vertici politici a pericolosi contraccolpi. D'altra parte, gli agrari e i ceti conservatori dell'isola restano un asse portante degli equilibri politici nazionali. Non a caso il ministro degli Interni, Mario Scelba, è siciliano e in quel periodo cruciale rimarrà saldamente in carica per molte legislature, pur nel cambio delle compagini governative.

Si ritorna, così, ai vecchi sistemi del periodo prefascista. A un uso oculato della violenza statale riprende ad affiancarsi l'uso occulto della violenza militare mafiosa. La prova generale di questo ritorno all'antico è la strage di Portella della Ginestra.

Si è sempre detto che la Sicilia ha funzionato da grande «laboratorio politico» anticipatore dei futuri equilibri nazionali. Con la strage di Portella il «laboratorio» produsse il suo capolavoro.

Quella infatti fu una strage politica. Sia per le cause che l'avevano resa necessaria, sia per gli effetti che avrebbe dispiegato. Il 20-21 aprile 1947 si erano svolte in Sicilia le prime elezioni per la costituzione dell'assemblea regionale. Il Blocco del popolo, come già detto, aveva ottenuto un eclatante successo con 567.000 voti, corrispondenti al 29,13 per cento. Al secondo posto si era piazzata la Democrazia cristiana con 399.000 voti e la percentuale del 20,52 per cento.

Si crea così l'allarme rosso di una possibile replica del successo delle sinistre nelle imminenti elezioni politiche nazionali che si svolgeranno nell'aprile del 1948.

In questo clima di tensione viene consumata il 1° maggio 1947 la strage «dissuasiva» di Portella della Ginestra, alla quale abbiamo già fatto cenno. Quel giorno sulla folla pacifica di contadini che con le loro famiglie celebravano la Festa dei lavoratori, si abbatte una selva micidiale di colpi di mitra, seminando il terrore. Sul terreno restano dodici morti e ventisette feriti. Dalle indagini risulterà che la strage era stata eseguita dalla banda di Salvatore Giuliano su mandato politico.

Prima e dopo la strage Giuliano interloquisce con i suoi mandanti tramite alcuni capi della mafia, agenti governativi ed esponenti dei servizi segreti italiani e statunitensi. Quando si rende conto che i suoi referenti intendono bruciarlo dopo averlo usato e realizza che non hanno alcuna intenzione di mantenere le promesse di impunità che gli avevano fatto, inizia una pericolosa strategia di ricatto, intervenendo con lettere e documenti inviati ai giornali.

Il 24 novembre 1948 così si rivolge ai parlamentari Dc siciliani:

> Nelle nostre zone non si è votato che per voi e così noi abbiamo mantenuto le nostre promesse, adesso mantenete le vostre.

Sollecitato dal parlamentare comunista Li Causi a fare i nomi dei mandanti, in una lettera autografa uscita su «l'Unità» il 30 aprile 1950, Giuliano così scrive:

> Scelba vuol farmi uccidere perché io lo tengo nell'incubo per fargli gravare grandi responsabilità che possono distruggere tutta la sua carriera politica e financo la vita.

Intanto il 29 gennaio 1949 Giovanni Genovese, uno dei componenti della banda, aveva dichiarato al giudice istruttore di Palermo che alcuni giorni prima di Portella, lui testimone, Giuliano aveva ricevuto una lettera di committenza dell'eccidio. La veridicità dell'episodio, riscontrata da altri dati, verrà convalidata dalla sentenza della Corte di Assise di Viterbo con queste parole:

> Che la lettera [...] abbia una qualche relazione con il delitto che, a distanza di qualche giorno fu consumato da Giuliano e dalla banda da lui guidata, pare alla Corte non possa essere posto in dubbio.

Le indagini accerteranno che in quel periodo fervono trattative segrete nel corso delle quali Giuliano chiede la liberazione dei congiunti che erano stati arrestati, l'impunità per sé, la possibilità di espatrio e denaro. In esito a tali trattative in un memoriale del 20 giugno 1950 si dichiara unico responsabile della strage di Portella. Errore fatale per lui, commentano alcuni storici. Perché a quel punto i giochi sono fatti.

L'omicidio di Stato di Giuliano, ampiamente previsto come esito ineluttabile della vicenda stragista, viene addirittura anticipato sulla stampa. In un reportage da Montelepre intitolato *Giuliano sa tutto e per questo sarà ucciso*, il giornalista Alberto Jacoviello aveva scritto:

Giuliano conosce esecutori e mandanti. E qui il gioco diventa grosso. Giuliano comincia a sapere troppe cose. Se lo prendono, parla. Messana, l'ispettore di polizia, non lo prenderà. Oppure lo prenderà in certe condizioni. Morto e con i suoi documenti distrutti, se ne ha.

Come non rivedere scorrere sotto gli occhi certe recenti vicende, certi «papelli», certi «giochi grandi» che hanno segnato la vicenda della cattura di Totò Riina? Ma torniamo a Giuliano.

Poco tempo dopo, nella notte tra il 4 e il 5 luglio 1950, Giuliano viene assassinato nel sonno dal suo luogotenente, nonché cugino, Gaspare Pisciotta che aveva contrattato quell'omicidio in cambio della propria impunità.

I carabinieri in attesa sul luogo del delitto, dopo avere trasportato altrove il cadavere simuleranno di avere ucciso loro Giuliano nel corso di un conflitto a fuoco, redigendo un falso rapporto. La falsità della messa in scena viene portata alla luce da due giornalisti, uno dei quali informato da fonti dei servizi.

Pisciotta viene arrestato e, sentendosi ingannato, all'udienza del 16 aprile 1951, nel vivo del processo che si svolge a Viterbo, alla presenza di una folla di giornalisti, fa tutti i nomi dei mandanti politici di quella strage, indicando gli incontri che vi erano stati e le promesse che erano state fatte.

Le eclatanti accuse di Pisciotta cadono nel vuoto. Malgrado le sue esplicite chiamate in correità, nessuna richiesta di procedimento è avanzata dal pubblico ministero nei riguardi dei possibili mandanti politici.

La Corte di Assise nella motivazione della sentenza non può fare a meno di prendere le distanze da quel comportamento omissivo, così scrivendo:

> Non è la Corte investita del potere di esercitare l'azione penale. Essa è un organo giurisdizionale il quale conosce di un reato in base a sentenza di rinvio, ovvero in base a richiesta di citazioni, e non può trasformarsi in organo propulsore di quelle attività che sono proprie di altro organo, il pubblico ministero.

Nel vuoto cadono anche le pesantissime accuse rivolte nella seduta del Senato del 26 ottobre 1951 dal parlamentare comunista Girolamo Li Causi al capo del Viminale:

> Perché avete fatto uccidere Giuliano? Perché avete turato questa bocca? La risposta è unica: l'avete turata perché Giuliano avrebbe potuto ripetere le ragioni per le quali Scelba lo ha fatto uccidere. Ora aspettiamo che le raccontino gli uomini politici, e verrà il tempo che le racconteranno.

Quel tempo non è ancora arrivato.

Sono trascorsi quasi cento anni dalle sedute dell'Italia albertina alle quali abbiamo fatto cenno all'inizio di questo capitolo, ma le accuse che tuonano nelle aule parlamentari restano costanti a dimostrazione della perdurante attualità dell'analisi di Franchetti.

Oltre alle accuse di Li Causi, nel vuoto continuano a cadere anche le rinnovate richieste di Pisciotta per l'istituzione di una Commissione di inchiesta. In una lettera inviata al presidente della Corte di Assise, datata 10 ottobre 1952, scrive:

> Faccio appello fin da ora a tutti i signori sottonotati... [segue elenco di nomi di varie persone coinvolte nelle strage, tra cui importanti esponenti politici, *N.d.A.*] che è giunto il momento in cui dovranno assumere le loro responsabilità, perché

io non mi rassegnerò mai e continuerò a chiederlo sino all'ultimo respiro [...] desidero sempre una inchiesta parlamentare.

Al testardo Pisciotta, testimone scomodo dei crimini del potere, l'ultimo respiro verrà strozzato in gola il 9 febbraio 1954 nel carcere dell'Ucciardone con un caffè opportunamente corretto con la stricnina.

Insieme a Pisciotta scompaiono assassinati o suicidati in una impressionante scia di sangue tutti coloro che erano al corrente dei segreti della strage: i banditi intermediari tra Giuliano e le forze di polizia, quelli che avevano assistito ad alcuni incontri scottanti, l'ispettore di polizia che aveva mantenuto i contatti.

Anche colui che si sospetta avere procurato il veleno per Pisciotta viene trovato morto nella sua cella all'Ucciardone.

Il procuratore della Repubblica Pietro Scaglione, l'ultimo a raccogliere le confessioni di Pisciotta poco prima che morisse, senza tuttavia metterle a verbale, verrà assassinato anni dopo portando con sé nella tomba i segreti di cui era venuto a conoscenza. La lezione di Giuliano e di Pisciotta resterà impressa nella memoria storica degli uomini della mafia militare negli anni a venire.

Vale la pena riassumerla.

Mai illudersi di sfidare e ricattare il potere vero; il potere che celandosi dietro le maschere mutevoli degli apparati formali si riproduce sempre uguale a se stesso, risorgendo come l'araba fenice dalle ceneri delle varie forme dello Stato che si succedono nel tempo (monarchia, fascismo, repubblica).

È una sfida prima o poi perdente. Bisogna sapere stare al proprio posto, senza alzare mai la testa. Questa era la lezione fatta propria da un boss di provata esperienza come Gaetano Badalamenti, che di trame di Stato, nazionali e atlantiche, se ne intendeva.

La stessa lezione verrà assimilata da Tommaso Buscetta, Marino Mannoia e da tanti altri mafiosi che, divenuti in seguito collaboratori di giustizia, ripeteranno al giudice istruttore Giovanni Falcone che di mafia e politica non si poteva parlare perché altrimenti finiva male per tutti: non esistevano le condizioni politiche per aprire quel vaso di Pandora.

Ho ritenuto opportuno dedicare questo lungo excursus alla vicenda della strage di Portella perché, a mio parere, costituisce un prototipo che contiene tutti gli ingredienti che negli anni successivi caratterizzeranno l'evoluzione sia dell'alta mafia sia, in campo nazionale, dello stragismo neofascista. Si tratta infatti di un copione che verrà replicato varie volte. Il punto zero della strategia della tensione che nei decenni successivi insanguinerà l'intero Paese assemblando in un unico blocco criminale le parti più retrive della classe dirigente e apparati di potenze straniere.

A proposito di questo intreccio, a quali conclusioni possiamo pervenire dopo decenni di stragi?

Negli anni seguenti in vari processi emergeranno numerosi riscontri processuali dell'intreccio funzionale tra la violenza mafiosa e quella neofascista al servizio degli stessi interessi politici dei mondi superiori. Basti pensare al coinvolgimento della mafia siciliana nei vari progetti di colpo si Stato come il golpe Borghese del 1970 o nel progetto di evasione dal carcere di Concutelli, al coinvolgimento della 'ndrangheta nella rivolta di Reggio Calabria e a tanti altri episodi.

A riprova della risalente continuità storica di tale intreccio, è il caso di accennare alla biografia esemplare di uno dei personaggi chiave della vicenda della strage di Portella: Ettore Messana, siciliano di Racalmuto, classe 1888, ufficiale di polizia che svolse il ruolo di uomo cerniera tra Giuliano e gli apparati governativi.

Durante la monarchia l'8 novembre del 1919 partecipa alla repressione di una manifestazione di protesta dei contadini di Riesi: una strage che lascia sul terreno venti morti. Nel ventennio fascista assume incarichi di rilievo divenendo uno dei capi dell'Ovra (il servizio segreto fascista) e poi questore a Lubiana e a Trieste. Alla caduta del regime, la Commissione delle Nazioni Unite per i crimini di guerra lo inserisce in un elenco di trentacinque ricercati per gravi crimini di guerra – strage, omicidi e torture – sulla base di atti di accusa minuziosamente documentati. In un rapporto del Servizio informazioni e sicurezza scritto nell'immediato dopoguerra, si legge:

> Alla questura di Lubiana si eseguivano torture. Il tenente Scappafora dirigeva le operazioni di tortura, mentre il questore Messana esortava personalmente gli aguzzini a infierire contro le vittime.

Che fine fece Messana?

Anziché essere incarcerato, Messana viene salvato perché il suo passato lo accredita come elemento di sicuro affidamento contro il nuovo pericolo comunista. Nel 1946 viene inviato in Sicilia e promosso ispettore generale di pubblica sicurezza. In questa veste svolge un ruolo cruciale nell'operazione Giuliano tramite due componenti della banda che provenivano dall'eversione nera di Salò.

Se, come scriveva Hegel, il demonio si cela nei dettagli, in questo piccolo frammento si può leggere un significativo risvolto della storia del Principe e del suo eterno ritorno.

LA GEOMETRICA POTENZA DELLA BORGHESIA MAFIOSA

La strage di Portella non fu una pagina isolata.

Rappresentò solo il picco più alto di una strategia. In contemporanea e negli anni successivi alla strage di Portella, la borghesia mafiosa offre una ulteriore dimostrazione della sua geometrica potenza delegando alla struttura armata territoriale della mafia l'esecuzione di oltre quarantacinque omicidi di sindacalisti del mondo contadino, capilega e uomini politici. Una lunghissima mattanza che si protrae dal 1944 al 1966.

Per citare solo alcuni dei nomi più noti: nel 1946 cadono Andrea Raia, sindacalista comunista di Casteldaccia, Nicolò Azoti, capo della Lega dei contadini di Baucina, Pino Camilleri, sindaco socialista di Naro, Giovanni Castiglione e Girolamo Scaccia, sindacalisti e dirigenti della Lega contadina ad Alia, nel 1947 Accursio Miraglia, segretario della locale camera del lavoro, Vincenzo Loiacono e Giuseppe Carrubia, sindacalisti di Partinico, nel 1948 Epifanio Li Puma, segretario della Federterra di Petralia Sottana e Placido Rizzotto, segretario della Camera del lavoro di Corleone, nel 1955 Salvatore Carnevale, sindacalista socialista, nel 1966 Carmelo Battaglia, sindacalista.

Gli archivi dei palazzi di giustizia custodiscono nel silenzio dei sotterranei la storia dell'impunità dei mandanti eccellenti, talora individuati ma sempre miracolosamente salvati mediante collaudati e trasversali meccanismi di solidarietà di classe che, laddove falliva la classica intimidazione mafiosa dei testi, raggiungevano comunque l'obiettivo esonerando dalle indagini onesti funzionari delle forze dell'ordine insensibili a direttive che venivano dall'alto o consigliando autorevolmente ai magistrati inquirenti di dirottare le indagini su altre piste. Uomo simbolo del rinnovato protagonismo della borghesia mafiosa nel primo decennio del dopoguerra è Michele Navarra, medico condotto, autorevole esponente politico della Dc e capo della mafia di Corleone prima dei celebri Leggio, Riina e Provenzano.

Nella Sicilia dell'interno, capo della mafia è Calogero Vizzini alla cui morte succede Genco Russo. Scrivendo nel 1955 su una rivista giuridica, il procuratore generale presso la Suprema Corte di Cassazione proclama *urbi et orbi* dall'alto del suo scranno la meritoria funzione d'ordine svolta dal disordine mafioso.

E in cosa consisteva?

Il procuratore afferma:

> Si è detto che la mafia disprezza polizia e magistratura: è una inesattezza. La mafia ha sempre rispettato la magistratura, la giustizia, e si è inchinata alle sentenze e non ha ostacolato l'opera del giudice. Nelle persecuzioni ai banditi e ai fuorilegge [...] ha affiancato addirittura le forze dell'ordine [...]. Oggi si fa il nome di un autorevole successore nella carica tenuta da don Calogero Vizzini in seno alla consorteria occulta. Possa la sua opera essere indirizzata sulla via del rispetto alle leggi dello Stato e del miglioramento sociale della collettività.

La lezione di Portella della Ginestra e la somministrazione ininterrotta della violenza praticata con gli omicidi e gli attentati raggiungono il loro scopo dissuasivo.

La strategia di attacco frontale al potere politico-mafioso portata avanti da uomini come Li Causi e La Torre viene progressivamente abbandonata dal Partito comunista in Sicilia, forse perché ritenuta suicida e insostenibile se non al prezzo di mandare al massacro il movimento contadino.

Inizia la stagione dei compromessi che anticipano nel laboratorio siciliano le stesse ragioni che porteranno in campo nazionale alla strategia del compromesso storico inaugurata dopo il tragico epilogo della vicenda del governo Allende in Cile.

Nel frattempo il declino e poi la scomparsa dell'economia agraria che per millenni aveva caratterizzato la storia dell'isola spengono i riflettori della storia sul mondo dei latifondi e del movimento contadino spostando il fulcro degli interessi economici nei grandi centri urbani.

Con quali risultati?

Inizia una nuova corsa all'oro che si gioca su vari terreni, tra i quali soprattutto l'accaparramento dei flussi di spesa pubblica gestita dagli enti territoriali locali e da vari enti di sottogoverno, nonché la speculazione edilizia alimentata dall'inurbamento accelerato di enormi masse di persone che dalla campagna si trasferiscono in città.

Queste grandi trasformazioni determinano una ricomposizione interna della struttura sociale della borghesia mafiosa: scompaiono gli agrari e il ceto dei vecchi notabili cede progressivamente quote sempre più significative del proprio potere a una rampante borghesia cittadina formata da esponenti del mondo delle professioni, del ceto politico, di quello impiegatizio e imprenditoriale.

Muta la composizione interna, ma non la tradizione di accumulazione illegale e violenta, sempre nel segno vincente della continuità nella trasformazione.

Mentre la scena pubblica è monopolizzata dalle sanguinose guerre di potere tra le varie fazioni della componente popolare e militare della mafia che si contendono la sovranità sul territorio dedicandosi alle classiche pratiche estorsive (guerra di mafia degli anni settanta e strage di Ciaculli), nel silenzio discreto delle stanze del potere, la borghesia mafiosa signoreggia nel circuito istituzionale praticando metodi di accumulazione che, come sempre, coniugano in una sapiente miscela metodi incruenti e metodi cruenti.

Nel complesso sistema di potere mafioso, gli uomini della borghesia mafiosa e quelli della componente popolare si riservano in genere sfere di operatività distinte.

Nel tempo crescono sempre di più gli spazi che richiedono continue sinergie tra potere politico, potere economico, potere sociale e potere militare. E tuttavia fino all'inizio degli anni ottanta, pur nella distinzione delle sfere di influenza e dei ruoli, i mondi inferiori dell'universo mafioso conservano piena consapevolezza di dovere sempre rispettare, così come accadeva nel XIX secolo, l'ordine dei mondi superiori ai quali appartiene la borghesia mafiosa.

Emblematica la massima di Gaetano Badalamenti, capo carismatico di Cosa nostra: «Noi non possiamo fare la guerra allo Stato», laddove il pragmatico Badalamenti identifica lo Stato con le classi dirigenti.

Uno degli indici rivelatori di questo perdurante «ordine» interno, specchio di quello esterno, è la decisione assunta negli anni settanta dalla Commissione regionale di Cosa nostra di vietare i sequestri di persona in Sicilia perché innescavano gravi tensioni con la classe dirigente.

Per questo motivo l'industria dei sequestri di persona praticata dai rampanti corleonesi (Luciano Leggio e soci), allora tenuti ai margini dei rapporti privilegiati con i ceti dirigenti riservati alla evoluta mafia cittadina, sarà trasferita al Nord del Paese.

Gli anni settanta si concludono con un album di famiglia della borghesia mafiosa che ne dimostra la perdurante egemonia.

Chi la dirigeva?

Capo della commissione di Cosa nostra è Michele Greco, un distinto proprietario terriero, ospite dei migliori salotti palermitani e romani.

Vito Ciancimino e l'onorevole Salvo Lima, capo della corrente andreottiana in Sicilia tanto potente da essere definito il «viceré», sono solo i più noti tra le centinaia di personaggi che svolgono il ruolo di cerniera tra mondi inferiori e superiori dell'universo mafioso. Uomini d'onore organici si contano a centinaia tra le fila dei migliori professionisti come, per esempio, i dottori Pennino, Barbaccia, Sangiorgi, tutti medici rinomati, gli avvocati Chiaracane e Zarcone, e, fiore all'occhiello tra gli imprenditori, i ricchissimi cugini Nino e Ignazio Salvo, inseriti nel gotha della borghesia isolana e nazionale.

Alle loro feste si affolla a frotte la gente del «mondo bene» e gli amici romani prelevati con aerei privati e ospitati sui loro yacht. Non tutti sono inseriti nel sistema di potere politico-mafioso. Ma in tanti vivono dell'indotto di quel sistema: imprenditori che, grazie agli amici, fanno man bassa di appalti pubblici, commercianti che usufruiscono di crediti a tassi irrisori senza garanzie o di finanziamenti a fondo perduto, professionisti dalle parcelle d'oro, bancari proiettati ai vertici dei loro istituti, giornalisti specializzati nella disinformazione, magistrati e poliziotti dalle sfolgoranti carriere eccetera.

Di giorno i Salvo e gli altri colletti bianchi della borghesia mafiosa ricevono la «bella gente»; nel tardo pomeriggio, in luoghi appartati, incontrano gli specialisti della violenza, quelli che all'occorrenza sparano e che, in cambio, si fanno gli *affari loro* indisturbati con le estorsioni, il traffico di stupefacenti, partecipando anche alla spartizione della torta degli appalti e dei finanziamenti pubblici.

LA MATTANZA DEGLI ANNI OTTANTA. GIULIO ANDREOTTI E L'OMICIDIO DI PIERSANTI MATTARELLA

Quelli sono anche gli anni nei quali prende avvio una sequenza impressionante di delitti politici mafiosi.

Tra i tanti omicidi politici mafiosi che segnano questa stagione decapitando vertici istituzionali e politici ostili agli interessi del sistema di potere mafioso, l'omicidio di Piersanti Mattarella, presidente della Regione siciliana, assassinato il 6 gennaio 1980, sembra costituire una replica, a distanza di quasi un secolo, dell'omicidio Notarbartolo.

Piersanti Mattarella, figlio di Bernardo, ex ministro democristiano, astro nascente della Dc nazionale, aveva intrapreso un'opera di moralizzazione della amministrazione regionale che lo aveva condannato a un progressivo e pericoloso isolamento all'interno del suo stesso partito. Poco tempo prima di essere assassinato, resosi conto della gravità della sua situazione, aveva rappresentato i suoi timori al ministro degli Interni e ad alcuni vertici della sua corrente a Roma.

Mentre a Roma Mattarella chiedeva disperatamente di non essere abbandonato al proprio destino, a Palermo la sua sorte era segnata nel corso di incontri segreti ai quali prendevano parte: i vertici della mafia militare, Stefano Bontate, Salvatore Inzerillo e altri, i vertici della borghesia mafiosa, l'onorevole Salvo Lima e i cugini Nino e Ignazio Salvo, nonché un vertice della politica nazionale e simbolo stesso della immagine statuale, avendo rivestito per ben sette volte la carica di presidente del Consiglio: l'onorevole Giulio Andreotti.

Quegli incontri avvenuti poco prima e poco dopo l'omicidio non costituiscono solo il capitolo di una vicenda processuale ormai conclusa, ma rappresentano anche uno spaccato storico del perdurare della questione mafiosa come affare interno alla classe dirigente nazionale e, quindi, della sua proiezione macropolitica non redimibile sul piano delle politiche criminali di stampo classico.

Nella motivazione della sentenza numero 1564 del 2 maggio 2003 della Corte di Appello di Palermo per il processo a carico di Andreotti, confermata definitivamente in Cassazione, si legge:

> E i fatti che la Corte ha ritenuto provati dicono, comunque, al di là della opinione che si voglia coltivare sulla configurabilità nella fattispecie del reato di associazione per delinquere, che il senatore Andreotti ha avuto piena consapevolezza che suoi sodali siciliani intrattenevano amichevoli rapporti con alcuni boss mafiosi; ha, quindi, a sua volta, coltivato amichevoli relazioni con gli stessi boss; ha palesato agli stessi una disponibilità non meramente fittizia, ancorché non ne-

cessariamente seguita da concreti, consistenti interventi agevolativi; ha loro chiesto favori; li ha incontrati; ha interagito con essi; ha loro indicato il comportamento da tenere in relazione alla delicatissima questione Mattarella, sia pure senza riuscire, in definitiva, a ottenere che le stesse indicazioni venissero seguite; ha indotto i medesimi a fidarsi di lui e a parlargli anche di fatti gravissimi (come l'assassinio del presidente Mattarella) nella sicura consapevolezza di non correre il rischio di essere denunciati; ha omesso di denunciare le loro responsabilità, in particolare in relazione all'omicidio del presidente Mattarella, malgrado potesse, al riguardo, offrire utilissimi elementi di conoscenza.

La «lezione Mattarella» va a segno.

L'omicidio getta nel terrore e riduce al silenzio quella parte della classe dirigente isolana che aveva sperato di liberare finalmente l'isola dal giogo del sistema di potere mafioso. Al posto di Mattarella diviene presidente della Regione l'onorevole Mario D'Acquisto, un esponente di vertice della corrente andreottiana, i cui rapporti di frequentazione con i boss dell'ala militare della mafia emergeranno in vari processi.

Come sempre il laboratorio siciliano anticipa quel che avviene in campo nazionale...

Tanto è vero che alla restaurazione dell'«ordine» in Sicilia seguirà di lì a poco quella nazionale.

Nel febbraio del 1980 si svolge il congresso nazionale della Dc. Contrariamente alle aspettative, la linea aperturista al Pci propugnata da Zaccagnini e praticata in Sicilia dall'avanguardia mattarelliana viene sconfitta: prevale il «preambolo» che consegna la direzione del partito di maggioranza relativa alle destre interne e chiuderà definitivamente la stagione Moro che, come è noto, era stata duramente osteggiata dal grande fratello americano. L'atteggiamento intimidatorio di Henry Kissinger aveva segnato Aldo Moro scavando intorno a lui quello stesso solco di solitudine che si aprirà in Sicilia intorno a Mattarella.

L'omicidio Mattarella verrà letto come un messaggio anche per i partiti alleati del vecchio centrosinistra, ma soprattutto per il Pci che di lì a poco subirà una dura lezione che ridurrà al silenzio quasi definitivamente l'anima più battagliera del partito, erede delle vecchie lotte contadine: mi riferisco all'omicidio di Pio La Torre, membro della segreteria nazionale del Pci, richiamato nell'autunno del 1981 a dirigere il partito in Sicilia, dove sarà assassinato il 30 aprile 1982.

L'OMICIDIO DI CARLO ALBERTO DALLA CHIESA: UNA MORTE ANNUNCIATA

Quello di Mattarella non è l'unico omicidio annunciato. La storia della mafia è piena di morti annunciate: di omicidi alla luce del sole.

Certamente. Un'altra morte annunciata è quella del prefetto Carlo Alberto Dalla Chiesa, assassinato il 3 settembre 1982. Il generale è consapevole di essere una sorta di vittima sacrificale. Subito dopo avere ricevuto l'incarico di recarsi a Palermo, alla pagina del 30 aprile 1982 del suo diario, rivolgendosi idealmente alla moglie deceduta, annota:

> L'Italia è stata scossa dall'episodio [l'omicidio mafioso dell'onorevole Pio La Torre avvenuto quel giorno, *N.d.A.*] specie

alla vigilia del congresso di una Dc che su Palermo vive con l'espressione peggiore del suo attivismo mafioso, oltre che di potere politico. E io, che sono certamente il depositario più informato di tutte le vicende di un passato non lontano, mi trovo a essere richiesto di un compito davvero improbo e, perché no, anche pericoloso. Promesse, garanzie, sostegni, sono tutte cose che lasciano e lasceranno il tempo che trovano. La verità è che in poche ore (cinque-sei) sono stato catapultato [...] in un ambiente infido, ricco di un mistero e di una lotta che possono anche esaltarmi, ma senza nessuno intorno, e senza l'aiuto di una persona amica, senza il conforto di avere alle spalle una famiglia come era già stato all'epoca della lotta al terrorismo, quando con me era tutta l'Arma. Mi sono trovato d'un tratto in casa d'altri e in un ambiente che da un lato attende dal tuo Carlo i miracoli e dall'altro che va maledicendo la mia destinazione e il mio arrivo. Mi sono trovato cioè al centro di una pubblica opinione che ad ampio raggio mi ha dato l'ossigeno della sua stima e *di uno Stato che affida la tranquillità della sua esistenza non già alla volontà di combattere e debellare la mafia e una politica mafiosa, ma all'uso e allo sfruttamento del mio nome per tacitare l'irritazione dei partiti*; che poi la mia opera possa divenire utile, tutto è lasciato al mio entusiasmo di sempre, *pronti a buttarmi al vento non appena determinati interessi saranno o dovranno essere toccati o compressi*, pronti a lasciarmi solo nelle responsabilità che indubbiamente deriveranno e anche nei pericoli fisici che dovrò affrontare. Sì, tesoro mio, questa volta è una valutazione realistica e non derivante da timori assurdi. [...] Sono perfettamente consapevole che sarebbe suicidio il mio qualora non affrontassi il nuovo compito non tanto con scorte e staffetta ma con l'intelligenza del caso e con un po' [...] di fantasia. Così come sono tuttavia certo che la mia Doretta mi proteggerà, affinché possa fare ancora un po' di bene *per questa collettività davvero e da troppi tradita.*

Il 5 aprile 1982, tre giorni dopo essere stato nominato prefetto di Palermo, Dalla Chiesa era stato convocato da Andreotti e alla pagina del 6 aprile 1982 del diario aveva annotato un breve ma significativo resoconto del contenuto di quel colloquio:

> Dunque, nella giornata di venerdì e fino a ora tarda si sono succedute telefonate di rallegramenti e auguri, insomma tantissimi; poi ieri anche l'onorevole Andreotti mi ha chiesto di andare e, naturalmente, date le sue presenze elettorali in Sicilia, si è manifestato per via indiretta interessato al problema; sono stato molto chiaro e gli ho dato però la certezza che non avrò riguardi per quella parte di elettorato alla quale attingono i suoi grandi elettori.

Il 2 aprile, tre giorni prima dell'incontro con Andreotti, Dalla Chiesa aveva scritto al presidente del Consiglio Spadolini una lettera nella quale aveva indicato nella «famiglia politica più inquinata del luogo», la corrente andreottiana in Sicilia, la fonte di maggior pericolo per la sua futura attività. Non solo. Anche al ministro degli Interni Virginio Rognoni, come questi ha riferito all'udienza del 20 maggio 1998, aveva espressamente esternato la propria preoccupazione per lo scontro che lo attendeva in Sicilia con la corrente andreottiana e Salvo Lima:

> VIRGINIO ROGNONI: Il generale Dalla Chiesa mi disse [...] io l'ho ripetuto qua: «Vado ad assumermi una responsabilità forte e mi dovrò scontrare con ambienti civili di quella città, di quella regione e con ambienti politici», e *mi fece espressamente l'indicazione della corrente andreottiana*, e mi fece il nome di Ciancimino, mi fece il nome di Gioia, parlava anche della corrente fanfaniana. Ecco, questa è la...
> PUBBLICO MINISTERO: Ricorda un altro nome riferibile ad Andreotti?
> VIRGINIO ROGNONI: Ricordo Lima.

Giunto in Sicilia, così come era già accaduto a Mattarella e a La Torre, anche Dalla Chiesa vede avvicinarsi la morte giorno dopo giorno. Ne coglie i segni premonitori nell'isolamento, nell'ostracismo al quale lo condannano quelle forze politiche da lui così efficacemente descritte come «pronte a buttarlo al vento non appena determinati interessi saranno toccati o compressi».

In un drammatico replay del caso Mattarella, anche lui in una disperata corsa contro il tempo, tenta di rompere l'isolamento chiedendo invano sostegno a Roma.

Nell'agosto 1982 sollecita un incontro all'onorevole De Mita, segretario nazionale della Dc, al quale intendeva chiedere appoggio nei confronti dei personaggi politici compromessi nell'isola. Sino alla mattina dell'omicidio continua a pressare il ministro Rognoni, che pure lo sosteneva, affinché si ponesse fine a ogni indugio e si vincessero le resistenze che venivano frapposte alla concessione dei poteri di coordinamento. Era giunto al punto di appellarsi al governo statunitense, al quale, tramite il console generale Usa in visita a Palermo, aveva chiesto di esercitare pressioni sul presidente del Consiglio.

Poco prima di morire, in una drammatica intervista rilasciata a Giorgio Bocca, dirà:

> Credo di aver capito la nuova regola del gioco: si uccide il potente quando avviene questa combinazione fatale: è diventato troppo pericoloso ma si può ucciderlo perché è isolato.

Quando il 3 settembre entrano in azione i «rifinitori», gli specialisti della violenza, i giochi sono ormai fatti.

Una molteplicità di fatti convergenti mi induce a ipotizzare che la strage di via Carini rientrasse nel «gioco grande» per interessi superiori che solo in parte convergevano con quelli dell'alta mafia.

Ma chi aveva interesse alla sua eliminazione?

Di certo, come commenteranno gli stessi uomini d'onore della base, la mafia militare incaricata di eseguire la strage non aveva alcun interesse a uccidere Dalla Chiesa che nell'arco di appena cento giorni dal suo insediamento non le aveva procurato alcun fastidio e anzi aveva concentrato le sue attenzioni sui rapporti tra l'imprenditoria mafiosa palermitana e quella catanese.

Gli stessi vertici della borghesia mafiosa palermitana devono subire mugugnando una decisione venuta dai livelli superiori del sistema di potere di cui fanno parte. La soluzione violenta e traumatica del caso Dalla Chiesa non appariva necessaria ed era certamente controproducente perché – come era ampiamente prevedibile – il duplice omicidio di un personaggio di statura eroica di notorietà nazionale e della giovane moglie avrebbe sollevato una ondata di sdegno popolare le cui conseguenze sarebbero inevitabilmente ricadute sulla mafia siciliana.

Quali elementi portano a ritenere che l'omicidio Dalla Chiesa ha avuto mandanti così eccellenti?

Prima di morire, Ciancimino ha dichiarato che i cugini Salvo gli avevano rivelato che la strage di via Carini era stata voluta dall'alto manifestandogli la loro irritazione per le gravi conseguenze che a causa di ciò l'organizzazione si era dovuta accollare. La mafia infatti non si era limitata a eseguire l'ordine di morte, ma si era assunta, come un parafulmine, anche tutta la responsabilità di un omicidio voluto dai mondi superiori, pagandone il prezzo.

Basti pensare che proprio sull'onda dell'indignazione popolare sollevata dalla strage, il Parlamento approvò finalmente la legge Rognoni-La Torre che introdusse il reato di associazione mafiosa e le misure di prevenzione patrimoniale contro i beni dei mafiosi.

Gioacchino Pennino, uomo d'onore, medico e politico di rango, divenuto collaboratore ha dichiarato a sua volta che l'ordine di uccidere Dalla Chiesa era stato trasmesso da Roma tramite un uomo della P2 ora deceduto. Solo pochi vertici della mafia conoscevano la verità. Agli altri erano state fornite spiegazioni così poco convincenti da suscitare generali perplessità.

Per esempio, Giuseppe Greco, uno degli esecutori materiali della strage di via Carini, aveva cominciato a nutrire seri dubbi sulle reali motivazioni di quell'omicidio ritenendo che i vertici di Cosa nostra, e in particolare Bernardo Provenzano, non gli avessero detto la verità su tali motivazioni. L'episodio è stato rievocato, oltre che da Gioacchino Pennino, anche dal collaboratore di giustizia Tullio Cannella all'udienza del 18 giugno 1996 del processo Andreotti:

> Io come ho detto poc'anzi, ero amico di Pino Greco Scarpa [...] lui sapeva che io mi occupavo di politica [...] Pino Greco sapeva che io avevo vissuto e vivevo all'interno, insomma, di quella che era la questione politica e me ne interessavo [...]. E Pino Greco, in quella occasione parlandomi di tante cose [...] lo vidi visibilmente non preoccupato, ma come dire, un po' arrabbiato, un po' così perplesso come se stesse pensando a qualcosa, e io ci dissi: «Ma che hai, ti vedo pensieroso». E dice: «Eh, caro Tullio, vedi 'stu omicidio Dalla Chiesa non ci voleva. Questo omicidio ci consumò, perlomeno qua ci vorranno minimo dieci anni per riprendere bene la barca, la situazione, e comunque qua io ho avuto uno scherzetto in questo omicidio, e 'stu scherzetto me lo fece 'u ragioniere» [...] nel prosieguo della mia frequentazione con Cosa nostra, successivamente appresi che il ragioniere era indicato

> in Bernardo Provenzano. Comunque mi disse: «Qua c'è a mano du ragioniere, 'u ragioniere u sapi chiddu chi cumminò». Comunque, mi dice Pino Greco: «Di questo, l'unico che mi può aiutare a capire questa cosa è 'u dutturi». Il dottore era Gioacchino Pennino, per il quale Pino Greco aveva un affetto, come dire, filiale [...]. Ecco, quindi l'esternazione di Pino Greco che mi fa questa cosa, però senza né escludermi, né ammettermi la sua partecipazione al delitto Dalla Chiesa, ma comunque, forse di più me lo ammette che non me lo ammette, comunque mi indica un fatto ben preciso e mi dice: «Tu sappi che io penso che in questa cosa sono stato preso in giro, nel senso che le garanzie che ho avuto non ci sono, non li vedo, per cui sono preoccupatissimo perché per risolvere questi problemi che scaturiscono da questo omicidio eccellente, perlomeno ci vorranno dieci anni e non so se ci bastano» mi disse. Quindi era venuto meno qualche cosa che io non so.

Giuseppe Greco non farà in tempo a chiarire i suoi dubbi che confida ad altri uomini d'onore. Poco tempo dopo sarà eliminato dal suo luogotenente con un colpo alla nuca. La motivazione ufficiale della soppressione di Greco all'interno dell'organizzazione è che si era «montato la testa».

Il collaboratore di giustizia Francesco Pattarino all'udienza del 26 febbraio 1998 ha dichiarato che Benedetto Santapaola, capo della mafia a Catania, nell'immediatezza dell'omicidio di Dalla Chiesa, mentre i telegiornali davano la notizia parlando di omicidio di mafia, commentò:

> Come se non lo sanno che non è solo mafia, che l'indirizzo viene dall'alto.

Le perplessità di Giuseppe Greco e di altri erano più che fondate. Ma sotto il profilo mafioso perché quella strage era atipica?

La strage di via Carini non solo non rispondeva agli interessi della mafia militare ma, per di più, presentava alcuni profili inediti rispetto alle consuetudini di Cosa nostra. L'omicidio Dalla Chiesa era stato infatti preceduto e seguito da una serie di telefonate a quotidiani locali che annunciavano la messa in atto e la conclusione dell'«operazione Carlo Alberto». Non era mai accaduto prima di allora e non sarebbe mai accaduto in seguito che Cosa nostra preannunciasse e rivendicasse pubblicamente un omicidio. Anzi, l'organizzazione mafiosa ha sempre operato in modo tale da depistare le indagini indirizzandole verso false piste alternative. Quella volta invece si volle fugare ogni ombra di dubbio che si trattasse di un omicidio commesso da Cosa nostra e solo nell'interesse di Cosa nostra.

Altra anomalia è la deliberata esecuzione di Emanuela Setti Carraro, moglie del generale. In passato la soppressione delle donne che si trovavano accanto ai loro uomini al momento dell'esecuzione di delitti si era verificata per incidenti di esecuzione o per fatti sopravvenuti di forza maggiore (per esempio l'avvenuto riconoscimento di qualcuno dei killer).

Nel 1979 i killer di Michele Reina, segretario provinciale della Dc, avevano risparmiato la moglie che si trovava accanto a lui in macchina.

Non solo. Nel 1980 in occasione dell'omicidio del capitano dei carabinieri Emanuele Basile, i killer avevano colpito la moglie solo perché questa si era buttata sul corpo del marito caduto in terra dopo il primo sparo, per impedire che gli venisse inferto il colpo di grazia.

Emanuela Setti Carraro invece doveva morire insieme al marito. I killer la presero espressamente di mira la sera del

2 settembre del 1982, sparando prima alla destra e poi alla sinistra dell'autovettura a bordo della quale si trovavano i due coniugi, e infliggendo infine i colpi di grazia. Non si trattò dunque di un incidente di esecuzione.

Perché i killer mafiosi ricevettero l'ordine di uccidere anche la donna?

Forse perché Emanuela era stata messa al corrente dal marito di terribili segreti, come ha riferito all'udienza del 16 gennaio 1997 del processo Andreotti la madre, Maria Antonietta Setti Carraro:

> Sì, Emanuela mi ha detto: mamma io so delle cose talmente tremende, talmente grandi. Non posso raccontartele perché Carlo Alberto mi ha fatto giurare però ti assicuro che, quasi tu non potresti credere perché coinvolgono queste cose persone che noi conosciamo molto bene.

Dopo l'omicidio di sua figlia e del generale Dalla Chiesa, la signora Setti Carraro aveva conosciuto la donna che era stata la cameriera personale di Emanuela a Villa Pajno: Vincenzina Orofino.

La Orofino le aveva raccontato un dialogo che c'era stato tra Emanuela e Dalla Chiesa il giorno prima dell'omicidio. Il generale aveva detto a Emanuela, durante la colazione del venerdì precedente l'omicidio:

> Se mi succede qualcosa, Emanuela, tu corri dove tu sai e prendi quello che c'è, quello che tu sai.

Come si sa, immediatamente dopo l'omicidio e prima dell'arrivo dei magistrati, qualcuno si introdusse nell'appartamento di Dalla Chiesa cercando documenti che contenevano segreti scottanti. Segreti che, come aveva scritto alla pagina del suo diario del 30 aprile 1982, probabilmente riguardavano «vicende di un passato ormai non lontano» e dei quali egli si era definito «certamente il depositario più informato».

A quali terribili segreti si riferivano Dalla Chiesa ed Emanuela Setti Carraro? A chi facevano paura quei segreti? Erano forse retroscena del caso Moro?

Non sono in grado di rispondere. Certo si riferivano ai segreti del gioco grande.

A questo proposito, fa riflettere quanto ha dichiarato Tommaso Buscetta.

Cosa ha detto Buscetta?

Ha riferito che nel 1979 mentre si trovava detenuto nel supercarcere di Cuneo, aveva ricevuto dal suo capo Stefano Bontate l'ordine di contattare alcuni esponenti delle Brigate rosse, che si trovavano in quello stesso carcere, per verificare la loro disponibilità a rivendicare l'omicidio di Dalla Chiesa qualora questi fosse stato ucciso, proposta che era stata rifiutata.

Questa dichiarazione di Buscetta non è stata riscontrata. Anzi, gli esponenti delle Brigate rosse sentiti in proposito hanno negato di avere ricevuto tale proposta. Ma se le cose fossero veramente andate così, dovremmo dedurne che la sorte di Dalla Chiesa era segnata già da prima della sua nomina a prefetto di Palermo e che il Principe, dopo avere tentato di celare la vera causale del suo omicidio dietro la copertura delle Brigate rosse nel 1979, ha usato la copertura mafiosa nel 1982.

Mattarella, La Torre, Dalla Chiesa erano uomini diversi tra loro. Uno di centro, l'altro della sinistra e il terzo con inclinazioni per la destra liberale; ma tutti e tre accomunati, nonostante le diverse idee politiche, dall'appartenenza a un'Italia che sin dall'unificazione continuava a pagare un pesante tributo di sangue nel tentativo di tirare fuori il Paese da quella cultura premoderna, illiberale, alla quale l'altra Italia – quella del Principe – lo teneva inchiodato, con il pericolo costante di una deriva sudamericana.

In quella stagione plumbea, quest'ultima Italia celebra i suoi fasti occupando tutti i luoghi reali del potere nell'isola, mentre nel resto del Paese gli uomini della P2 (molti dei quali saldamente legati al sistema di potere politico mafioso siciliano) sono inseriti in tutti i più importanti snodi istituzionali.

MASSONERIA DEVIATA E MAFIA

A proposito della P2, i rapporti tra mafia e massoneria?

È un tema che richiederebbe un libro a parte. In estrema sintesi e semplificando, accade che nel corso del tempo, a seguito dell'avvento della Repubblica e della crescita del processo democratico, anche la mafia si popolarizza. Cresce cioè sempre di più il peso della componente di estrazione popolare che occupa ruoli di vertice prima riservati ai colletti bianchi. La struttura militare inoltre tende sempre più a strutturarsi e ad autonomizzarsi. Questo fenomeno pone dei problemi.

Il contatto tra i mafiosi popolari e quelli delle classi alte viene disciplinato in modo da evitare la sovraesposizione di questi ultimi. La loro appartenenza organica alla mafia viene tenuta a volte segreta. Si tratta dei cosiddetti «uomini d'onore riservati». In ogni caso è impedito il diretto accesso dei mafiosi di base ai vertici borghesi. Solo alcuni capi della componente militare possono mantenere con loro i rapporti e farsi latori delle richieste della base.

Questo processo di segretazione raggiunge il suo massimo livello per alcune élite dei ceti sociali dalle cui fila provenivano gli esponenti dell'alta mafia. Alcuni cervelli pensanti, menti strategiche, abbandonano i rapporti diretti con la mafia militare e si arroccano in club esclusivi di potere occulto trasversale: la massoneria segreta – di cui la P2 è solo l'esempio più noto venuto alla luce – diventa così una camera di compensazione delle varie articolazioni nazionali del Principe: il luogo di elezione per l'incrocio di interessi politici, economici, finanziari e criminali.

Basta scorrere l'elenco degli iscritti e le carte della Commissione parlamentare sulla P2 presieduta da Tina Anselmi per rendersi conto del fenomeno: parlamentari, ministri, politici, pubblici amministratori, alti funzionari, vertici delle forze di polizia e dei servizi segreti, stuoli di imprenditori e di giornalisti, finanzieri, magistrati, esponenti delle più diverse categorie professionali e vari referenti dell'alta mafia. Per quanto riguarda questi ultimi è sufficiente ricordare, tra i tanti, due personaggi emblematici: il banchiere Roberto Calvi, cassiere dei soldi della mafia, delle tangenti dei politici, dei soldi dello Ior, la banca del Vaticano, dei generali al vertice dei regimi dittatoriali argentini, e Michele Sindona, piduista, riciclatore dei soldi della mafia, dei politici, referente dei servizi segreti americani e dell'ala più oltranzista del Partito repubblicano statunitense. Il primo è stato suicidato a Londra dove era fuggito. Il secondo è morto suicida in carcere, ma ho i miei dubbi che si sia trattato di un vero suicidio. In vita, e sempre temuto nonché ossequiato dai potenti, è rimasto invece il Gran maestro della P2 Licio Gelli.

Mentre Gelli ha continuato a godere dell'ossequio dei potenti, diverso destino è stato riservato a Tina Anselmi, esponente della Democrazia cristiana la quale è stata messa ai margini della vita politica in quanto «rea» di avere svolto in qualità di presidente della Commissione parlamentare sulla P2 un lavoro egregio che la consegna alla storia come simbolo di un'altra Italia possibile.

La massoneria occulta e deviata è stata probabilmente una delle postazioni dalle quali alcuni vertici strategici del Principe hanno utilizzato di volta in volta come bracci armati per i propri disegni di potere la mafia siciliana, la 'ndrangheta, la camorra, la banda della Magliana, i servizi deviati. Da ultimo, secondo quanto hanno dichiarato vari collaboratori di giustizia, alcuni suoi esponenti avrebbero svolto un ruolo di direzione nel progetto di eversione democratica che nel 1992-93 si proponeva, mediante l'esecuzione di stragi affidate alla mafia, di mettere in ginocchio lo Stato e di instaurare un nuovo ordine politico fondato sulla disarticolazione dell'unità nazionale e la creazione di tre ministati. Ma di ciò parleremo più avanti.

Ma chi fa da anello di collegamento?

In una prima fase i rapporti con le varie strutture militari venivano mantenuti da uomini cerniera che si facevano latori dei *desiderata* del Principe e garanti di essere portavoci della sua sperimentata potenza. Nel tempo alcuni vertici militari della mafia sono stati cooptati nel circuito massonico. È il caso per esempio di Stefano Bontate, capo del mandamento mafioso di Santa Maria del Gesù, referente di Andreotti, di Sindona e di altri potenti. Negli anni settanta Bontate conseguì il grado 33 della massoneria. Egli non si limitò a operare in Sicilia. Proseguendo l'attività promozionale già iniziata da un altro mafioso massone, Gioacchino Pennino, zio dell'omonimo collaboratore di giustizia, creò in Calabria i primi embrioni di collegamento tra 'ndrangheta, organizzazione allora ancora di estrazione quasi esclusivamente popolare, e massoneria. Ciò risulta dalle dichiarazioni convergenti di vari collaboratori di giustizia siciliani e calabresi.

In particolare, il collaboratore Filippo Barreca ha dichiarato:

> In Calabria esisteva, sin dal 1979, una loggia massonica coperta a cui appartenevano professionisti, rappresentanti delle istituzioni, politici e, come ho detto, 'ndranghetisti. Questa loggia aveva legami strettissimi con la mafia di Palermo cui doveva rendere conto [...]. Cosa nostra era rappresentata nella loggia da Stefano Bontate; questo collegamento con i palermitani era necessario perché il progetto massonico non avrebbe avuto modo di svilupparsi in pieno in assenza della «fratellanza» con i vertici della mafia siciliana, *ciò conformemente alle regole della massoneria, che tende ad accorpare in sé tutti i centri di potere, di qualunque matrice.* Posso affermare con convinzione che a seguito di questo progetto, in Calabria la 'ndrangheta e la massoneria divennero una «cosa sola».

Dopo che nel 1981 Bontate viene assassinato a Palermo dai corleonesi, Mommo Piromalli, uno dei capi più prestigiosi della 'ndrangheta, consegue pure il grado 33 e porta a compimento, insieme a un nucleo ristrettissimo di altri vertici, la creazione all'interno della 'ndrangheta di una struttura segreta di collegamento con la massoneria deviata, la «Santa».[9]

Negli anni l'ibridazione tra massoneria deviata e alcune cuspidi della 'ndrangheta ha dato vita a una vera e propria massomafia sovraordinata alla normale 'ndrangheta, dotata di una organizzazione e di un sistema di regole autonome.

Così, mentre la mafia siciliana nasce come criminalità del potere, la 'ndrangheta ha seguito il percorso inverso: nata come criminalità popolare, si è integrata crescendo con la criminalità del potere. Di recente un fenomeno per certi versi analogo ha coinvolto alcune aristocrazie della camorra.

In sostanza si assiste nel tempo a un processo quasi fisiologico di integrazione tra massoneria segreta e deviata e alcuni esponenti apicali delle mafie, i quali all'interno delle loro rispettive organizzazioni di riferimento costituiscono strutture tenute segrete agli altri affiliati, destinate a svolgere un ruolo di collegamento tra élite criminali dei ceti alti ed élite criminali dei ceti bassi per la conduzione comune degli affari di più alto livello e per i grandi giochi di potere. La massa di manovra delinquenziale sul territorio, tenuta all'oscuro degli uni e degli altri, viene utilizzata di volta in volta per singole operazioni. Se qualcosa va per il verso storto, tali «operatori» vengono sacrificati. La loro eventuale collaborazione con la magistratura non determina problemi gravi perché essi ignorano sia le reali motivazioni sia i registi occulti delle azioni di cui sono stati meri esecutori. Se parlano, raccontano le motivazioni di copertura a essi fornite e da essi ritenute in buona fede corrispondenti al vero. Un meccanismo molto sofisticato e collaudato nel tempo.

Si è venuta così a creare una classe dirigente occulta e parallela trasversale a tutti i segmenti sociali.

LA STRAGE DI VIA PIPITONE FEDERICO E L'OMICIDIO DI ROCCO CHINNICI

Torniamo alla Sicilia degli anni ottanta.

Dopo l'omicidio di Dalla Chiesa a Palermo continua la mattanza. Agli specialisti della violenza si fa ancora una volta ricorso il 29 luglio 1983 per far saltare in aria, con una autobomba in via Pipitone Federico, Rocco Chinnici, capo dell'Ufficio istruzione di Palermo, altro italiano «anomalo». «Anomalo» perché *incomprensibilmente* restio ad ascoltare i buoni consigli di tanti amici. Chinnici si era messo infatti a indagare sui colletti bianchi della mafia, indirizzando il fuoco delle indagini sui Salvo, sui Costanzo e su altri intoccabili. Ciò crea il suo isolamento all'interno dello stesso Palazzo di giustizia, allora affollato di magistrati talora insensibili al pericolo della criminalità mafiosa.[10]

Pochi mesi prima di essere ucciso, Chinnici viene invitato nell'abitazione di un ex magistrato, divenuto parlamentare della Dc, dove con sua sorpresa trova l'onorevole Lima. Il viceré della Sicilia (come veniva soprannominato), espressione organica del sistema di potere mafioso, gli dice di farla finita con quelle indagini che rischiavano di colpire l'economia siciliana e che venivano lette come una persecuzione nei confronti della Democrazia cristiana. Di quell'incontro Chinnici parla a Paolo Borsellino il quale, dopo l'omicidio del capo dell'Ufficio istruzione, ne riferirà ai magistrati di Caltanissetta.[11]

Molti anni dopo alcuni degli assassini, divenuti collaboratori di giustizia, riferiranno che al piano omicida avevano preso parte i cugini Salvo, i quali avevano indicato ai killer il luogo di residenza estiva del magistrato e avevano a essi prestato la loro autovettura blindata perché effettuassero delle prove di sparo nell'ipotesi in cui si fosse deciso di uccidere Chinnici con i mitra mentre si trovava all'interno della sua macchina blindata.[12]

Anche in questo caso come nei precedenti e in tanti successivi, i sicari arrivano solo alla fine; quasi un drammatico epilogo finale quando falliscono le trattative per una soluzione incruenta, «politica», «ragionevole». Allora i colletti bianchi spariscono dalla scena e la parola passa al crepitare delle armi. Una frase tipica dei mafiosi a proposito delle loro vittime è che «Dio sa che sono loro che hanno voluto farsi ammazzare».

SOCIETÀ CIVILE E DEPISTAGGI ECCELLENTI

Qual è l'atteggiamento della società civile negli anni ottanta?

Fino ai primi albori degli anni ottanta la società civile è pressoché assente sul fronte dell'antimafia. Ai funerali dei magistrati e dei poliziotti uccisi sono presenti parenti, amici e gli uomini delle istituzioni. I cittadini comuni si tengono in genere lontani. Alcuni per paura, altri per disinteresse, altri ancora perché non riescono a identificarsi in uno Stato che, tranne poche eccezioni, ai loro occhi si presenta con il volto di tanti personaggi compromessi che nelle pubbliche cerimonie parlano di cultura della legalità e poi nelle segrete stanze fanno man bassa dei soldi della collettività o traccheggiano con gli uomini della mafia militare.

Le forze di sinistra dopo la fine della stagione di Li Causi e di La Torre sembrano essere ormai impantanate nelle secche di un potere praticato a volte sottobanco all'insegna del più disincantato realismo politico.

Si ingrossano sempre più le fila di coloro che squalificano come moralistiche e impolitiche le posizioni intransigenti nei confronti del potere politico-mafioso. In quegli anni circola in alcuni ambienti della sinistra la battuta che non si può fare l'analisi del sangue agli imprenditori per verificare se siano o meno collusi con la mafia.

Il principio secondo cui pecunia non olet conquista nuovi adepti ovunque...

La delusione per il nuovo corso del Partito comunista porta molti giovani ad allontanarsi. Alcuni refluiscono nel privato, altri aderiscono ai movimenti extraparlamentari. Ma vi è anche chi intraprende una strada coraggiosa e temeraria: quella di una sfida solitaria al sistema di potere mafioso. È il caso di Giuseppe Impastato che a Cinisi fonda una radio libera attaccando quotidianamente il boss Gaetano Badalamenti e i pubblici amministratori collusi.

Impastato, simbolo di un'Italia capace di esprimere anche straordinarie avanguardie etiche, verrà trucidato nella notte tra l'8 e il 9 maggio 1978.

Nonostante fosse evidente che il giovane era stato assassinato, nel rapporto dei carabinieri si dava credito all'ipotesi, priva di ogni fondamento, che il giovane era morto mentre stava tentando di compiere un attentato esplosivo lungo i binari ferroviari. La relazione della Commissione parlamentare antimafia sul caso Impastato si conclude con un capitolo intitolato «Anatomia di una deviazione» che ricostruisce come le indagini su quell'omicidio furono caratterizzate da singolari, incomprensibili anomalie e omissioni da parte degli organi investigativi.

Antonino Caponnetto, capo dell'Ufficio istruzione ai tempi di Falcone, definì testualmente i ritardi e le omissioni degli apparati investigativi come «un depistaggio».

I magistrati che alcuni anni dopo l'omicidio si resero conto di essere stati fuorviati e che iniziarono finalmente a indagare sulla pista mafiosa vennero bollati come «giudici rossi». La Commissione parlamentare esaminando alcuni atti dell'Arma dei carabinieri ha accertato che un maggiore dei carabinieri nella corrispondenza interna diretta ai vertici dell'Arma accusò il giudice istruttore Rocco Chinnici di avere sposato l'ipotesi di omicidio perché magistrato di sinistra. Nel testo della lettera si legge:

> Solo per attirarsi le simpatie di una certa parte dell'opinione pubblica conseguentemente a certe sue aspirazioni elettorali, come peraltro è noto, anche se non ufficialmente ai nostri atti, alla scala gerarchica.

Queste parole furono scritte – è bene sottolinearlo – dopo che Chinnici era stato brutalmente assassinato con un'autobomba dalla mafia, non certo per le sue pretese ambizioni elettorali, ma perché era uno di quei magistrati che non si limitava a indagare solo sulla manovalanza mafiosa, ma anche sui potenti colletti bianchi che dominavano la città e la regione.

LEONARDO SCIASCIA E LA VERITÀ IMPOSSIBILE

Oltre a Impastato in quegli stessi anni anche Leonardo Sciascia rompe con il Pci.

Come abbiamo già ricordato, rompe dimettendosi dal Consiglio comunale di Palermo dove era stato eletto nel

1975 come indipendente nelle liste del Pci. Qualche tempo dopo, accetta di candidarsi nelle liste del Partito radicale al Parlamento nazionale. E qui consuma la sua seconda e definitiva rottura con il mondo politico.

La goccia che fa traboccare il vaso è la sua esperienza nella Commissione Moro. Durante i lavori di quella Commissione sperimenta in prima persona l'impotenza di chi si ostina a conoscere e far emergere la verità, scontrandosi contro il muro di gomma, l'ostracismo, l'ostilità della nomenclatura al potere. Alla fine si autoesclude come un corpo estraneo da un mondo dove, così come in sede giudiziaria, non vi era alcuna possibilità di fare luce sulla verità.

Di fronte alla constatazione del fallimento storico e sistemico degli apparati di giustizia nei confronti dei crimini e degli abusi del potere, Sciascia riserva alla scrittura un compito di militanza e di supplenza civile: quello di mettere a nudo la realtà e la fenomenologia criminale del potere. In coerenza con questa visione, in tutti i suoi romanzi dedicati alla criminalità del potere racconta sempre il fallimento e l'impossibilità storica di una giustizia nei confronti di tale criminalità.

A questo scopo, pur adottando la tecnica narrativa del giallo, disillude poi nella conclusione il lettore che si attende la soluzione del caso e il trionfo della verità, come è uso appunto nella tradizione dei gialli.

Come è stato osservato, nella letteratura giallistica europea e nordamericana l'investigatore viene infatti sempre a capo della verità. Il suo assalto alla menzogna viene alla fine premiato. I testimoni parlano, il poliziotto trova i documenti, l'assassino finisce per confessare, si arrende alla giustizia o si suicida.

Nei romanzi di Sciascia avviene esattamente il contrario. L'investigatore perviene alla verità grazie all'uso accorto della ragione, ma questa verità percepita a livello individuale non può farsi verità collettiva e processuale.

Perché la verità percepita a livello individuale non riesce a trasformarsi in verità collettiva?

Perché è la stessa polis, la stessa società di cui il potere è espressione e specchio che lo impedisce. Perché la verità possa trasformarsi da conquista individuale dell'investigatore in verità pubblica e patrimonio collettivo, occorre infatti che i testi raccontino quello che hanno visto e sentito, occorre che i documenti non vengano occultati e distrutti da servizi segreti, occorre che i poliziotti non si tirino indietro o non vengano uccisi o trasferiti appena si avvicinano troppo alla verità, occorre che gli avvocati non trucchino le carte divenendo complici dei loro clienti, occorre che i magistrati non si lascino corrompere o non siano omologati al potere eccetera.

In altre parole, perché la verità si manifesti a livello istituzionale, perché assuma una forma legale, occorre la volontà e la collaborazione di tutta la polis. Ma una società nella quale, dietro le cortine fumogene della retorica ufficiale, domina la legge del più forte e del più furbo, una società diseguale e quindi profondamente ingiusta, come può generare una giustizia uguale per tutti? In una società ingiusta non vi è possibilità di una giustizia giusta. È possibile solo una giustizia che sia specchio della realtà sociale, una giustizia quindi forte con i deboli e debole con i forti. In questo tipo di società, dove secondo Sciascia era in corso una sorta di occulta e strisciante mafiosizzazione del potere politico, tutti coloro che si ostinavano a praticare una giustizia uguale per tutti, a indagare su crimini del potere erano destinati alla sconfitta, delegittimati, emarginati o uccisi.

In coerenza con questa convinzione, nei romanzi – che vogliono essere lo specchio della realtà e non un suo abbellimento mistificatorio – tutti gli inquirenti e gli investigatori non sono vincitori, così come nei romanzi gialli di Simenon (Maigret) di Sir Arthur Conan Doyle (Sherlock Holmes), ma hanno come unico comune denominatore la sconfitta.

Alcuni come il capitano Bellodi, protagonista del romanzo Il giorno della civetta, *vengono trasferiti, altri vengono uccisi, come il professor Laurana, detective dilettante nel romanzo* A ciascuno il suo, *o come l'ispettore Rogas nel romanzo* Il contesto; *altri ancora indietreggiano, rassegnandosi all'impotenza, come il magistrato e l'investigatore del romanzo* Todo Modo.

Il risultato comunque è sempre uguale: il potere, quello vero, non si fa processare, non si fa «mettere in scena» nel processo. Se pure mai sarà possibile processarlo, non vi è comunque da farsi illusioni. La sua eventuale condanna sarà comunque vanificata in sede di esecuzione della pena mediante mille stratagemmi (amnistie, leggi speciali ad hoc, latitanze dorate e assistite eccetera). La verità processuale sarà eclissata dal silenzio e dalla mistificazione degli apparati culturali gestiti dal sistema.

La criminalità del potere in quanto espressione organica non di pochi individui ma di una parte del Paese, in quanto declinazione di una forma culturale di una certa Italia, è dunque destinata a restare impunita. Il problema, prima che politico, appare prepolitico, osserva Sciascia. I conti della storia, alla fine, non si fanno con le culture minoritarie e «alte» di alcune élite, ma con le culture nazionali risalenti e trasversalmente radicate nelle masse e nella maggioranza della classe dirigente.

LE CARTE A POSTO: NASCITA E MORTE DEL POOL ANTIMAFIA

Negli stessi anni in cui Sciascia stila le sue lucide diagnosi, altri uomini, figli della sua stessa Italia, tentano di opporre al pessimismo della ragione un testardissimo ottimismo della volontà. Sono gli anni del pool antimafia.

Il segreto di quel big bang dell'antimafia palermitana nella prima metà degli anni ottanta consiste in una combinazione particolare di risorse umane (l'eccezionale professionalità e la dirittura morale di alcuni magistrati) e di risorse istituzionali. Proprio questo particolare mix riesce a emancipare quel settore strategico della giurisdizione dalle maglie del sistema di potere che attraversava anche il Palazzo di giustizia, non a caso definito «il Palazzo dei veleni».

Essenziali si rivelano le risorse istituzionali; bisogna ricordare, infatti, che i giudici istruttori godevano di uno statuto di indipendenza ben superiore a quello dei sostituti procuratori della Repubblica. Questi erano inseriti in uffici gerarchici, i cui vertici, i procuratori della Repubblica e i procuratori generali, si ricollegavano spesso – anche a causa di perduranti vischiosità culturali – ai vertici ministeriali.

Dopo l'omicidio di Chinnici il suo posto viene preso da Antonino Caponnetto, che non solo ne raccoglie l'eredità morale ma insieme ad alcuni giudici istruttori forma il pool antimafia: un collettivo che supera l'isolamento dei singoli e ne accresce le potenzialità operative mediante la messa in comune delle informazioni e la socializzazione delle decisioni strategiche.

In questo modo, il pool antimafia si decentra rispetto alla filiera di comando che ricollegando i vertici politici a quelli ministeriali, questi ultimi a quelli delle Procure generali e quindi alle Procure della Repubblica, era potenzialmente in grado di condizionare la magistratura inquirente.

Circostanze fortunate portano, poi, in quegli stessi anni ai ministeri degli Interni e della Giustizia uomini come Oscar Luigi Scalfaro e Mino Martinazzoli, entrambi democristiani di grande spessore culturale e personale.

Gli uomini del pool possono così contare a Roma su alcuni pezzi di Stato.

Sì. E gli effetti, com'è noto, si riveleranno eclatanti. Tenuto conto delle compatibilità sistemiche del tempo, il pool, oltre a conseguire importantissimi risultati nei confronti dei quadri intermedi e di comando della mafia militare, riuscirà ad attingere anche livelli sino ad allora inconcepibili dei quadri politici-economici: i potentissimi cugini Salvo vengono arrestati. Ciancimino viene messo alle corde. La stagione degli intoccabili sembra volgere alla fine. Molti a Palermo e a Roma cominciano a temere il peggio. A chi toccherà dopo i Salvo e Ciancimino?

Una parte della società civile – quella che non ingrassa sull'indotto del sistema di potere mafioso, quella che non accetta di «farsi i fatti propri», quella di coloro che non rinunciano al proprio statuto di cittadinanza per divenire clienti, sudditi di padrini politici e mafiosi – per la prima volta trova in quei magistrati la possibilità di identificarsi con uno Stato dal volto presentabile. Falcone e Borsellino diventano delle icone collettive di questa Italia alternativa.

Ma l'avere alzato il livello delle indagini fino ad arrivare agli intoccabili condanna il pool a una fine prematura.

Sugli uomini dell'Ufficio istruzione si scatena una campagna politica mediatica micidiale, che li sommerge quotidianamente sotto una coltre di accuse infamanti, di calunnie: comunisti, ammalati di potere e di voglia di protagonismo, sceriffi, Torquemada eccetera... La loro delegittimazione tende a distruggere la possibilità della gente di identificarsi in uno Stato finalmente credibile. In tanti fanno di tutto per disinnescare il pericolo che quote sempre più consistenti di società civile inizino ad affezionarsi allo Stato, scrollandosi dall'apatia e dalla rassegnazione fatalistica all'esistente.

Il sistema di potere politico mafioso, del resto, ha sempre fatto un uso magistrale della tecnica della delegittimazione. Nel secondo dopoguerra, subito dopo ogni omicidio di sindacalisti contadini, veniva messa in giro ad arte la voce che dietro quell'omicidio vi erano questioni di donne. La voce non era solo finalizzata a depistare le indagini, ma anche a impedire che la vittima potesse divenire un simbolo della volontà di riscatto e di coraggio civile. Chi poteva infatti identificarsi in uno che era stato accoppato perché se l'era cercata dando fastidio alle donne d'altri? Allo stesso modo, come elevare a simboli uomini che – come si voleva far credere alla pubblica opinione con martellanti campagne di stampa – erano solo strumenti di deteriori interessi politici di parte e che tessevano oscure trame di potere?

Negli anni seguenti, gli specialisti della delegittimazione, dopo avere infangato Falcone da vivo, tenteranno di utilizzarlo da morto contro quei magistrati che, dopo le stragi del 1992, cercheranno di proseguire la sua attività e quella di Borsellino anche sul terreno sul quale essi erano stati fermati: quello del rapporto mafia-politica-economia. Così il Falcone vituperato come Torquemada, come comunista, ammalato di protagonismo, verrà improvvisamente riscoperto come maestro di garantismo e di professionalità e brandito come una clava contro i magistrati del pool antimafia della

Procura diretta da Caselli, definiti, nel migliore dei casi, come epigoni incapaci e politicamente pilotati. Ritornando agli anni ottanta, l'attacco esterno pur nella sua virulenza non riesce tuttavia a espugnare la cittadella dell'Ufficio istruzione.

Dove aveva fallito l'attacco frontale, vincerà il cavallo di Troia dell'attacco interno.

Sarà infatti una parte della magistratura, quella culturalmente e politicamente consonante all'Italia che sferrava l'attacco dall'esterno, che provvederà a strangolare il pool, a ridurlo all'impotenza. Così quando Caponnetto decide di trasferirsi, si farà di tutto e di più a Palermo e a Roma per impedire che Falcone possa subentrargli nella direzione dell'Ufficio istruzione.

Ancora una volta gli «specialisti delle carte a posto» concludono felicemente l'operazione portando al vertice di quell'Ufficio strategico un anziano magistrato tradizionalista assolutamente ostico ai metodi innovativi del pool, Antonino Meli.

L'Ufficio istruzione torna così a impantanarsi nella palude della solita gestione burocratica dei processi. Le indagini del maxiprocesso, prima concentrate con successo nel pool di Palermo, vengono disarticolate e sparpagliate tra varie altre procure con esiti fallimentari.

Falcone si trasferisce alla Procura della Repubblica dove quella stessa magistratura continuerà a rendergli la vita impossibile, mettendolo ai margini, riducendolo a una foglia di fico che serve a celare l'inazione della Procura sul fronte della criminalità del potere. Gli viene impedito di indagare sui possibili rapporti tra i servizi deviati e la mafia, gli vengono tenute nascoste le indagini che scottano. Se vuole, può occuparsi solo della mafia militare. Di tutto ciò prende nota nelle pagine della sua agenda fitte di nomi e di avvenimenti, alcuni brani della quale saranno pubblicati dopo la sua morte da una giornalista che ne era venuta in possesso.

Dell'emarginazione e dell'angoscia di Falcone in quegli anni sono stato diretto testimone.

Così alla fine decide di accettare l'offerta di trasferirsi a Roma assumendo l'incarico di direttore generale presso il ministero di Grazia e Giustizia.

Ancora una volta le diagnosi di Franchetti e di Sciascia si confermano nella loro micidiale lucidità.

Paolo Borsellino, trasferitosi alla Procura di Palermo da quella di Marsala, subisce lo stesso trattamento di Falcone.

Sorgono dei contrasti quando Borsellino insiste per gestire la collaborazione di Gaspare Mutolo, un personaggio di grande spessore le cui dichiarazioni apriranno nel 1992 i primi squarci di verità sui rapporti tra mafia e potere. Di fronte alla minaccia di Paolo di seguire l'esempio di Falcone andando via dalla Procura, la situazione finalmente si sblocca agli inizi del luglio di quell'anno. Non farà tuttavia in tempo a mettere a verbale alcune rivelazioni che Mutolo gli aveva anticipato. La decisione di ucciderlo subisce infatti un'improvvisa accelerazione e viene portata a termine il 19 luglio, cogliendo di sorpresa alcuni degli stessi vertici di Cosa nostra, come Giovanni Brusca.

Solo un nucleo ristrettissimo ed eletto di capi, quelli legati alla massoneria deviata e al Principe, sanno il perché di quella accelerazione.

IL CAPITALISMO MONDIALE DI COSA NOSTRA

Dunque sino agli anni ottanta il Principe resta il protagonista occulto del sistema mafioso.

Sì, ma la composizione interna di questo soggetto collettivo è mutata rispetto al periodo prebellico sia per fenomeni sociali di ordine generale, ai quali abbiamo già accennato in precedenza, sia perché era in corso da tempo un processo di progressivo imborghesimento dei vertici di alcune delle più importanti famiglie della mafia urbana. Per esempio i Bontate, signori incontrastati del mandamento di Santa Maria del Gesù, capi di un esercito di centinaia di uomini, referenti privilegiati degli andreottiani e svezzati alla cultura della mediazione, a differenza dei *viddani* (i villani), come venivano sprezzantemente definiti i corleonesi per la loro rozzezza culturale e il ricorso sistematico alla violenza nella risoluzione dei conflitti.

Ma proprio in quel periodo si verifica una sorta di rivoluzione che altera nel tempo gli equilibri che da sempre avevano governato l'universo mafioso e che apre una parentesi storica – la parentesi corleonese – che si chiuderà agli inizi degli anni novanta. Due sono, a mio parere, i principali fattori che determinano tale rivoluzione.

Il primo è quello che definirei «la nascita del capitalismo commerciale di Cosa nostra» che nell'arco di pochi anni trasforma quella che era stata una struttura servente in una soggettività politico-economica dotata di autonomo potere di contrattazione e con ambizioni egemoniche.

Sono le enormi potenzialità di guadagno garantite dal mercato della droga che alterano i rapporti fra la mafia in senso stretto e il Principe?

Questo passaggio consegue all'ingresso della struttura militare nel traffico internazionale di stupefacenti e alla conquista di posizioni di semimonopolio mondiale tra la fine degli anni settanta e la prima metà degli anni ottanta. La conquista di tale posizione deriva da alcune condizioni geopolitiche che proverò a indicare sinteticamente.

Durante la fase del bipolarismo internazionale, la divisione del mondo tra blocco occidentale e blocco sovietico escludeva quest'ultima parte del pianeta non solo dall'economia del libero mercato legale, ma anche dall'economia del libero mercato criminale, con la conseguenza che negli anni settanta e ottanta le mafie occidentali non dovevano fare i conti nel mercato criminale con competitori globali quali le mafie eurasiatiche: per esempio la mafia russa, allora pressoché inesistente, e la mafia cinese, allora incubata nelle comunità etniche d'origine come le Triadi in Cina e a Hong Kong.

In questo scenario, quale strategia adottò la mafia siciliana?

Tra le mafie occidentali, quella siciliana mette in campo la risorsa strategica e vincente dell'alleanza sinergica con la mafia americana, nel cui ambito le famiglie di origine siciliana avevano occupato posizioni di predominanza. La discesa in campo dell'asse siculo-americano, soprattutto dopo lo smantellamento della French Connection (asse turco-marsigliese) a seguito dell'intervento della Task Force One voluta dal presidente degli Stati Uniti Richard Nixon e diretta da Henry Kissinger, consente nell'arco di pochi anni alla mafia siciliana la conquista di posizioni di semimonopolio mondiale.

Alla fine degli anni settanta le famiglie siciliane mediante accordi con i fornitori turchi e asiatici monopolizzano l'acquisto della morfina base prodotta nei Paesi orientali. La morfina base viene trasformata in eroina nei laboratori impiantati in Sicilia con un grado di purezza elevatissimo che la rende particolarmente appetibile. L'eroina prodotta viene trasferita negli Stati Uniti dove la stessa organizzazione siculo-americana provvede a distribuirla, a volte cedendola ad altre organizzazioni criminali, a volte smerciandola direttamente al minuto.

Il monopolio si estende anche al mercato europeo, con l'eccezione di alcuni settori settentrionali che vengono lasciati alla mafia turca.

I miliardi così guadagnati vengono riciclati mediante l'intervento di cellule e di famiglie mafiose create appositamente nei Paesi del Sud America, del Canada, dell'Inghilterra, della Svizzera.

È allora che Cosa nostra siciliana si globalizza?

Sì. Unendo idealmente i punti corrispondenti ai territori di produzione dei prodotti base (Oriente) a quelli di trasformazione del prodotto base (Sicilia) a quelli di smercio del prodotto finale (Nord America ed Europa) a quelli del riciclaggio del capitale lucrato (Svizzera, Inghilterra, Florida, Aruba, Antille Olandesi, Canada, Venezuela, Brasile, Liechtenstein eccetera), si ottengono i confini planetari dell'economia-mondo della criminalità mafiosa siciliana dalla fine degli anni settanta sino alla fine degli anni ottanta.

Le quantità prodotte e commercializzate sono di livello industriale. La morfina base acquistata a 13.000 dollari al chilogrammo viene rivenduta negli Stati Uniti a 110.000 dollari al chilogrammo.

Operando un calcolo globale sulla base della capacità produttiva dei laboratori di trasformazione della morfina in eroina individuati nella prima metà degli anni ottanta (in media circa duecento chili al mese per ogni laboratorio), di altri indici obiettivi (quali per esempio le quantità di anidride acetica acquistata – ben 4299 chili nei soli primi sei mesi del 1982) e infine delle dichiarazioni dei collaboratori, si perviene alla stima di un fatturato globale decennale di svariate migliaia di miliardi di dollari.

Il capitalismo commerciale consente ai vertici di Cosa nostra di entrare nel club esclusivo del capitalismo finanziario mondiale: quelli sono gli anni di Sindona, di Calvi, di Gelli, dello scandalo Ior, solo alcuni momenti di visibilità di un iceberg mondiale sommerso.

L'ingresso nel capitalismo finanziario internazionale comporta anche l'ingresso in alcuni circoli esclusivi del potere occulto nazionale e mondiale: in quegli anni alcuni capi della mafia siciliana entrano per esempio nella massoneria deviata intessendo una ragnatela di rapporti, anche con esponenti dei servizi segreti nazionali e internazionali, sul filo dei quali penetrano nei *sancta sanctorum* del potere reale.

Il culmine di questa parabola viene raggiunto poco prima della fine, quando, come è stato accertato in vari processi (operazioni Big John e Green Ice), la mafia siciliana, dopo avere conquistato posizioni di quasi monopolio nel settore dell'eroina in Italia, nel Nord America e in Europa, divenendo fornitrice e grossista per altre organizzazioni criminali come la camorra e la 'ndrangheta, tenta di conquistare il monopolio anche nel settore della commercializzazione della cocaina in Italia e in Europa.

Nell'ottobre del 1987 nell'isola di Aruba la mafia siciliana e il cartello colombiano di Medellin stipulano infatti un accordo commerciale di portata dirompente. L'accordo prevede lo scambio di eroina europea, monopolizzata da Cosa nostra, con la cocaina prodotta in Colombia.

LA RIVOLUZIONE CORLEONESE E LA CRISI DELLA BORGHESIA MAFIOSA

La nascita del capitalismo commerciale di Cosa nostra interagisce temporalmente con un altro evento di grande portata che si verifica agli inizi degli anni ottanta: il colpo di Stato con il quale i corleonesi conquistano il vertice dell'organizzazione inaugurando una stagione senza precedenti nella storia della mafia.

Si riferisce al metodo oligarchico imposto da Riina che stravolgerà quell'ingegneria interna che Buscetta aveva svelato a Falcone?

Fino ad allora Cosa nostra si articolava come una federazione di famiglie mafiose ciascuna delle quali aveva il proprio territorio e sceglieva i propri quadri di comando: il capofamiglia, il consigliere, i capidecina. In alcune famiglie, come quella di Santa Maria del Gesù, la scelta dei capi avveniva tramite libere elezioni.

Le famiglie mafiose, articolazioni di base dell'organizzazione, erano a loro volta raggruppate in vari mandamenti in ragione della loro contiguità territoriale. Ogni mandamento era retto da un capo che sovrintendeva alla vita di più famiglie. I capimandamento facevano parte della Commissione, l'organo di vertice costituito verso gli anni settanta a imitazione dell'analogo organo già esistente nella mafia americana, che si occupava dei problemi che eccedevano l'ordinaria amministrazione: conflitti tra più famiglie, delimitazioni territoriali, sanzioni per violazioni di regole interne, deliberazioni di omicidi eccellenti eccetera. I membri della Commissione erano equipotenti. Il capo era una sorta di *primus inter pares*.

Ciascuna famiglia, oltre al proprio territorio, aveva un altro «patrimonio»: le relazioni con i politici e le persone che contavano nel mondo dell'economia e dei colletti bianchi. Alcune famiglie avevano una «dote» ricchissima, altre molto scarsa o quasi inesistente. Queste relazioni erano gelosamente amministrate come una sorta di avviamento della famiglia costruito nel tempo grazie alla capacità personale e all'avvedutezza di alcuni capi prestigiosi.

I membri delle altre famiglie che avevano necessità di avvalersi di tali relazioni non potevano contattare direttamente il personaggio influente ma dovevano avanzare la richiesta al proprio capofamiglia che, dopo averla valutata, l'avrebbe poi girata al capo della famiglia competente.

Quali erano le ricadute di questa complessa ingegneria?

Intanto questa articolazione determinava una frammentazione del potere tra le varie famiglie che si rifletteva anche sul piano dei rapporti di forza globali tra struttura popolare-militare e quei settori del sistema mafioso che facevano parte della classe dirigente: politici, imprenditori, finanzieri, professionisti, pubblici amministratori.

Infatti i colletti bianchi si rapportavano non con il potere dell'intera organizzazione ma, di volta in volta, con i componenti di questa o quella famiglia. Dietro il colletto bianco si proiettava l'ombra lunga dell'establishment di cui faceva parte per il suo stato sociale, dietro il mafioso militare l'ombra corta della singola famiglia di cui era membro.

Inoltre il colletto bianco particolarmente addentro a una singola famiglia godeva della protezione di quella famiglia al pari di uno dei suoi membri. Se il componente di un'altra famiglia gli avesse fatto uno sgarbo o avesse provato a intimidirlo, avrebbe creato un incidente diplomatico suscettibile di scatenare un conflitto interno e sarebbe stato passibile di deferimento alla Commissione per violazione delle regole. Esisteva dunque un sistema di pesi e contrappesi, un bilanciamento tra le varie signorie territoriali delle famiglie mafiose che impediva una concentrazione del potere in un unico vertice.

Cosa cambia con l'avvento del regime corleonese?

Il colpo di Stato dei corleonesi mediante lo sterminio di tutti i loro antagonisti interni, a iniziare dal potente Stefano Bontate, ucciso nel marzo del 1981, e proseguito con uno stillicidio di assassinii che negli anni raggiungerà la quota di circa un migliaio, determina una rivoluzione ordinamentale della struttura militare e dei suoi rapporti con la classe dirigente, ivi compresa – come ho più volte precisato – quella sua componente (la borghesia mafiosa) che faceva parte del sistema di potere mafioso.

Riina e i suoi infatti, pur lasciando formalmente inalterato il sistema di regole precedente, trasformano di fatto la «democrazia imperfetta» di Cosa nostra in una dittatura, in una piramide controllata da un unico gruppo di comando che dal vertice dispone di tutte le risorse militari e relazionali delle varie famiglie in maniera ferrea e può decidere senza doversi più misurare con gli equilibri interni dei vari capimandamento o con poteri di veto di capi dissidenti.

In tal modo i corleonesi vengono a disporre di una enorme concentrazione di potere in termini di risorse finanziarie e militari che squilibra il rapporto con i mondi superiori i cui esponenti si trovano ora a confrontarsi non più con singole famiglie mafiose dal potere limitato e controbilanciato da quello di altre famiglie, ma con un enorme monolite, una straordinaria macchina da guerra nelle mani di

Riina e dei suoi. La cultura della mediazione, affinata negli anni da alcuni esponenti di rilievo della mafia urbana delle famiglie palermitane, viene soppiantata dalla rozza cultura della prevaricazione della mafia dei *viddani*.

Si apre così la parentesi corleonese che si protrarrà sino alla stagione delle stragi del 1992-93 ma che, per motivi che esamineremo, si avvierà verso la parabola finale quando nel 1989 con la caduta dell'impero sovietico si determinerà un riassetto dei rapporti di forza a livello planetario che, come un'onda tellurica di enormi proporzioni, produrrà a valle un riassetto dei rapporti di forza nell'intero sistema Italia e, al suo interno, nel sistema di potere mafioso.

Il Principe per la prima volta è in difficoltà?

Indubbiamente. Con la direzione corleonese inizia infatti una stagione di rapporti difficili tra struttura militare e borghesia mafiosa.

Lo stesso Salvo Lima, quando – come vedremo – i corleonesi lanceranno una sfida alla Democrazia cristiana nelle elezioni politiche del 1987, commenterà che si erano bevuti il cervello e che avevano superato i limiti.

Gli uomini politici avevano chiaro tutto quello che stava accadendo?

In molti sì, perché il mutamento dei rapporti di forza verificatosi nel corso degli anni ottanta interseca globalmente i due terreni cruciali dell'economia e della politica.

Quanto al primo terreno, va ricordato che, tranne poche eccezioni, negli anni precedenti gli uomini del popolo di Cosa nostra avevano vissuto un ruolo subalterno rispetto agli esponenti della borghesia mafiosa e della classe dirigente, tenuto conto che solo i primi gestivano i cordoni della spesa pubblica occupando i centri di spesa istituzionale. Nella stagione del sacco edilizio, per esempio, i vari Vassallo – uomo simbolo di mafiosi venuti dal nulla arricchitisi grazie a licenze edilizie rilasciate a migliaia in spregio a ogni regola – non avrebbero potuto concludere granché se i vari Lima e Ciancimino non avessero brutalizzato i piani urbanistici e il regime delle licenze edilizie legalizzando ogni abuso, fino al punto di consentire – unico caso in Italia – la possibilità di costruire fino a ventuno metri cubi per metro quadrato.

Lo stesso dicasi per il settore degli appalti pubblici dove i mafiosi in genere si limitavano a uno sfruttamento parassitario, imponendo il pagamento del pizzo, la concessione di subappalti, l'acquisto dei materiali presso ditte controllate, l'assunzione di manodopera e le guardianie.

IL NUOVO SISTEMA DI SPARTIZIONE DEGLI APPALTI PUBBLICI

Cosa cambia, nel settore dell'economia, con l'avvento dei corleonesi?

Nella parentesi corleonese la novità rispetto al passato, segno del mutare dei tempi e dei rapporti di forza, è che, nel settore degli appalti pubblici, i capi dell'organizzazione decidono di non limitarsi più a taglieggiare a valle le imprese aggiudicatrici ma di entrare direttamente nella cabina di comando nella quale fino ad allora i vertici politici e imprenditoriali regionali e nazionali avevano monopolizzato l'illecita manipolazione dei grandi appalti.

Cosa nostra pretende e ottiene di sedersi con i propri uomini al tavolo delle trattative di vertice; partecipa alle operazioni di pianificazione e a volte arriva anche al punto di imporre a politici e imprenditori le proprie condizioni con la minaccia di morte o lo strumento del ricatto.

Insomma, salgono ai piani alti?

In precedenza, analogamente a quanto avveniva nel resto del Paese, anche in Sicilia i politici operavano in modo da pilotare i finanziamenti per le opere pubbliche secondo gli interessi dei propri imprenditori di riferimento, i quali poi manipolavano le gare in modo da aggiudicarsele sistematicamente e corrispondevano le tangenti dovute. Tale sistema di lottizzazione spartitoria appariva un meccanismo talora imperfetto a causa della competizione tra le varie cordate politico-imprenditoriali e per l'impossibilità di controllare tutte le gare e tutti gli imprenditori; inoltre creava molti scontenti tra gli imprenditori esclusi che potevano divenire pericolosi facendo soffiate alla polizia e alla magistratura.

Come corsero ai ripari?

A metà degli anni ottanta Cosa nostra interviene nel settore mettendo a punto un nuovo meccanismo quasi perfetto concepito da un imprenditore, Angelo Siino, intimo di Salvo Lima, massone e da sempre vicino all'organizzazione, il quale viene investito del compito di coordinare il settore degli appalti divenendo l'interfaccia tra i vari comparti del sistema criminale.

In base al nuovo sistema, i politici continuano a svolgere il ruolo di sempre occupandosi dei finanziamenti, mentre Siino e i suoi uomini pianificano una turnazione nell'aggiudicazione delle gare di appalto che garantisce a quasi tutti gli imprenditori che contano l'aggiudicazione a rotazione degli appalti pubblici.

Tale manipolazione globale delle gare di appalto, possibile grazie alla sommatoria di potere di intimidazione politico, del potere di intimidazione mafioso e della corruzione di quadri pubblici, consente di azzerare la concorrenza tra imprenditori nelle gare di appalto e di predeterminarne l'aggiudicazione tramite offerte concordate con ribassi minimi. Il maggior guadagno conseguito risparmiando sul ribasso d'asta viene destinato a finanziare la percentuale di tangente destinata ai politici, pari al 2 per cento, quella di Cosa nostra, pari a un altro 2 per cento e quella riservata agli organi di controllo, pari allo 0,50 per cento.

Finalmente tutti contenti?

In un certo senso. Tutto fila normalmente liscio. Se qualcuno prova a fare resistenza, Siino fa scendere in campo gli specialisti della violenza oppure, tramite la complicità dei pubblici amministratori, fa sparire la documentazione necessaria dalle buste contenenti le offerte delle imprese renitenti che così vengono escluse dalla gara.

Come si vede, nel sistema criminale integrato descritto, ogni componente svolge la propria parte in autonomia facendo i propri interessi.

Il politico non fa parte di Cosa nostra né in genere è interessato a favorire l'organizzazione. Egli svolge la propria attività illegale nel proprio interesse personale e/o del proprio gruppo politico, consapevole che nella nuova stagione corleonese occorre prendere atto che la struttura militare di Cosa nostra non si accontenta più di uno sfruttamento parassitario delle imprese, ma è divenuta uno degli interlocutori necessari del sistema di Tangentopoli.

Gli imprenditori si inseriscono nel sistema di turnazione o per via politica, o per via mafiosa; gli uni e gli altri comunque pienamente compartecipi alla metodologia illegale che si realizza non presentando offerte per le gare già predestinate, o presentando offerte di appoggio, o ritirandosi dalla gara al momento giusto.

I professionisti che confezionano nei loro studi i bandi di gara «fotografia» che saranno poi recepiti e fatti propri dai pubblici amministratori legati ai politici, i pubblici funzionari che fanno lievitare i prezzi delle opere pubbliche attestando falsamente l'esigenza di varianti in corso d'opera e di variazioni dei prezzi, giocano ciascuno per sé, anche se taluno è legato ai politici, altri ai mafiosi, altri ancora agli uni e agli altri, ma sanno di fare la propria parte in un gioco illegale globale che coinvolge interi comparti del sistema sociale.

Quante erano, mediamente, le persone coinvolte a vario titolo?

Occupandomi delle indagini in questo settore, mi sono reso conto che il meccanismo illegale coinvolgeva per ciascuna gara manipolata circa cinquanta persone in media tra politici, imprenditori, mafiosi, professionisti, pubblici amministratori, funzionari, soggetti inseriti negli enti di controllo. Moltiplicando questo dato numerico per centinaia e migliaia di gare d'appalto, si ha la proiezione macrosistemica del fenomeno.

Questo modello di interazione criminale tra mondi differenti, oltre che in Sicilia prende piede in quegli anni anche in Campania e in Calabria, sotto la spinta di fattori differenti che analizzeremo più avanti.

In Sicilia, tuttavia, il nuovo corso è caratterizzato in quegli anni da una posizione di predominanza della componente militare.

Possiamo vedere da vicino qualche caso specifico?

Secondo quanto ha riferito il collaboratore Angelo Siino, in occasione della gara per l'appalto della superstrada per Corleone, Salvo Lima e Siino avevano stabilito che doveva essere aggiudicato alle cooperative rosse sulla base di preesistenti accordi politici.

Quando ormai mancavano poche settimane alla gara, Riina fece sapere a Siino che invece l'appalto doveva essere aggiudicato alle aziende amiche Ferruzzi di Ravenna e Costanzo di Catania.

A nulla valsero le obiezioni di Lima e di Siino che ormai era troppo tardi, che erano stati assunti precisi impegni con le cooperative rosse il cui mancato mantenimento poteva determinare reazioni incontrollabili sul piano politico.

Un altro esempio si desume da quanto ha riferito Giovanni Brusca a proposito delle minacce di morte che aveva fatto giungere al presidente della Regione siciliana, Rino Nicolosi, il quale non si era ancora reso conto del mutamento dei tempi e si mostrava, secondo Brusca, insofferente alle richieste della mafia militare di cogestire la spartizione degli appalti.

LE ELEZIONI POLITICHE DEL 1987 E LA «LEZIONE» ALLA DEMOCRAZIA CRISTIANA

Il secondo indice rivelatore del mutamento dei rapporti di forza tra mafia militare e mondi superiori emerge dalla decisione dei vertici di Cosa nostra, in occasione delle elezioni politiche nazionali del 1987, di dare una «lezione» alla Dc, da sempre partito di riferimento dell'organizzazione e della cui politica i vertici erano insoddisfatti.

La vicenda è stata puntualmente ricostruita nell'ambito del processo a carico di Andreotti.

Durante la celebrazione del maxiprocesso, vengono poste in essere varie strategie per rallentare i tempi di celebrazione del dibattimento in modo da far decorrere i termini massimi di carcerazione preventiva degli imputati detenuti. L'obiettivo era di far celebrare il processo a gabbie vuote. I mafiosi sarebbero così tornati a spadroneggiare sul territorio, dando una manifestazione della loro potenza, e avrebbero avuto la possibilità di darsi alla fuga al momento opportuno, conducendo latitanze dorate.

Questa strategia raggiunge il suo apice quando i legali chiedono che venga data lettura integrale di tutti gli atti del processo. Si tratta di una mossa a sorpresa in quanto, per una prassi consolidata da decenni, nei processi gli atti si davano per letti. Ci si limitava a indicare l'elenco di quelli che sarebbero stati utilizzati per la decisione di modo che i difensori potessero concentrare su questi la loro attenzione, procurandosi delle fotocopie.

Invece?

Invece l'integrale lettura orale di milioni di pagine, comprese quelle assolutamente inutili come, per esempio, i verbali di perquisizione negativa, pretesa per la prima volta in quel caso facendo appello alla lettera della norma processuale allora vigente, avrebbe enormemente dilatato i tempi processuali impedendo la definizione del processo prima che decorressero i termini di custodia cautelare degli imputati i quali dunque sarebbero stati rimessi in libertà.

Viene così a crearsi una situazione di emergenza, ma il tentativo fallisce grazie all'emanazione tempestiva della legge 17 febbraio 1987 n. 29, denominata Mancino-Violante dai cognomi dei suoi proponenti, che consente di evitare la lettura integrale degli atti stabilendo che è sufficiente la loro semplice elencazione.

La circostanza che la legge venga emanata anche con l'apporto determinante della Democrazia cristiana viene vissuta da Riina e dai suoi come un inequivocabile segnale del disimpegno, o del non sufficiente impegno, di quei politici di vertice del partito di maggioranza che da anni costituivano i principali referenti dell'organizzazione.

Quale fu la contromossa mafiosa?

I corleonesi decidono di dare una «lezione» alla Dc – per usare l'espressione di Riina riferita da vari collaboratori – ordinando di dirottare il consenso elettorale pilotato dall'organizzazione verso il Psi e il Partito radicale che in quel periodo si erano fatti portatori di una linea politica fortemente critica nei confronti della magistratura, sfociata nella campagna per la promozione di un referendum sulla responsabilità civile dei magistrati.

Si assiste così nelle strade e nei quartieri a più alta densità mafiosa a delle scene veramente senza precedenti nella storia della mafia del dopoguerra. I mafiosi strappano dai muri i manifesti elettorali della Dc, nelle botteghe e nei negozi rovesciano per terra i volantini elettorali di quel partito sostituendoli con quelli del Psi e del Partito radicale. A vari mafiosi colletti bianchi increduli viene imposto di non votare come in passato per i candidati democristiani.

L'ordine dei vertici mafiosi, diramato in tutta l'isola, in parte viene disatteso nel segreto dell'urna, ma in buona misura consegue il risultato voluto. Nei quartieri popolari la Dc registra un vistoso calo di consensi che si riversano soprattutto sul Psi e sui radicali. Il partito del garofano a Palermo passa dal 9,8 per cento al 16,4 per cento. I radicali, che sino ad allora in città quasi non esistevano, raccolgono il 2,3 per cento dei voti.

L'ORLANDISMO E IL TENTATIVO DI RISCOSSA DELLA CLASSE DIRIGENTE

In quegli anni si registra anche il fenomeno Orlando.

Ci stavo arrivando. Il diverso modo di atteggiarsi dei corleonesi nei confronti della borghesia mafiosa e, più in generale, della classe dirigente determina una serie di controreazioni sul piano politico e sociale di natura diversa, ma tutte attraversate da un unico comune denominatore: l'insofferenza dei ceti superiori nelle loro varie articolazioni alle pretese egemoniche della mafia militare.

Un conto era avere a che fare con personaggi come Bontate e Badalamenti, che sapevano stare al proprio posto, che agivano nell'ombra rispettosi delle gerarchie sociali esistenti e si facevano garanti di una gestione del disordine (omicidi e intimidazioni) funzionale al mantenimento dell'ordine reale fondato sui privilegi di pochi e sulla sopraffazione dei deboli. Altro affare era invece dovere subire soggetti come i corleonesi che non solo con la loro ferocia omicida avevano trasformato Palermo in un Far West, facendo accendere i riflettori dei media nazionali sulla Sicilia, ma che, inoltre, sembravano non accettare la propria posizione di minorità sociale e ambivano addirittura a imporre le loro condizioni, insensibili alle ragioni di carattere politico generale che potevano a volte rendere impraticabile da parte dei referenti politici dell'organizzazione opporsi apertamente all'emanazione di leggi antimafia come per esempio appunto la legge Mancino-Violante.

Come si manifesta l'insofferenza delle varie componenti della classe dirigente?

In vari modi. Da una parte nei segreti mugugni di alcuni uomini della borghesia mafiosa, dall'altra nell'emergere all'interno della parte più evoluta e non compromessa della classe dirigente di una volontà politica di risposta globale alla mafia.

Il primo segnale di tale nuova volontà politica si manifesta con l'appoggio incondizionato dato dal ministro della Giustizia Martinazzoli e da quello degli Interni Oscar Luigi Scalfaro, democristiano anomalo fuori dai giochi correntizi, al pool di Palermo nella gestione del maxiprocesso. Grazie all'impulso di Scalfaro viene costruita nell'arco di pochi mesi con procedura di urgenza l'aula bunker dell'Ucciardone che consente la celebrazione del processo *monstre* a carico di 459 imputati.

Il secondo segnale è, a mio parere, la nascita del fenomeno dell'orlandismo. E vengo alla sua domanda.

Leoluca Orlando era stato uno dei politici più vicini a Piersanti Mattarella e aveva vissuto da vicino la sua progressiva emarginazione e il suo calvario verso una morte annunciata. Qualche anno dopo l'omicidio, egli crea una frattura all'interno della classe dirigente denunciando pubblicamente l'omertà culturale e politica che aveva sino ad allora celato come quello della mafia fosse un affare di famiglia interno alla stessa classe dirigente che poteva trovare soluzione politica solo rompendo un unanimismo di facciata dietro il quale si celavano insieme alle vittime anche i carnefici e i loro protettori. La sua denuncia pubblica che la mafia era dentro le istituzioni e il suo indice puntato contro Lima e Andreotti come i massimi referenti politici e protettori della mafia crea uno scandalo politico che non ha precedenti, sparigliando i giochi politici e aprendo la stagione della primavera palermitana.

Ma uomini come Scalfaro e Orlando possono aprire una breccia anche perché accanto a loro cominciano ad affiancarsi alcuni potenti alleati: gli Stati Uniti e alcuni Paesi dell'Unione Europea.

LA CADUTA DEL MURO DI BERLINO E L'INIZIO DELLA FINE DELLA PARENTESI CORLEONESE

Perché gli Stati Uniti invertono la tendenza?

Per comprendere la discesa in campo degli Stati Uniti occorre tenere presente che già in quegli anni si annunciava un mutamento geopolitico di portata planetaria che avrebbe modificato tutti gli equilibri internazionali, determinando una serie di effetti a catena che sconvolgono anche gli equilibri interni al sistema italiano e a quello mafioso. Mi riferisco alla caduta del muro di Berlino e al crollo del blocco sovietico.

Cosa comportarono questi due nuovi fattori?

Un primo effetto della caduta del muro è l'apertura degli immensi territori dei Paesi dell'Est all'economia del libero mercato sia legale sia illegale, e la conseguente tumultuosa crescita, nell'arco di pochi anni, della mafia russa e di altre mafie eurasiatiche. Mafie che nel crollo delle vecchie strutture statali conquistano le leve di comando in alcuni centri nevralgici, presentandosi nel mercato illegale della droga come nuovi competitori globali che occupano progressivamente tutti gli spazi in precedenza occupati dalla mafia occidentale, riducendo e poi annullando la posizione monopolistica che era stata conquistata dalla mafia siculo-americana.

Il secondo effetto è quello di una riformulazione delle gerarchie di priorità nell'agenda politica degli Stati Uniti e delle potenze occidentali.

Sostituite da quali priorità?

Al primo posto della gerarchia delle priorità dell'amministrazione americana durante gli anni della Guerra fredda vi era stata la minaccia totale del prevalere del comunismo, un pericolo che aveva assorbito quasi tutte le energie e le risorse statunitensi sullo scacchiere mondiale.

La fine del pericolo rosso determina una riformulazione degli obiettivi che pone al primo posto la lotta alla droga. Vengono meno infatti le ragioni di realpolitik che avevano imposto, in precedenza, di pagare a volte il prezzo di una larga tolleranza nei confronti della criminalità mafiosa nei territori di origine per la sua funzione di diga contro il dilagare del pericolo comunista.

L'inarrestabile diffusione di massa degli stupefacenti (soprattutto cocaina) nella middle class viene ormai ritenuta un pericolo che rischia di tarlare le fondamenta stesse della classe dirigente americana.

Esistono documenti processuali in tal senso?

In occasione della deposizione testimoniale resa nel dibattimento del processo a carico del senatore Andreotti, l'onorevole Mino Martinazzoli ha dichiarato che nel corso di incontri da lui avuti in qualità di ministro della Giustizia con esponenti qualificati del governo americano, costoro gli avevano anticipato che in previsione del crollo del regime sovietico, che si riteneva sarebbe avvenuto nell'arco di pochi anni, il governo americano aveva posto tra le priorità assolute la lotta al traffico della droga e alla criminalità mafiosa.

Per dimostrare tale volontà politica gli era stato quindi proposto che l'ambasciatore americano in Italia fosse presente alla prima udienza del maxiprocesso, proposta questa che il ministro Martinazzoli aveva declinato ritenendo che in tal modo si rischiava di caricare il processo di una eccessiva valenza politica simbolica.

Deponendo come teste nello stesso dibattimento, l'ex ministro della Giustizia Claudio Martelli ha dichiarato che il governo americano sollecitò ripetutamente quello italiano ad approvare una legge per incentivare il fenomeno dei collaboratori di giustizia, che nell'esperienza americana si era rivelato determinante per il contrasto alla criminalità organizzata.

Lo stesso ministro ha ricordato che dopo la caduta del muro di Berlino il cancelliere tedesco Kohl subordinò pubblicamente l'ingresso dell'Italia nell'Unione europea al varo di una rigorosa normativa antimafia, per scongiurare il pericolo che a seguito dell'abbattimento delle barriere interstatali i capitali mafiosi invadessero gli altri Stati europei.

Analoghe pressioni vennero formulate da alcuni vertici politici francesi.

E cambia tutto.

Al punto che la stessa grande industria, sino ad allora silente nei confronti del problema della criminalità mafiosa, prende posizione.

Nel corso di un'audizione dinanzi a una commissione parlamentare, Cesare Romiti, amministratore delegato della Fiat, denuncia che sino a quando nel Meridione d'Italia la criminalità mafiosa avrà il sopravvento non sarà realistico varare un programma di sviluppo industriale in questa parte del Paese perché la presenza mafiosa costituisce una fortissima disincentivazione per investimenti del grande capitale.

Ricapitolando, quindi, la fine della Guerra fredda e del bipolarismo internazionale lasciano molti grandi orfani: soggetti che sull'equilibrio instabile tra i due grandi blocchi avevano costruito forti posizioni di rendita.

Tra questi grandi orfani c'è anche Cosa nostra. Il crollo del muro di Berlino trascina nelle sue macerie la posizione di rendita dell'organizzazione mafiosa. È questo il suo pensiero?

Per la mafia le tre ricadute principali di quel crollo sono:

– La fine del monopolio nel traffico di stupefacenti e della stagione del capitalismo commerciale di cui abbiamo già detto;

– La fine della tolleranza o della disattenzione internazionale;

– L'inizio della fine della parentesi corleonese.

Dal 1989 in poi i principali boss delle famiglie americane cadono sotto il maglio dello straordinario impegno dell'amministrazione statunitense.

Dopo la condanna dei vertici delle famiglie Gambino di New York e dei Caruana e Cuntrera in Canada, la condanna di John Gotti, l'ultimo grande padrino plenipotenziario, sembra segnare l'ingresso della mafia siculo-americana in un cono d'ombra. In Italia le fortissime pressioni internazionali e la crescente indignazione popolare per l'escalation di una violenza mafiosa sempre più arrogante, determinano l'emanazione tra il 1989 e il 1992 di una incisiva normativa antimafia.

IL 1992, LA SENTENZA SUL MAXIPROCESSO DELLA CASSAZIONE E LA RIVOLTA DELLA COMPONENTE POPOLARE DI COSA NOSTRA

All'interno di questo mutato quadro internazionale, cosa accade in Italia sul versante mafioso?

Il rapporto tra determinati settori della classe dirigente e la struttura mafiosa entra in uno stato di fibrillazione che raggiunge l'apice quando nel gennaio del 1992 la Corte di Cassazione conferma l'impianto accusatorio e le condanne del maxiprocesso.

Questa sentenza rappresentò uno spartiacque storico. Perché?

Cercherò di rispondere. La collaborazione di Tommaso Buscetta nel 1984 aveva svelato l'organizzazione interna della mafia militare e aveva consentito di ricondurre la responsabilità di molti omicidi ai componenti dell'organo di vertice – la Commissione – che deliberava sugli affari di interesse generale quali l'esecuzione di omicidi eccellenti, quelli dei collaboratori e dei loro parenti, quelli di altri uomini d'onore che avevano violato le regole.

Il teorema Buscetta – come fu definito impropriamente, perché non di teorema si trattava, ma di una fotografia della realtà – costituiva il vero cuore della sfida del maxiprocesso. Perché per la prima volta incastrava i generali di Cosa nostra i quali fino ad allora erano sempre rimasti immuni dal rischio di ergastoli, che ricadeva solo sugli esecutori materiali. Non era mai stato possibile infatti ipotizzare e dimostrare che i killer avevano agito su mandato di un unico organo deliberante centrale.

Dietro le quinte del maxiprocesso, la segreta interlocuzione con i referenti politici non riguarda in realtà la sorte dei killer, abbandonati al loro destino, né quella degli altri uomini d'onore incriminati per associazione mafiosa e per reati minori, ma solo l'affossamento del cosiddetto teorema Buscetta cui è legato il destino dei capi, il cui unico obiettivo è salvare se stessi.

Così come accade spesso nelle guerre, la truppa è carne da cannone, i soldati sono massa fungibile, i generali non rischiano mai in prima persona e quando le cose volgono al peggio sono i primi a lasciare il campo di battaglia e a firmare armistizi per mettersi al sicuro. L'armistizio era: si salvino i quadri dirigenti e si sacrifichino i quadri inferiori.

Ricordiamo come andò a finire.

Alcuni esponenti della base di Cosa nostra, resisi conto che i capi erano in realtà interessati solo alla propria impunità, organizzano un colpo di Stato contro il vertice corleonese per imporre una nuova dirigenza più sensibile ai destini e agli interessi dei soldati. È il colpo di Stato organizzato da Vincenzo Puccio, prestigioso capomandamento, detenuto all'interno del carcere dell'Ucciardone. Il piano prevedeva la fuga dal carcere e il successivo omicidio di Riina e dei suoi.

Il piano dei congiurati viene scoperto grazie ad alcune spie interne e tutti vengono ferocemente assassinati dentro e fuori dal carcere: tra loro Vincenzo Puccio cui viene fracassata la testa in cella a colpi di bistecchiera, il fratello Pietro Puccio assassinato contemporaneamente fuori dal carcere con trentatré coltellate, Agostino Marino Mannoia, killer e fratello di Francesco. Sarà proprio quest'ultimo che, divenuto collaboratore di giustizia per salvarsi la vita, racconterà questa vicenda consentendo agli investigatori di comprendere così l'unico comune denominatore che collegava gli omicidi di tanti uomini d'onore uccisi in quel periodo.

Poco dopo inizierà a collaborare anche Giuseppe Marchese, il quale aveva ucciso Vincenzo Puccio, detenuto nella sua stessa cella, per ordine ricevuto dal vertice corleonese. Marchese si era reso conto che in fondo Puccio aveva ragione e che anche lui era diventato carne da macello, condannato all'ergastolo per quell'omicidio mentre i capi che glielo avevano ordinato erano rimasti indenni da responsabilità e al sicuro.

Questa vicenda poco nota dimostra le difficoltà di Riina nel gestire la partita del maxiprocesso, coniugando interessi dei quadri dirigenti dell'organizzazione, interessi dei quadri militari e interessi superiori dei referenti politici.

Da questi ultimi durante tutti i gradi del processo, Riina – come hanno concordemente riferito tutti i collaboratori – riceve il messaggio che occorre pazientare, che i mutati equilibri politici non consentono di prendere di petto in sede politica il maxiprocesso e impediscono una opposizione aperta e incisiva contro le nuove leggi antimafia che vengono approvate e che impediscono che il processo si svolga a gabbie aperte con la scarcerazione degli imputati detenuti.

Il messaggio è che occorre stringere i denti, che la partita non si gioca sulla scena politica ma nella camera di consiglio della Cassazione dove, stando a quanto promettevano i messaggeri, il collegio presieduto da Corrado Carnevale alla fine avrebbe annullato la sentenza del maxiprocesso, delegittimando Falcone e ripagando Cosa nostra delle «sofferenze» patite per anni.

Su questo difficile terreno Riina dunque si era giocato tutta la propria credibilità, già messa a repentaglio dalla rivolta dei Puccio fortunosamente soffocata nel sangue.

Invece, contrariamente alle promesse e alle aspettative, nel gennaio del 1992 la Cassazione conferma le condanne e il cosiddetto teorema Buscetta. Cosa era accaduto che aveva sconvolto i piani?

Mi limito a elencare alcuni fatti processualmente accertati. In quel periodo il presidente Carnevale si trova al centro di un vertiginoso crescendo di polemiche, sia sul piano politico sia mediatico, a causa dei ripetuti annullamenti di sentenze di condanna all'ergastolo di mafiosi. Sulle sentenze emesse dalla sezione da lui presieduta viene attivato dal ministro di Grazia e Giustizia Martelli un monitoraggio seguito con molta attenzione da Falcone, divenuto direttore generale di quel ministero.

Carnevale alla fine rinuncia a presiedere il collegio del maxiprocesso. In propria vece designa un anziano presidente, il dottor Vincenzo Molinari, a lui molto legato e che ne aveva condiviso la giurisprudenza. Molinari maturava l'età della pensione alla data del 5 gennaio 1992, per cui se per qualsiasi intoppo procedurale l'udienza finale fosse stata rinviata anche solo di qualche giorno, sarebbe stata compromessa la possibilità di definire il processo in tempo utile per evitare la scarcerazione dei detenuti. Il primo presidente della Corte di Cassazione, Antonio Brancaccio, è quindi costretto a intervenire per sostituire Molinari con un altro presidente, Arnaldo Valenti.

Come risulta dalle intercettazioni ambientali nell'abitazione di Carnevale e dalle testimonianze rese da vari magistrati della Cassazione nel dibattimento per il processo Andreotti, alcuni dei consiglieri del collegio del maxiprocesso lamentarono che Valenti aveva subito manifestato una linea colpevolista; linea che sposava l'impianto accusatorio e rinnegava la linea giurisprudenziale di Carnevale.

Quindi?

Carnevale e i magistrati a lui vicini commentarono negativamente il comportamento tenuto in camera di consiglio dai loro colleghi che non avevano fatto resistenza e avevano così rinnegato la linea sino ad allora da essi condivisa. Carnevale colloquiando con il collega Dell'Anno commentò che l'esito del maxiprocesso in Cassazione era stato «un male per la giustizia».

Queste le sue parole testuali intercettate in una conversazione del 19 marzo 1994:

> Beh è stato meglio per me ma è stato un male per la giustizia perché guarda, io tu sai [...] voi sapete come la penso d'altra parte la pensiamo tutti alla stessa maniera.

I collaboratori di giustizia hanno tutti concordemente dichiarato che Riina e gli altri vertici erano al corrente di tutti i passaggi interni alla vicenda processuale e che solo quando il presidente Brancaccio aveva sostituito Molinari con Valenti con una mossa a sorpresa, avevano maturato la certezza che la partita era ormai perduta.

Questi i fatti.

Ma Carnevale risulterà assolto.

Quanto all'accertamento delle responsabilità penali non possiamo che prendere atto che non si è conseguita la prova che Andreotti si sia adoperato affinché il presidente Carnevale annullasse la sentenza del maxiprocesso. Anzi la Corte di Cassazione nel confermare la sentenza della Corte di Appello ha escluso che egli abbia mantenuto rapporti con Cosa nostra dopo il 1980. Carnevale è stato inoltre assolto dall'accusa di concorso esterno in associazione mafiosa. È tuttavia processualmente accertato che Salvo Lima e Ignazio Salvo furono assassinati nel marzo e nel settembre del 1992 proprio a causa della sentenza della Cassazione. Come hanno concordemente dichiarato tutti i collaboratori – alcuni dei quali parteciparono alla decisione degli omicidi e altri alla loro esecuzione – essi furono «puniti» per avere tradito le promesse fatte. Non resta dunque che fare delle ipotesi.

Lima e Salvo avevano bluffato? Avevano garantito di avere parlato in alto e in realtà non lo avevano fatto?

Possiamo aggiungere un'altra ipotesi: qualcuno in alto aveva la matematica certezza che Carnevale avrebbe comunque e autonomamente annullato la sentenza in coerenza con la sua precedente giurisprudenza?

Tutto sommato, non ritengo che tali risposte siano determinanti. Quel che è certo è che l'annullamento della sentenza del maxiprocesso avrebbe sancito il trionfo di Cosa nostra, quello personale di Riina che per anni si era assunto la responsabilità di contenere il malcontento delle centinaia di uomini d'onore coinvolti nel processo, scommettendo tutto sulla promessa di una soluzione finale per via giudiziaria, e avrebbe sancito la delegittimazione irreparabile del pool antimafia di Palermo.

Ciò posto, sulla base delle premesse di fatto sopra enunciate, mi pare si possa ragionevolmente presumere che senza l'intervento del presidente Brancaccio vi erano elevatissime probabilità che la sentenza del maxiprocesso venisse annullata.

Il suo intervento deviò in extremis verso uno sbocco diverso da quello che sembrava il naturale corso delle cose.

Come la presero i diretti interessati?

Riina e i suoi vivono la sentenza come un tradimento, o comunque un disimpegno, da parte di coloro che per anni avevano assicurato che occorreva pazientare e che alla fine tutto sarebbe stato aggiustato in Cassazione. I vertici dell'organizzazione si rendono conto che i tempi sono cambiati: il commento dei capi, come hanno riferito i collaboratori, è: «Ci hanno voltato le spalle». La situazione precipita nella tragedia.

GLI ANNI DEL TERRORE DELLA BORGHESIA MAFIOSA. L'OMICIDIO DEL «VICERÉ» E LA PUNIZIONE DEI «TRADITORI»

E il primo a cadere è proprio il «viceré».

Il cadavere crivellato di colpi riverso sul marciapiede dell'onorevole Salvo Lima il 12 marzo 1992 può essere letto come l'omicidio simbolico di Andreotti ed è un'icona storica che si ricollega idealmente a un'altra icona: il cadavere dell'onorevole Piersanti Mattarella, presidente della Regione siciliana e astro nazionale della Dc, assassinato sotto casa da killer mafiosi il 6 gennaio 1980.

Il dodicennio compreso tra questi due omicidi racchiude e sintetizza, a mio parere, il fallimento storico di un'intera classe dirigente.

Tenuto conto della differenza tra i due esponenti politici, può chiarire in che senso?

Mattarella e Lima sono due facce opposte della stessa classe dirigente. Il primo, esponente di una borghesia illuminata che tenta di emanciparsi dal ricatto e dall'allora incipiente egemonia della componente mafiosa popolare, viene lasciato solo prima e dopo la sua morte annunciata.

Il secondo, Lima, uomo simbolo di una borghesia mafiosa che si era illusa di aver campo libero dopo la sconfitta di uomini come Mattarella e di poter controllare l'organizzazione mafiosa moderandone gli eccessi, viene fagocitato dalla stessa creatura che aveva contribuito a far crescere.

Con loro viene sconfitta tutta la classe dirigente siciliana, una delle architravi di quella nazionale.

Ma Lima non fu l'unico «traditore».

Dopo Lima, la lista dei «traditori», di quelli che avevano voltato le spalle e che dovevano pagare con la vita, era molto lunga, come hanno riferito i collaboratori di giustizia. Nel settembre 1992, come già accennato, viene consumato un altro delitto eccellente. Sotto il piombo mafioso cade un altro potente: Ignazio Salvo, uno di coloro che si era fatto latore dei messaggi di rassicurazione che venivano dall'alto sull'esito finale del maxiprocesso. Quell'Italia che si era illusa di poter controllare a proprio piacimento gli specialisti della violenza, di poterli usare per poi liberarsene al momento opportuno, precipita nel terrore. A Palermo e a Roma molti vivono nell'angoscia. Chi sarà il prossimo? Sono gli anni nei quali nessuno appare più in grado di controllare alcunché in Sicilia e nell'intero Paese. La classe politica è falcidiata da Tangentopoli; la prima Repubblica, figlia del bipolarismo internazionale, è nella fase terminale, mentre l'Italia rischia una deriva argentina per una crisi economica galoppante con un rapporto tra debito pubblico e prodotto interno lordo salito al 118 per cento e il crollo del valore della lira che la fa uscire dal sistema monetario europeo.

La mafia militare tenta di ricontrattare la propria impunità con una prova di forza che ha appunto inizio con gli omicidi di Lima, di Ignazio Salvo e la programmazione di altri omicidi eccellenti. La prova di forza sembra cogliere nel segno.

LA TRATTATIVA E LA STRATEGIA STRAGISTA

Che cosa lo fa pensare?

È stato processualmente accertato, con sentenze definitive, che i vertici di Cosa nostra vengono variamente contattati per intavolare una trattativa. Uno dei mediatori della trattativa è Vito Ciancimino che interloquisce con alcuni ufficiali del Reparto operativo speciale dei carabinieri. Viene fornito un elenco delle richieste di Cosa nostra – il cosiddetto «papello», come è stato denominato da alcuni collaboratori – che chiede impunità per i vertici e la revoca di alcune leggi antimafia.

Coloro che condussero la trattativa accreditandosi come emissari dello Stato hanno sempre dichiarato di avere agito autonomamente senza incarico dall'alto e di avere in realtà simulato di potere addivenire a un accordo solo per individuare e arrestare tramite tale stratagemma i capi di Cosa nostra.

Di fatto Riina e gli altri credettero di avere come interlocutore lo Stato e, secondo alcuni collaboratori, decisero di alzare ancora il livello dello scontro per piegare i loro interlocutori alle proprie richieste. C'è da chiedersi come sia stato possibile assumere l'iniziativa di una contrattazione con Cosa nostra in quella fase delicatissima, senza una preventiva assunzione di responsabilità dei massimi vertici statali che si facessero carico in una visione di insieme di tutti i pericoli derivanti da una operazione così rischiosa. Pericoli che così possiamo riassumere: dare un segnale di cedimento e di possibile resa dello Stato; alimentare un'aspettativa la cui delusione poteva dare adito a reazioni incontrollate come l'esecuzione di nuove stragi e delitti; indurre l'interlocutore ad alzare il livello dello scontro per ottenere quanto richiesto.

Che esito ha la trattativa?

La trattativa si apre troppo tardi. Rallenta ma non blocca una complessa strategia terroristica eversiva già avviata che si proponeva di destabilizzare il quadro politico esistente, dando vita a un nuovo assetto politico-istituzionale del Paese.

Il primo a spiegare tale strategia è stato il collaboratore di giustizia Leonardo Messina, il quale dopo avere reso dettagliate dichiarazioni alla magistratura, ne ha esposto le linee generali alla Commissione parlamentare antimafia nella seduta pubblica del 4 dicembre 1992.

Successivamente molti altri collaboratori appartenenti a Cosa nostra, alla 'ndrangheta, alla camorra, alla Sacra corona unita e al mondo dei colletti bianchi hanno arricchito il quadro fornendo ulteriori informazioni. L'esito delle indagini è confluito in parte nei dibattimenti penali per le stragi e in parte in alcuni provvedimenti di archiviazione il cui contenuto nel tempo è divenuto di pubblico dominio.

Secondo le risultanze acquisite, la regia di tale strategia, che doveva attuarsi tramite una escalation di stragi e di sapienti mosse politiche, era stata messa a punto dall'ala più oltranzista del Principe: settori della massoneria deviata, esponenti della destra eversiva, segmenti dei servizi, circoli imprenditoriali e finanziari. In tale progetto alla mafia era riservato il ruolo di braccio operativo. Dopo mesi di riunioni al vertice, svoltesi tra la fine del 1991 e gli inizi del 1992, Riina e i suoi, avuta la certezza che i vecchi referenti politici erano divenuti inidonei a garantire le protezioni e le impunità del passato, avevano deciso di varcare il Rubicone e di gettarsi nell'avventura.

Di cosa aveva paura l'ala più oltranzista del Principe?

Possiamo fare delle ipotesi. Oggi, alla luce dei fatti accaduti, i timori di allora appaiono incomprensibili. Ma nel 1992 mentre la prima Repubblica si stava disfacendo, alcuni orfani del bipolarismo internazionale che avevano costruito il proprio potere e le proprie ricchezze sull'equilibrio armato tra blocco occidentale e blocco sovietico temevano una svolta epocale e cioè l'avvento della sinistra al potere.

In quegli anni tale eventualità sembrava alle porte. Per tanti ciò significava il pericolo di una storica resa dei conti. Molti temevano la fine dei lucrosi affari condotti all'ombra e con la complicità del potere, altri probabilmente nutrivano timori ancora più forti.

Cioè?

L'apertura della stanza di Barbablù della prima Repubblica e la fuoriuscita di tutti gli scheletri dagli armadi. Il che avrebbe significato la rovina e l'ergastolo per tanti che erano stati coinvolti a vario titolo in stragi, omicidi e affari sporchi di ogni genere. Nel suo sapiente pragmatismo, il vertice della struttura militare della mafia gioca la sua partita contemporaneamente su due terreni. Pronta a far rientrare l'organizzazione nei ranghi dell'ordine esistente, qualora il vecchio quadro politico avesse garantito tramite la «trattativa» l'impunità per i suoi vertici, ma altrettanto pronta, se ciò non fosse stato praticabile, a rovesciare quell'ordine dando il proprio strategico contributo militare per l'instaurazione di un nuovo ordine progettato dall'ala dura del Principe.

In cosa consistevano la strategia e il nuovo ordine?

Il progetto si può telegraficamente riassumere nei seguenti punti:

1) Destabilizzare politicamente il Paese mediante una escalation progressiva di stragi da attuarsi nel corso del 1993 e da attribuire a fantomatici gruppi eversivi tra cui la Falange armata, sigla con la quale vennero infatti rivendicate alcune azioni criminose. Il terrore conseguente a quelle stragi anonime avrebbe generato panico nella pubblica opinione, accelerando il crollo del vecchio quadro politico, già prossimo al collasso a causa dei mutati equilibri internazionali sui quali si reggeva e di Tangentopoli.

2) Disarticolare alcuni punti di resistenza istituzionale, come il ministero della Giustizia, retto da Claudio Martelli di cui si pianifica l'omicidio e la presidenza della Repub-

blica, allora retta da uno straordinario Oscar Luigi Scalfaro, che doveva essere travolto coinvolgendolo nello scandalo dei fondi neri dei servizi segreti.

3) Azzerare alcuni vertici politici del vecchio sistema che, messi al corrente del piano e invitati a partecipare, si erano tirati indietro.

4) Creare un nuovo soggetto politico finalizzato a dare vita a un quadro nazionale di alleanze per realizzare una riforma federale dello Stato. Tale nuovo soggetto doveva essere una Lega meridionale, costruita sul modello della Lega Nord già esistente, nella quale fare confluire gran parte del consenso elettorale in libera uscita dai contenitori politici tradizionali ormai in disfacimento della prima Repubblica. La Lega meridionale si sarebbe presentata alle elezioni conseguendo un significativo numero di parlamentari che si sarebbe sommato a quello già elevato della Lega Nord, allora in piena ascesa. L'alleanza tattica tra le due leghe avrebbe dato vita a una forza politica in grado di fare da ago della bilancia dei futuri equilibri e di imporre una riforma federale dello Stato.

Tale riforma si proponeva di disarticolare il Paese in tre macroregioni, simili a Stati autonomi, con un proprio presidente, una propria polizia, una propria magistratura, un proprio sistema tributario. La macroregione del Nord si sarebbe liberata della zavorra di un Meridione incapace di reggere le sfide dell'economia globale e si sarebbe agganciata al carro dell'Europa. Il Meridione sarebbe stato abbandonato alle mafie e a una economia alternativa. Quella criminale e quella tipica dei porti franchi: defiscalizzazione, case da gioco e paradiso offshore per tutti i capitali del mondo. La Sicilia, in particolare, si candidava a essere una sorta di Singapore del Mediterraneo.

In questo quadro, Cosa nostra avrebbe conseguito non

solo l'impunità per il passato, ma anche il controllo politico-economico della Sicilia, ottenendo così dai registi del piano politico-eversivo ciò che non era riuscita più a ottenere dai referenti del vecchio ordine politico i quali «avevano voltato le spalle» o perché caduti in disgrazia o per opportunismo.

Il progetto nella sua globalità era noto solo a pochi. Alcuni conoscevano solo la parte politica e non quella eversiva-stragista, altri viceversa conoscevano solo quest'ultima e non quella politica.

Così alcuni di coloro che si mobilitavano sul piano delle iniziative politiche non erano consapevoli che tali iniziative erano strumentali a un complesso piano criminale. Mi riferisco, per esempio, a tanti che si attivarono per la costituzione di movimenti leghisti al Sud.

Allo stesso modo, molti di coloro che furono coinvolti nella preparazione e nell'esecuzione delle stragi erano tenuti all'oscuro della loro finalizzazione politico-eversiva. A essi veniva detto che quegli atti criminali avevano solo lo scopo di piegare lo Stato alle richieste dell'organizzazione.

Si stenta a credere a tanta ambizione.

In realtà nulla di nuovo per chi conosce la storia «oscena» del Paese. È un risultato ormai processualmente acquisito che, sin dagli albori della Repubblica, la mafia è stata coinvolta in momenti salienti nella strategia della tensione e in vari progetti di golpe.

Per esempio il golpe Borghese del 1970, quello del 1974, e il progetto di secessione separatista della Sicilia messo a punto nel 1979 da Sindona insieme ad alcuni circoli massonici nazionali e internazionali, che non venne attuato, ma cui fece seguito una stagione del terrore che decapitò in pochi anni molti dei principali vertici politici e istituzionali dell'isola.

Del resto occorre considerare che la mafia può mettere a disposizione di chi voglia cambiare l'ordine politico un esercito disciplinato di migliaia di uomini armati e la garanzia assoluta del segreto. Inoltre, sin dai tempi dei progetti separatisti del secondo dopoguerra, la mafia ha sempre coltivato il progetto di una secessione dall'Italia da perseguirsi per via violenta o politica.

Il progetto del 1992-93 sembra essere l'ultimo frutto tardivo – adattato all'evoluzione dei tempi – della vecchia vocazione del Principe a rovesciare il tavolo con violenza quando teme che l'ordine reale del Paese – sul quale si fondano i suoi interessi – possa essere sovvertito da un nuovo ordine politico.

Quel che mi pare interessante osservare è che, come è emerso nel corso delle indagini, il piano «segreto» era conosciuto, almeno nelle sue linee essenziali, da alcuni esponenti del mondo politico del tempo, i quali comunicavano tra loro da sponde opposte anche lanciandosi reciproci messaggi e avvertimenti criptati, indecifrabili a tutti coloro che erano ignari di quanto stava accadendo.

Del resto anche il piano del golpe Borghese del 1970 era a conoscenza di tanti vertici i quali contrattarono a lungo tra loro segretamente, costringendo alla fine gli ideatori a recedere dai loro propositi quando ormai il piano era entrato in fase di esecuzione. È straordinario come il potere abbia il potere di mantenere i propri segreti.

Tornando ai messaggi criptati del piano del 1992-93, mi limiterò solo ad alcuni esempi. Il 19 marzo 1992, sette giorni dopo l'omicidio di Lima, l'agenzia giornalistica Repubblica, vicina ai servizi e sulla quale scriveva anche l'onorevole Vittorio Sbardella, esponente Dc particolarmente vicino a Lima e ad Andreotti, pubblica un lungo articolo nel quale si dice che l'omicidio fa parte di un piano politico complesso.

La descrizione del piano corrisponde in modo impressionante a quello che solo molti anni dopo sarà possibile ricostruire grazie alle dichiarazioni di vari collaboratori e complessi riscontri. Alla data del marzo 1992 l'articolo, pubblicato su un giornale per iniziati a bassissima tiratura e spedito solo per abbonamento, passò completamente inosservato. È probabile che in realtà l'articolo non avesse come destinataria la pubblica opinione, ma i registi del piano ai quali si voleva lanciare un avvertimento del tipo: «State attenti perché sappiamo e potremmo prendere le nostre contromisure».

Sembra un gioco sofisticato di segnali incrociati: nessuno può correre il rischio di tirare troppo la corda dall'una e dall'altra parte perché le conseguenze potrebbero essere devastanti e incontrollabili per tutti. Nessuno può rischiare di innescare un conflitto che metta in campo l'uno contro l'altro le armi nucleari della rivelazione pubblica di segreti che riguardano affari sporchi di ogni genere. Si tratta di guerre di movimento seguite da trattative diplomatiche segrete.

La stessa agenzia con due articoli pubblicati il 21 e il 22 maggio 1992 anticipa che una «strategia della tensione che piazzi un bel botto esterno» potrebbe giustificare un voto di emergenza per portare alla presidenza della Repubblica un outsider scombinando gli accordi tessuti tra i maggiorenti del vecchio quadro politico.

E il botto arrivò...

Il 23 maggio, puntualmente. La strage di Capaci in effetti influisce in modo decisivo sull'elezione del presidente della Repubblica, ponendo fine all'impasse che da tempo bloccava l'elezione e portando al Quirinale con voto di emergenza Oscar Luigi Scalfaro, considerato allora un innocuo outsider.

Alcuni collaboratori hanno riferito anni dopo che la tempistica della strage di Capaci era stata scelta per impedire che Andreotti, uomo simbolo del vecchio quadro politico che si voleva sovvertire e considerato un traditore da Cosa nostra, potesse essere eletto alla presidenza della Repubblica.

Nel corso di una intervista pubblicata su «il Giornale» del 20 marzo 1999, l'onorevole Gianfranco Miglio, stratega politico della Lega Nord, rivelò che i suoi rapporti con Andreotti si erano intensificati proprio nel 1992, quando egli aveva trattato personalmente e segretamente con il senatore a vita un appoggio della Lega Nord alla sua candidatura alla presidenza della Repubblica in cambio di una politica favorevole al progetto federalista della Lega Nord. In quella stessa intervista il professor Miglio dichiarò, fra l'altro:

> *Io sono per il mantenimento anche della mafia e della 'ndrangheta.* Il Sud deve darsi uno statuto poggiante sulla personalità del comando. *Che cos'è la mafia? Potere personale, spinto fino al delitto.* Io non voglio ridurre il Meridione al modello europeo, sarebbe un'assurdità. C'è anche un clientelismo buono che determina crescita economica. Insomma, bisogna partire dal concetto che alcune manifestazioni tipiche del Sud hanno bisogno di essere costituzionalizzate.

Che fine hanno fatto quelle indagini?

Occorre distinguere ciò che è possibile capire da quello che è possibile dimostrare in sede di giudizio. I passaggi principali del piano politico-stragista, a mio parere, sono stati riscontrati. Le indagini sulle concrete responsabilità dei soggetti coinvolti si sono invece arenate, non raggiungendo quel livello probatorio granitico necessario per affrontare un pubblico dibattimento e ottenere delle condanne.

Va considerato che i collaboratori che hanno rivelato il piano non appartenevano ai livelli strategici superiori dell'organizzazione, e quindi avevano frammenti di notizie sui nomi dei soggetti esterni, noti solo a pochi capi, tra i quali Riina, Provenzano, Madonia e Santapaola.

Lascia perplessi che, nonostante ripetuti annunci, la Commissione parlamentare antimafia si sia alla fine astenuta dall'avvalersi dei suoi incisivi poteri per tentare di fare luce sugli inquietanti scenari politici sottesi alle stragi del 1992 e del 1993. Sembra di assistere al replay di quanto è già avvenuto in passato. Come ho già ricordato, anche la Commissione parlamentare istituita per accertare i retroscena delle stragi degli anni settanta ha chiuso i battenti senza neppure presentare una relazione conclusiva. Ancora prima si era ritenuto che non vi fossero le condizioni per fare chiarezza in Parlamento sui mandanti politici della strage di Portella della Ginestra.

Perché il progetto politico che si occultava dietro le stragi del 1992 e del 1993 non fu portato a termine?

Per quello che è stato possibile capire, quel progetto fallisce per vari motivi. La mano mafiosa delle stragi del 1993 viene subito individuata. Alcune stragi non vengono eseguite per banali incidenti tecnici. Per esempio nel settembre del 1993 era stato programmato di fare saltare in aria alcuni pullman di carabinieri in servizio a Roma allo stadio Olimpico in una domenica calcistica particolarmente affollata. Quel giorno il telecomando che doveva innescare l'ordigno esplosivo ebbe un guasto improvviso, così a centinaia di persone ignare fu risparmiata la vita per pura fortuna. Inoltre la creazione del nuovo soggetto politico – la Lega meridionale – procedeva troppo a rilento e, dopo l'arresto di Riina, dei fratelli Graviano, di Bagarella, strenui sostenitori del progetto stragista, all'interno della mafia alcuni iniziarono a tirarsi indietro. Infine il vecchio quadro istituzionale invece di collassare mostrò i muscoli, dimostrando una imprevista reattività. Tutto ciò portò a un abbandono della strategia terroristico-eversiva. Alla fine prevalse la linea di coloro che propugnavano una soluzione politica incruenta e graduale.

LA RISCOSSA DELLO STATO

Ritorniamo ora a quanto avveniva in quegli anni in Sicilia.

Riprendendo il filo del discorso, mentre in campo nazionale si gioca dietro le quinte il *war game* che abbiamo accennato, in Sicilia dopo l'omicidio di Lima e di Ignazio Salvo, la borghesia mafiosa, parte integrante del vecchio quadro politico in crisi, vive, come dicevamo, mesi di terrore. Molti sanno di essere nella lista dei «traditori» e di poter essere uccisi da un momento all'altro. A questo punto due Italie che sino ad allora erano sempre state in conflitto – quella che si era identificata in Lima e negli altri politici entrati nel mirino perché ritenuti «traditori» e quella che si identificava in Falcone e Borsellino – sembrano trovare una comune convergenza di interessi: liberarsi degli specialisti della violenza divenuti una variabile impazzita e incontrollata del sistema.

Possiamo dire che per la prima volta nella storia viene messa in campo – senza se e senza ma – la forza dell'apparato statale?

Sì. Ed è una forza travolgente che nell'arco di pochi anni porta in carcere i capi latitanti che da decenni scorrazzavano liberamente per la Sicilia, che apre il fenomeno della collaborazione determinando l'arresto di centinaia di uomini della struttura e l'irrogazione di centinaia di condanne all'ergastolo.

Sulla base della mia personale esperienza, ritengo di poter affermare che sarebbero bastati ancora pochi anni e l'organizzazione sarebbe stata completamente disarticolata.

Nella seconda metà degli anni novanta dal mondo mafioso iniziavano infatti a venire segnali di cedimento strutturale. Erano alle porte e stavano maturando le collaborazioni di capi di prima grandezza, quando improvvisamente, nell'arco di poco tempo, il treno dell'antimafia inizia a rallentare la sua corsa sino quasi a fermarsi dinanzi al capolinea delle compatibilità sistemiche.

Perché?

Perché sull'onda del mutato clima politico e culturale, il fenomeno della collaborazione porta alla luce, insieme alla faccia illuminata del pianeta mafioso, anche la sua parte in ombra: quella della diffusività dei rapporti con esponenti del mondo politico, imprenditoriale, professionale; rapporti che attraversano tutto il corpo sociale, che a volte sono inquadrabili giuridicamente in fattispecie penali e a volte non lo sono, ma che, comunque, nell'uno e nell'altro caso costituiscono una corposa, ineludibile realtà sociale e politica. Emerge cioè che il fenomeno mafioso è inestricabilmente intrecciato con la realtà dell'organizzazione dei rapporti sociali nella polis.

Nelle aule di giustizia di Milano per Tangentopoli e in quelle di Palermo per Mafiopoli si celebra, nella sommatoria di migliaia di processi a carico di singoli soggetti ai quali vengono addebitate specifiche condotte criminose, un unico grande processo al Principe, cioè a settori portanti della classe dirigente.

E questo era troppo.

La chiamata in correità di settori portanti della classe dirigente nei processi di mafia e di Tangentopoli fa saltare la compatibilità sistemica della giurisdizione.

I collaboratori di Cosa nostra commettono in quegli anni un errore di diagnosi: lo stesso errore degli imprenditori e dei testimoni che collaborano in quello stesso periodo con i magistrati di Milano facendo la fila dietro le loro porte per rivelare le responsabilità di livello politico e apicale nella vicenda di Tangentopoli.

Quale errore?

«Ci credono.» Fermiamoci un attimo a riflettere. Cosa indusse molti imprenditori e politici di Tangentopoli ad autoaccusarsi e ad accusare? La prima risposta sembrerebbe essere: un calcolo opportunistico, ottenere il vantaggio di evitare la galera offrendo in cambio le informazioni di cui erano in possesso. Ma si tratta di una risposta inappagante che resta in superficie in quanto non spiega perché poi desistettero dal collaborare. La spiegazione più profonda è, a mio parere, che commisero un errore di diagnosi. Ritennero erroneamente che il sistema di potere di cui avevano fatto parte fosse definitivamente crollato, che il loro mondo fosse finito, che dunque quel mondo non fosse più in grado di proteggerli, di garantire loro impunità e che era dunque venuto il momento del «si salvi chi può». La lezione dei fatti ha dimostrato invece che quello che stava accadendo sulla superficie della storia non intaccava in profondità un sistema di potere la cui sopravvivenza non era legata a una determinata formula politica o a una determinata forma di Stato, bensì a una solidarietà di classe trasversale e impermeabile nel lungo periodo ai mutamenti politici di superficie.

Come si manifestò quella capacità di resistenza?

Quel sistema di potere diede dimostrazione della sua tenuta pilotando – come abbiamo spiegato nel primo capitolo – il ritorno all'«ordine» con una comunicazione politica intessuta di segnali di disconoscimento per i traditori e di riconoscimento per coloro che tenevano duro tacendo. Mi si dirà, ma questo che c'entra con il pentitismo di mafia? C'entra. Perché lo stesso errore di diagnosi commesso all'inizio dagli appartenenti al mondo superiore in Tangentopoli lo commisero in Sicilia e nelle regioni del Sud i collaboratori di giustizia nei processi di mafia. Anche loro credettero erroneamente che un sistema che aveva costituito il segreto della forza della struttura militare garantendone l'impunità e l'accesso privilegiato ai grandi affari fosse irreversibilmente giunto al capolinea, sicché fosse divenuto finalmente possibile parlare, rivelare tutta la verità della mafia senza il timore di subire inevitabili ritorsioni da parte di potenti che occupavano i vertici delle istituzioni, della politica e dell'economia.

È l'errore di diagnosi che per esempio commette Buscetta, come lui stesso ammetterà prima di morire. Sebbene anni prima avesse le idee chiare.

Proprio così. Dietro Buscetta incapperanno nello stesso errore Marino Mannoia, Mutolo e altri.

IL RITORNO ALL'«ORDINE»

La compatibilità sistemica della giurisdizione a Palermo salta e le strade delle due Italie tornano così a dividersi quando, assolta la missione contro la mafia militare, la Procura di Palermo valica le colonne d'Ercole dell'accertamento delle responsabilità dei livelli politici e istituzionali. Inizia, per la prima volta nella storia del Paese, una stagione di processi che porta sul banco degli accusati gli apici della nomenclatura del potere: un ex presidente del Consiglio, ex ministri, parlamentari, uomini ai vertici dei servizi segreti, alti magistrati della Corte di Cassazione, esponenti di rilievo delle forze di polizia, e un numero indeterminato di altri imputati eccellenti. Ricordo ancora alcuni segnali premonitori della tempesta che di lì a poco si sarebbe scatenata.

Per esempio?

La mattina seguente all'arresto per mafia di un notabile cittadino, al Palazzo di giustizia fui fermato da una persona sino ad allora entusiasta sostenitrice dall'azione della Procura. Mi si avvicinò agitando le mani giunte e mi disse: «Ma che state facendo, vi siete impazziti... Voi non potete trattare Ciccio [nome del notabile] allo stesso modo dei *viddani* [quelli della mafia militare]. Qualunque cosa Ciccio abbia fatto – aggiunse con tono accorato – resta comunque uno di noi». Ricordo ancora che nel dire «noi» prolungò la *i* finale per un tempo che mi sembrò spropositato. Quel *noiiiiiiiiii* esprimeva la sorpresa e il dolore di chi si trovava ad assistere a una sorta di inconcepibile autocannibalismo di classe. «Io – concluse congedandosi – lo dico nell'interesse di tutti. Perché se continuate su questa strada prima o poi il mondo va sottosopra e alla fine chi ci guadagnerà saranno gli stessi *viddani* e sarà tutto lavoro sprecato.»

Parole profetiche...

Già. Nel tempo mi resi conto del clima di progressiva freddezza che montava anche all'interno della ristrettissima cerchia dei miei pochi conoscenti. Arrestavi un professore universitario, un ingegnere e venivi a scoprire che era parente o amico fraterno di qualche collega, di qualche conoscente che da allora non ti invitava più a casa sua o addirittura ti toglieva il saluto.

Furono solo i primi segnali premonitori di quello che ci attendeva. Ben presto contro Caselli e gli uomini del pool antimafia della Procura di Palermo si scatena la stessa campagna di delegittimazione che già nella seconda metà degli anni ottanta aveva prima stremato e poi disarticolato il pool dell'Ufficio istruzione.

Ecco un breve florilegio degli improperi testuali che quasi quotidianamente vengono riversati da esponenti politici e da alcuni media su quei magistrati: assassini, terroristi, farabutti, brigatisti, faziosi, sadici, torturatori, perversi da manuale, venduti, menti distorte, falsificatori di carte, folli, predicatori di mostruosità, bugiardi, frodatori processuali, spregiatori di norme, criminali vestiti da giudici, dissennati, macigni sulla strada della democrazia, omuncoli bisognosi di una perizia psichiatrica, cupola mafiosa, corruttori della dignità dei siciliani, foraggiatori di pentiti destinati ad alimentare il pozzo nero dell'antimafia postfalconiana... e via dicendo. Più o meno la stessa violenza verbale che si abbatterà sui colleghi della Procura di Milano che si occupavano dell'altra forma criminale del Principe: la corruzione.

Nel 1999 Caselli lascia Palermo. E per anni gli uomini del centrodestra continueranno ad attaccarlo come se fosse ancora al suo posto.

Ma non basta. Sugli stessi media che fanno da grancassa quotidiana alla campagna di delegittimazione e di discredito di cui ho detto, si fanno sempre più pressanti le richieste di mettere ai margini tutti quei magistrati che in quella stagione avevano condotto le inchieste più delicate su mafia e politica. La situazione si surriscalda, segnando un punto di svolta, quando nel settembre 2002 all'interno della Procura scoppia il caso Giuffrè.

Cosa accadde?

Antonino Giuffrè era un componente della Commissione di Cosa nostra, un cervello pensante che inizia a collaborare dopo l'entrata in vigore di una nuova legge che imponeva di raccogliere tutte le dichiarazioni dei collaboratori entro centottanta giorni, pena l'inutilizzabilità delle dichiarazioni successive. Un tempo assolutamente esiguo se si considera che personaggi come Giuffrè hanno trascorso una intera vita a delinquere, che sono a conoscenza di una miriade di fatti, e che a volte la loro memoria deve essere sollecitata o si riaccende a seguito di un nuovo spunto. Inoltre al termine di centottanta giorni devono essere sottratti i giorni nei quali il collaboratore è impegnato in udienza o è variamente impedito. Ebbene, il nuovo procuratore Piero Grasso decide autonomamente di impiegare gran parte del tempo per interrogare Giuffrè su fatti di ordinaria criminalità mafiosa, non formula domande sulla miriade di fatti scottanti per i quali erano in corso varie indagini e che coinvolgevano i rapporti mafia-politica (come il processo Andreotti, il processo Dell'Utri eccetera). Dopo di ciò, senza essersi curato in tutto quel tempo di avvisare della collaborazione la Procura di Caltanissetta che indagava sulle stragi, rende di pubblico dominio la collaborazione in una conferenza stampa in occasione di alcuni arresti, precludendo così di fatto a quei magistrati la possibilità di interrogare Giuffrè e di svolgere indagini segrete prima che la collaborazione divenisse nota.

E in Procura è scontro...

Questa scelta di Grasso viene apertamente contestata da me e dal procuratore aggiunto Lo Forte e criticata da quasi tutti i componenti della Direzione distrettuale antimafia (circa una ventina) nel corso di una infuocata riunione, il 27 settembre, che si protrae sino a notte fonda. Dopo quella riunione, inizierà una nuova fase della collaborazione di Giuffrè. Poco dopo viene revocata la disponibilità, che in un primo tempo era stata pubblicamente dichiarata da vari esponenti politici, a varare una modifica legislativa per prolungare i termini di centottanta giorni, troppo esigui. Così ci si dovrà scapicollare per tentare di esaurire la raccolta delle dichiarazioni, e molte cose non vi fu neanche il tempo di metterle a verbale entro i termini.

Che il nuovo procuratore intendesse segnare una discontinuità dalla stagione precedente era apparso chiaro da una serie di segnali inequivocabili.

Quali?

Mi limito a indicarne solo alcuni di pubblico dominio:

– La mancata controfirma dell'appello avverso all'assoluzione di Andreotti in primo grado;

– Le ripetute prese di distanza sulla stampa dai precedenti processi mafia-politica, sviliti come «processi spettacolo inutili contro la mafia», «processi deboli, seppure spettacolari». Dichiarazioni queste che non solo screditavano il passato, ma, soprattutto, delegittimavano i sostituti procuratori che in quei frangenti erano impegnati quotidianamente in udienza a portare avanti dibattimenti contro imputati eccellenti in processi iniziati prima dell'arrivo di Grasso e che erano soggetti a continui attacchi da parte di un certo mondo politico;

– La lenta emarginazione dei magistrati che erano stati protagonisti della precedente stagione, mediante una gestione accentrata delle informazioni. Di fatto viene largamente svuotato il principio cardine del pool antimafia: la circolazione e la socializzazione delle informazioni processuali. Principio che Falcone, dopo l'amara esperienza personale vissuta proprio alla Procura di Palermo alla fine degli anni ottanta, aveva insistito perché venisse tradotto in una specifica norma di legge.

Voi però reagiste.

Ma a nulla valevano le lettere di protesta. A nulla le richieste di convocazione rivolte al Csm firmate da quasi tutti i procuratori aggiunti e da decine di sostituti per una audizione di tutti i magistrati della Procura al fine di comporre le fratture che si erano verificate all'interno dell'ufficio.

Anzi, ogni nuova forma di protesta determinava la richiesta da parte di esponenti del centrodestra al Csm di aperture di pratiche di trasferimento d'ufficio nei confronti dei magistrati che osavano protestare e la mobilitazione in Parlamento di decine di parlamentari del Polo in sostegno di Grasso.

E alla fine?

Alla fine, con una serie di passaggi burocratici io e il procuratore aggiunto Lo Forte veniamo estromessi dalla Direzione distrettuale antimafia.

Un componente del Csm venne a vantarsi a Palermo dinanzi ad alcuni miei colleghi di avere suggerito l'ingegnoso stratagemma burocratico che aveva consentito di estrometterci dall'antimafia.

Successivamente verrà estromesso dalle indagini sul presidente della Regione Salvatore Cuffaro il sostituto Gaetano Paci, il quale dissentiva dalla scelta di non contestare a Cuffaro il reato di concorso esterno in associazione mafiosa, così com'era avvenuto per altri colletti bianchi coinvolti nella medesima vicenda.

Progressivamente si perde la possibilità di una lettura collettiva da parte del pool delle dinamiche globali dell'universo mafioso. La visione di insieme resta prerogativa unica del procuratore capo e dei pochi aggiunti e sostituti che ne condividono i metodi. Alcuni, mortificati, lasciano la Procura trasferendosi in altri uffici.

E nel frattempo a Roma che accadeva?

Si emanava una legge che, come viene pubblicamente dichiarato dal senatore Luigi Bobbio, aveva l'obiettivo di impedire a Caselli di partecipare al concorso per il posto di procuratore nazionale antimafia.

Contemporaneamente viene depotenziata la Direzione investigativa antimafia, l'organismo di polizia interforze fortemente voluto da Falcone sul modello del Fbi che aveva condotto quasi tutte le più importanti indagini su mafia e politica e che per questo motivo era stata definita dal senatore Cossiga l'Ovra della seconda Repubblica.

Lentamente, dopo anni di fibrillazione, il sistema approda a nuovi equilibri?

Se qualche imputato eccellente viene coinvolto nelle indagini, ciò avviene in genere solo perché resta incastrato da intercettazioni di conversazioni tra boss. I pochi collaboratori di rilievo che restano sono i primi a capire il nuovo vento che tira, e si guardano bene in genere dal fare nomi eccellenti.

Il nuovo corso è accolto con pubblici peana da parte di molti di quegli stessi esponenti politici che in passato si erano invece distinti per la virulenza dei loro attacchi contro la magistratura inquirente. Si parla di un ritrovato equilibrio da parte della magistratura dopo gli eccessi degli anni precedenti.

L'accusa rivolta alla Procura degli anni di Caselli era in sostanza che tramite i processi veniva praticata una politica giudiziaria.

Credo che, al contrario, sia politica giudiziaria proprio quella proposta da coloro che ritengono che la giurisdizione debba farsi carico delle compatibilità sistemiche generali.

L'unico programma politico consentito ai magistrati è quello della Costituzione, l'atto fondativo del nuovo patto di convivenza che diede origine allo Stato democratico di diritto dopo il fascismo. L'articolo 3 della Costituzione stabilisce che tutti i cittadini sono uguali dinanzi alla legge e l'articolo 112 sancisce che il pubblico ministero ha l'obbligo di esercitare l'azione penale.

La rigorosa applicazione di questi due principi non consente al magistrato di prendere in considerazione alcuna valutazione sulla compatibilità della sua attività con gli equilibri generali del sistema. O sulla opportunità politica di talune indagini.

Che negli anni in questione i principi sopra enunciati siano stati applicati lo dimostrano le statistiche. Contemporaneamente alla celebrazione dei processi che hanno coinvolto vertici istituzionali e politici senza risparmiare alcun santuario, dalla politica alla presidenza del Consiglio, a vari ministri, dai servizi segreti alla Corte di Cassazione, dall'arma dei carabinieri ai vertici della polizia, sono stati raggiunti risultati che non hanno eguali sul piano del contrasto alla mafia militare.

Forniamo allora queste cifre.

Sul piano del contrasto alla mafia militare questi sono i numeri: 650 ergastoli, 8826 persone rinviate a giudizio, beni sequestrati ai mafiosi per diecimila miliardi di lire, catturato dopo decenni di latitanza quasi tutto il gotha mafioso. Per citare solo alcuni dei nomi più noti: Salvatore Riina, Leoluca Bagarella, Giovanni Brusca, i tre fratelli Graviano,

Raffaele Gangi, Pietro Aglieri, Vito Vitale, e tanti altri. Quanto ai processi a carico di imputati appartenenti al mondo della politica o delle istituzioni ecco alcuni dati:

– Processo a Giulio Andreotti, imputato per associazione mafiosa, ritenuto compartecipe della mafia sino agli anni ottanta;

– Processo a Bruno Contrada, numero tre dei servizi segreti civili, condannato con sentenza definitiva alla pena di dieci anni di reclusione per il reato di concorso esterno in associazione mafiosa;

– Processo a Ignazio D'Antone, dirigente della Criminalpol della Sicilia occidentale, condannato con sentenza definitiva alla pena di dieci anni di reclusione per concorso esterno in associazione mafiosa;

– Processo a Franz Gorgone, assessore regionale, condannato a sette anni di reclusione con sentenza definitiva per concorso esterno in associazione mafiosa;

– Processo a Marcello Dell'Utri, senatore, condannato in primo grado alla pena di nove anni di reclusione per il reato di concorso esterno in associazione mafiosa.

È certamente vero che vi sono state delle assoluzioni, ma ogni giorno in tutti i tribunali italiani avviene che vi siano condanne e assoluzioni. Inoltre occorre tenere conto che talune assoluzioni sono state determinate anche dal sopravvenuto cambiamento delle regole processuali dopo che i dibattimenti erano iniziati, e talora dopo le condanne nei gradi di merito.[13]

Quel che mi sembra rilevante è che, per la prima volta nella storia del Paese, l'azione di quella Procura di Palermo si è svolta contemporaneamente su entrambi i piani della mafia militare e dell'alta mafia e che i processi a carico di imputati eccellenti, sebbene sideralmente più difficili degli altri per intuibili motivi, si sono conclusi in taluni casi con il riconoscimento della responsabilità degli imputati e in taluni altri con l'assoluzione, dopo però, nella quasi totalità dei casi, esiti controversi nei vari gradi del giudizio e talora solo per il sopravvenire di regole processuali diverse da quelle iniziali.

Inoltre, chi ne aveva voglia, poteva leggere le motivazioni delle sentenze e farsi nel bene o nel male una propria opinione.

Dunque si è trattato di una attività giurisdizionale conforme alla Costituzione e trasparente: dove sta la politica giudiziaria?

Al contrario, io credo che la vera politica giudiziaria non si realizza tramite le azioni che sono sottoposte al controllo critico della pubblica opinione, ma tramite le omissioni che si sottraggono a ogni controllo.

A cosa si riferisce?

Mi riferisco a coloro che teorizzano che la giurisdizione dovrebbe tenere conto delle compatibilità di sistema, perché altrimenti il sistema reagisce con leggi che subordinano la magistratura al potere politico per tenerla sotto controllo.

Secondo taluni di costoro, occorrerebbe dunque, nell'interesse stesso della giurisdizione, abbassare il tiro autolimitando le indagini che portano verso l'alto e operare invece a pieno ritmo sulla struttura della mafia militare nella speranza di debellarla completamente.

Ma ormai è dimostrato che se non recidi i rami alti dell'albero mafioso, le sue radici sono destinate a riprodursi all'infinito.

Proprio per questo, a una simile visione, mi sento di muovere due obiezioni di fondo.

La prima è che coloro che ne sono sostenitori, pur confessandola in conversazioni riservate, non possono poi esternarla apertamente in pubblico proprio perché sono consapevoli essi stessi che questa è una opzione politica, non compatibile con i principi costituzionali, seppure motivata da un fine che si ritiene superiore.

La seconda obiezione è che si tratta di una politica giudiziaria perdente, che invece di curare la causa del male interviene solo sul sintomo, ponendo inconsapevolmente le premesse per trasformare la risposta dello Stato alla mafia in un'eterna fatica di Sisifo, così com'è avvenuto dall'Unità d'Italia a oggi.

In che senso?

Provando a parafrasare e ad attualizzare fino ai nostri giorni la diagnosi di Franchetti, potremmo riassumere la questione nei seguenti termini:

1) Dobbiamo prendere atto che la classe dirigente deve trovare un *modus convivendi* con quella sua componente che viene definita borghesia mafiosa.

2) La borghesia mafiosa a sua volta deve trovare un *modus convivendi* con la mafia militare della cui attività si avvale, pur pagandone i costi elevati, per attingere alla risorsa della violenza e per mantenere l'ordine mafioso.

3) La magistratura deve tenere a sua volta conto delle compatibilità di un sistema che si fonda sugli equilibri interni alle varie componenti della classe dirigente, altrimenti, operando come variabile indipendente, rischia di mettere in crisi il sistema. Vi è un bene superiore a quelli della verità e della giustizia: la pace sociale.

È, in sintesi, tutto quello che abbiamo detto sin qui.

Il caso del processo Notarbartolo è esemplare ed è utile ricordarlo ancora una volta: Palizzolo viene salvato perché essenziale per gli equilibri del sistema, e quindi l'accertamento della verità e i parenti di Notarbartolo vengono sacrificati sull'altare della *salus rei pubblicae*.

L'attuale rimozione culturale collettiva del nodo mafia-politica sembra dimostrare la straordinaria continuità storica dei presupposti strutturali della questione «mafia».

LA RESTAURAZIONE DELLA BORGHESIA MAFIOSA

Dunque nel sistema mafioso non è cambiato nulla rispetto al passato?

Non direi. È cambiata la risposta dello Stato nei confronti della mafia militare, ma ciò, a mio parere, ha determinato una crisi della mafia militare, non del sistema mafioso.

Chiusa la parentesi corleonese, si è infatti verificato un riassetto degli equilibri globali che ha ristabilito in parte il vecchio ordine, restituendo alla borghesia mafiosa l'egemonia perduta.

Questo quadro trova riscontro in varie indagini che dimostrano il rinnovato protagonismo criminale della borghesia mafiosa e come ogni giorno di più ai vecchi capi militari tradizionali si affianchino nuovi capi di estrazione borghese.

Poco tempo fa è stato arrestato il capo del mandamento mafioso di Brancaccio, uno dei più importanti di Palermo che comprende un territorio di centomila abitanti: il dottor Giuseppe Guttadauro, noto primario chirurgo in un ospedale cittadino. Condannato per mafia con sentenza definitiva, resta in carcere vari anni, sino al dicembre 2000 quando finisce di espiare la pena.

Forse il lettore non siciliano penserà che, tornato in libertà, Guttadauro sia stato emarginato all'interno della borghesia palermitana. Che gli siano rimasti accanto solo parenti e pochi amici intimi.

Nient'affatto. Prima che il dottore faccia rientro nella propria abitazione, riusciamo a collocare delle microspie al suo interno. Abbiamo così per vari mesi la possibilità di assistere in diretta, con un posto in prima fila, allo svolgersi della realtà mafiosa nella città.

A quale spettacolo avete assistito?

Lo spettacolo è che di mattina l'abitazione di Guttadauro è affollata da medici, professionisti, amministratori, insomma il fior fiore dei colletti bianchi della città, i quali fanno anche da tramite con altri alti papaveri cittadini e insieme pianificano l'intera vita pubblica: dalle candidature per le elezioni nazionali, regionali e comunali, alle nomine di sottogoverno, ai concorsi per primari ospedalieri, ai mutamenti del piano regolatore, alla realizzazione di megacentri commerciali e via elencando: il tutto naturalmente con modalità per lo più illecite.

Di sera, come nei teatri di posa di Cinecittà, cambia la scena e la casa si riempie di uomini della struttura militare: estorsori, capifamiglia, trafficanti di stupefacenti, killer con i quali si parla di problemi interni all'organizzazione, di lotte interne di potere, si pianificano estorsioni eccetera.

Interessantissimo è poi verificare come il borghese istruito Guttadauro nel pomeriggio faccia lezioni di mafia a un giovane emergente proveniente dal ceto popolare e destinato a ricoprire ruoli significativi.

In che senso lezione di mafia?

Guttadauro spiega la storia dell'organizzazione, le sue regole interne, ma soprattutto trasmette il suo sapere sull'arte di esercitare la violenza in modo oculato e funzionale agli interessi generali del sistema.

Io trovo che sia un altro eccezionale riscontro a quanto aveva compreso quel genio di Franchetti sul perché i capimafia a differenza della manovalanza avevano estrazione borghese.

Bene, stiamo ad ascoltare per mesi, e di giorno in giorno si accumulavano preziose informazioni su nomi, fatti che ci avrebbero consentito nel tempo di ricostruire tutta la filiera dell'organizzazione, quando improvvisamente qualcuno avverte Guttadauro che lo stiamo intercettando e tutto finisce lì.

Chi lo avverte?

E chi vuole che lo avverta? Quelli con la coppola storta forse? Guttadauro viene avvisato da Salvo Aragona, altro medico condannato per reati di mafia che, divenuto collaboratore, ha poi rivelato alcuni retroscena della vicenda. L'Aragona a sua volta era stato avvertito da Domenico Miceli, altro medico e uomo politico, condannato in primo grado per concorso esterno in associazione mafiosa.

Con sentenza del 18 gennaio 2008, il Tribunale di Palermo ha condannato in primo grado Cuffaro alla pena di cinque anni per favoreggiamento e rivelazione di segreto d'ufficio, ritenendo provato che fosse stato lui a trasmettere per primo quella notizia.

Il caso del dottor Guttadauro è un caso isolato?

Per nulla, si tratta solo di uno tra i tanti capi ed esponenti apicali della mafia appartenenti al mondo dei professionisti, degli imprenditori e dei colletti bianchi in genere.

La storia dei vari Guttadauro di oggi costituisce l'ennesima replica di una storia sempre uguale che va avanti dall'Unità d'Italia: così era negli anni settanta e ottanta quando invece che Guttadauro, i borghesi mafiosi si chiamavano Michele Greco, Nino e Ignazio Salvo, Buscemi... e mille altri nomi; così era negli anni cinquanta quando si chiamavano Michele Navarra, Calogero Volpe; così era quando nell'Italia monarchica si chiamavano Palizzolo, Guccione, Cuccia, Termini...

I borghesi mafiosi organici, cioè interni all'organizzazione, svolgono il prezioso ruolo di cerniera tra i mondi inferiori e i mondi superiori garantendo la funzionalità dell'esercizio della violenza ai fini della riproduzione del sistema sociale di cui sono espressione. Intorno a loro gravita una folla sterminata di collusi, di affiliati, di avvicinati, di simpatizzanti eccetera, che nel loro insieme costituiscono il blocco sociale della borghesia mafiosa intesa in senso largo.

Questo blocco sociale a sua volta si fonde poi con altri blocchi:

a) Una borghesia affaristica e imprenditrice che in larghe componenti fa soldi a palate con mille attività delittuose: dal pilotaggio delle gare di appalto, ai crediti senza garanzie, alle truffe per i fondi comunitari e nazionali, all'evasione fiscale totale con false fatturazioni eccetera.

b) Settori di un ceto politico che talora utilizzano il metodo mafioso in proprio e talora i fondi pubblici per finanziare la propria clientela e giri di affari nei quali hanno la propria cointeressenza.

c) Un ceto popolare che tira a campare tramite attività illecite e illegali, sostitutive di un lavoro dignitoso e remunerato che non c'è, e che vive sotto un duplice ricatto: quello di un ceto politico che, in larga misura, condiziona l'elargizione di favori alla sottomissione fedele e quello di una mafia composta da padrini e padroni, così come avveniva ai tempi dei baroni. Chi morde la mano che lo nutre rischia di finire fuori gioco o sotto il manto stradale... È un quadro in costante evoluzione, nel quale tuttavia sembra di poter intravedere qualche segnale positivo.

Sarebbe a dire?

Nell'estate del 2007, dopo una serie di intimidazioni al presidente dell'Associazione costruttori di Catania e al presidente della Camera di commercio di Caltanissetta, i vertici della Confindustria siciliana, appoggiati da quella nazionale, hanno chiesto l'intervento dell'esercito e hanno deliberato di inserire nello statuto dell'associazione la regola della espulsione degli imprenditori che non denuncino di essere vittime di estorsioni da parte della mafia.

Dopo l'arresto nel novembre 2007 del boss Salvatore Lo Piccolo, il teatro Biondo di Palermo si è riempito di una folla di imprenditori e di commercianti che hanno ribadito il loro no al pizzo ed è stata fondata l'associazione LiberoFuturo. Due anni prima una analoga manifestazione allo stesso teatro Biondo era andata semideserta e nel 1991 l'omicidio di Libero Grassi non fu seguito da alcuna reazione da parte del mondo imprenditoriale e dei commercianti.

È poi cresciuta in alcuni ambienti giovanili – come, per esempio, gli animatori di «Addiopizzo» – una nuova sensibilità civile che non ha trovato punti di riferimento nel mondo politico, tranne poche eccezioni, ma che, in compenso, ha trovato una sponda significativa in una nuova leva di giovani imprenditori e commercianti.

La parte sana della classe dirigente non pare più disponibile in questa fase storica a soggiacere a pretese prevaricanti da parte della mafia popolare. Ciò riguarda però solo alcune delle province della Sicilia, mentre in Calabria e in Campania siamo ancora molto indietro.

Sono tuttavia fortemente preoccupato che anche in Sicilia i fenomeni positivi ai quali ho accennato possano rivelarsi transitori a causa di alcuni limiti esterni e interni di sistema.

Quali sono questi limiti?

Il primo limite nasce dal fatto che questa parte avanzata della classe dirigente e della società civile costituisce solo un'avanguardia etica e democratica che deve fare i conti con una classe politica locale – una delle colonne portanti di quella nazionale – che, tranne poche eccezioni, continua a essere talora compromessa, talora connivente, talora culturalmente acquiescente, talora rassegnata al compromesso al ribasso e, comunque, gattopardescamente immobile dietro fiumi di retorica antimafia e giochi di prestigio mediatici. Avanguardie civili e punte avanzate delle istituzioni non possono supplire a lungo da sole al deficit della politica.

La lotta alla mafia dovrebbe avere tante gambe...

Infatti, il secondo limite deriva da una politica criminale che preme solo il pedale del contrasto alla mafia militare, senza azionare contemporaneamente il pedale del contrasto alla borghesia mafiosa e alla corruzione. Una simile politica criminale monca rischia di risolversi, come dimostra l'esperienza del passato, solo in un guadagnar tempo, in una riconquista temporanea di porzioni del territorio alla legalità: temporanea perché destinata prima o poi ad arretrare sopraffatta da una realtà sociale e criminale non riducibile a mera devianza di fasce popolari.

In cosa consiste questa realtà sociale?

Posso dire quello che mi è sembrato di capire per la realtà siciliana che conosco meglio; anche se penso che le considerazioni che andrò a svolgere possano valere in buona misura, con le dovute varianti, anche per la Campania e la Calabria. Imprenditori e commercianti vivono la realtà del territorio e non quella illusoria dei media. Il commerciante, il piccolo imprenditore conosce la sua città, conosce la folla sterminata di persone che non sanno cosa fare di se stesse e della propria vita alle quali la mafia offre una occupazione criminale, uno status, una chance di vita rispetto a una non vita. Vi è quindi in questa fase un atteggiamento bivalente da parte di molti. Da un lato si registra che lo Stato sta facendo sul serio contro la mafia popolare e militare. Dall'altro si comprende che invece l'alta mafia conserva il proprio potere e che ciò impedisce la soluzione politica globale dei problemi che generano il sistema mafioso. Molti dunque stanno ancora a guardare tra un misto di speranza e di diffidenza, in attesa degli eventi.

Per alcuni inoltre vi sono ragioni economiche che in termini di costi-benefici sconsigliano la denuncia.

Entriamo nel dettaglio.

Il pizzo, più che come un costo di impresa, viene da tanti considerato una partita di giro contabile, come l'Iva.

In che senso?

Il costo del pizzo viene scaricato sullo Stato mediante un incremento della quota di evasione fiscale, oppure sui consumatori finali mediante un ritocco dei prezzi di vendita – anche di pochi centesimi o di qualche euro – e viene spalmato sulla massa dei consumatori acquirenti. Il prezzo del pesce, degli ortaggi, di molti generi alimentari e di altri beni di consumo incorpora una frazione del prezzo della tangente.

Se la mafia è il frutto di una malattia della polis, del modo di essere della polis, la partita di giro che abbiamo descritto potrebbe definirsi come un processo di metabolizzazione interno da parte della polis delle sue stesse scorie.

I problemi si pongono, determinando reazioni da parte degli estorti, quando l'organizzazione pratica una politica delle esazioni che non consente la partita di giro.

Quando si verifica questa anomalia?

Quando la tangente richiesta è troppo elevata e quando non ci si limita alla richiesta del pizzo, ma si pretende di impadronirsi anche di quote dell'esercizio commerciale o delle imprese.

Tranne poche lodevoli eccezioni, i casi di operatori economici che a un certo punto si sono rifiutati di continuare a pagare si sono verificati proprio perché le richieste estorsive erano diventate intollerabili.

La lungimiranza della politica delle esazioni della stagione di Provenzano è consistita proprio nel praticare un sistema di estorsioni improntato a un regime di «fiscalità» bassa e diffusa (pagare tutti per pagare meno) in modo da renderlo metabolizzabile dal mondo economico, garantendo la pace sociale e il governo razionale del «disordine» grazie all'inserimento di masse di proletariato urbano nell'economia criminale. Quando qualcuno rifiutava di pagare, Provenzano consigliava sempre prudenza e di temporeggiare, cercando soluzioni pacifiche.

La stessa politica è praticata nella provincia di Trapani da Matteo Messina Denaro, il quale infatti riscuote un grande consenso trasversale sia nelle fasce popolari che in larghe componenti dei ceti elevati.

Lo Piccolo, uno dei successori di Provenzano, e altri hanno invece commesso l'errore di praticare una politica delle esazioni troppo esosa e platealmente violenta determinando la reazione di alcuni imprenditori.

In sostanza, la reattività del mondo economico non sembra legata al fenomeno in sé, ma alla sua degenerazione verso forme eccessivamente esose e violente.

Tornando al nesso tra mafia popolare e mafia borghese, nel novembre del 2007 lei ha invitato pubblicamente la Confindustria a non limitarsi a espellere i propri iscritti che pagano il pizzo, ma anche i collusi eccellenti. Il suo appello è stato raccolto e fatto proprio dal presidente Luca Cordero di Montezemolo al quale ha poi indirizzato una lettera aperta pubblicata in prima pagina dal «Corriere della sera», plaudendo a questa svolta e sottolineando invece la perdurante inerzia del mondo politico sullo stesso fronte. Si aspettava una simile reazione positiva e perché si è spinto a prendere pubblica posizione?

Perché al di là degli unanimismi di facciata, all'interno del mondo imprenditoriale si stavano confrontando due anime.

Nel recente passato vertici della Confindustria di Palermo, di Caltanissetta, di Trapani e di Catania sono stati a vario titolo coinvolti in processi di mafia.

Le estorsioni non vengono praticate solo dalla mafia militare, ma anche da tanti imprenditori mafiosi che con metodi violenti e intimidatori conquistano posizioni di oligopolio in vari settori, impongono l'acquisto di merci e la prestazione di servizi a prezzi superiori di quelli del mercato, impongono ai lavoratori condizioni di lavoro deleterie e retribuzioni da fame, pilotano l'aggiudicazione di gare di appalto, e pongono in essere mille altri comportamenti prevaricatori che impediscono la libera concorrenza e impongono al mercato la doppia protezione dei padrinati mafiosi e politici.

Anche all'interno della Confindustria esiste quello stesso spinoso affare di famiglia che attraversa tutte le articolazioni della classe dirigente. Perché si possa registrare un passaggio di fase occorre quindi coniugare Addiopizzo con «Addio collusi».

In conclusione, per comprendere il futuro della mafia occorre tenere d'occhio l'evoluzione del rapporto tra mafia militare e mafia borghese, nonché il rapporto tra classe dirigente in generale e la sua componente interna mafiosa. È su questi terreni che si gioca la partita, o meglio si disegna la fisionomia del sistema di potere mafioso.

La cattura dei capi militari che incidenza ha avuto?

Molto importante. Ha incrinato il mito dell'invincibilità della mafia e ha messo in grave difficoltà la struttura militare. Ma nel medio e lungo periodo può rivelarsi non determinante, così come dimostra l'esperienza storica, per una pluralità di fattori.

Per quanto riguarda la mafia militare, va considerato che il turnover dal carcere consente una staffetta tra mafiosi che entrano e quelli che escono per espiazione pena. Inoltre, molti capi continuano a comandare dal carcere. Infine le periferie e i quartieri condannati al degrado dalla sistematica rapina di denaro pubblico da parte del Principe restano una fucina inesauribile di manovalanza mafiosa: per cento che ne arresti, altri cento fanno la fila per prendere il loro posto pur di sfuggire al destino di anonimato sociale e di miseria che altrimenti li attende. In quei quartieri, l'«uomo di rispetto» continua a essere considerato da tanti ragazzi un modello di identificazione.

Una volta un importante mafioso mi disse che lui, così come tanti altri, era entrato a far parte della mafia non per i soldi, ma perché prima era «nessuno mischiato con niente», e poi, invece, dovunque entrava «le teste si abbassavano» in segno di rispetto. Questo rispetto, questa considerazione sociale per lui erano più importanti di tutto l'oro del mondo.

Fino a quando non daremo alla folla sterminata di persone che si sentono «nessuno mischiato con niente» un lavoro e soprattutto dignità e considerazione sociale, non potremo illuderci di debellare la mafia con le maxiretate e con il carcere.

Per quanto riguarda invece la mafia borghese, la cattura dei capi militari ha sortito, come ho già accennato, l'effetto indiretto di ripristinare in parte il vecchio «ordine» preesistente alla rivoluzione dei corleonesi.

Così, in concreto, alla struttura militare resta riservata la predazione del territorio dal basso, mediante soprattutto la tipica attività delle estorsioni capillari a tappeto. Alla borghesia mafiosa è riservata, invece, la predazione dall'alto, mediante le tecniche incruente ma efficacissime che sogliono praticare i ben nati e i ben arrivati. Alcune aristocrazie della struttura militare – i cosiddetti «uomini di pace», garanti del ripristino dell'ordine interno e del ritorno alla fisiologia del sistema – costituiscono la cerniera tra i due mondi, anche con cooptazioni nel mondo superiore delle fasce più acculturate.

IL BISOGNO DI MAFIA

Sembra uno schema perfetto. Perché invece le cose non sono così semplici?

Perché è anche vero che la risorsa della violenza fisica gestita dagli uomini di Cosa nostra può rivelarsi indispensabile per condurre in porto alcuni affari.

Per esempio, poniamo il caso che si debba realizzare un megacentro commerciale in una zona della città, su un terreno frazionato tra un centinaio di proprietari diversi e che nel piano regolatore ha una diversa destinazione urbanistica. I colletti bianchi possono muoversi autonomamente con le loro risorse ottenendo, tramite relazioni politiche, tangenti e corruzioni, le varianti al piano regolatore e tutte le autorizzazioni del caso. Possono anche acquistare a un prezzo di mercato la gran parte dei terreni. Ma tutto può rischiare di arenarsi se taluni proprietari si rifiutano di vendere. Che fare?

A quel punto si rivela indispensabile l'opera degli specialisti della violenza, che intervengono sui proprietari renitenti obbligandoli a cedere. Naturalmente, in cambio ottengono di partecipare all'affare e di avere una loro quota.

Accade oggi come accadeva ai tempi del sacco edilizio di Palermo, quando Lima, Ciancimino e un esercito di colletti bianchi si sono arricchiti sfigurando con una cementificazione selvaggia Palermo, una delle più eleganti città d'Europa. Anche allora, come abbiamo già ricordato, l'intervento dei mafiosi dell'ala militare si rivelava prezioso per costringere a vendere sottoprezzo i proprietari di terreni e di aree edificabili. E accadeva ancora prima ai tempi di Palizzolo, quando i colletti bianchi utilizzarono gli specialisti della violenza per sbaragliare la concorrenza nella corsa all'acquisto delle terre sdemanializzate o dei latifondi, o per accaparrarsi gli appalti pubblici nell'Italia postrisorgimentale.

A parte l'importanza che la risorsa della violenza continua ad avere per molti affari, occorre tenere conto che la mafia militare continua a svolgere il ruolo di ammortizzatore del disordine sociale generato dal sottosviluppo. Se Palermo non è mai implosa, come rischia di accadere a Napoli, è anche perché qui è sempre esistita una fetta di borghesia mafiosa che non ha mai esitato a sporcarsi le mani in prima persona per garantire un ordine reale fondato sull'ingiustizia sociale. I ceti metropolitani che vivono in periferie degradate e in quartieri dormitorio non invadono la città dei ricchi, non creano tensioni sociali, non solo perché temono le forze di polizia, ma anche perché sono governati dalla mafia militare che li irreggimenta nell'organizzazione, li educa alla violenza funzionale e garantisce il monopolio della violenza sul territorio secondo regole razionali conoscibili e non anomiche e anarchiche.

Cito tra i tanti un episodio emblematico. In una recente indagine è stata intercettata una conversazione tra due mafiosi che commentavano le conseguenze determinate dalla scarcerazione di centinaia di criminali comuni a seguito dell'indulto del 2006. I due lamentavano che non riuscivano più a mantenere l'«ordine» nel territorio a causa della diffusione della microcriminalità, e che così rischiavano di perdere la faccia. Per questo motivo avevano deciso di usare le maniere forti e di assassinare un tizio che si era permesso di compiere un furto senza la preventiva autorizzazione, in modo da dare una lezione a tutti e fare capire chi comandava sul territorio. Ci siamo dovuti precipitare ad arrestarli prima che passassero all'azione.

In Campania invece mi sembra che l'assenza di una tradizione storica di borghesia mafiosa in grado di interfacciarsi con la camorra, forma di criminalità di estrazione popolare, abbia dato vita a una situazione diversa. A Napoli l'illegalità di massa popolare è stata da sempre tollerata, divenendo quasi una componente stabile dell'organizzazione sociale, perché è stata un'economia della sopravvivenza. I marginali sono massa, 146.000 famiglie hanno fatto domanda per il sussidio di povertà, solo 20.000 l'hanno ottenuto.

Prima l'illegalità popolare si declinava soprattutto nel contrabbando di sigarette, nella produzione seriale di falsi e nel mercato nero. Nel corso dell'ultimo ventennio ha fatto il salto di qualità nel settore degli stupefacenti. In alcuni quartieri migliaia e migliaia di persone, interi nuclei famigliari, sopravvivono grazie a un'economia criminale che sembra una forma di disordine autogestito e controllato dalle famiglie camorriste. La compravendita di droga avviene a cielo aperto con acquirenti che ogni giorno vengono da tutta la città.

A volte il disordine controllato diviene incontrollato, accendendo temporaneamente i riflettori nazionali, a causa di guerre tra fazioni avverse per la conquista di questo o quel quartiere. Lo spegnersi dei riflettori non significa purtroppo che è stato ristabilito l'ordine costituito, ma piuttosto che è tornato il disordine controllato garantito dai vincitori delle guerre di camorra.

La potenza economica acquisita da alcune aristocrazie della camorra si è convertita in potenza sociale, dando vita nel tempo a un'imprenditoria criminale che, come un cuneo, sta penetrando sempre di più nel ventre molle della classe dirigente, ascendendo rapidamente i gradini della piramide sociale.

La saldatura di questo nuovo Principe con la massomafia calabrese e con la borghesia mafiosa siciliana rischia di rafforzare la componente prettamente criminale del Principe nazionale.

SCENARI FUTURI. LE MAFIE COME MODELLO CRIMINALE VINCENTE DEL TERZO MILLENNIO

Possibili scenari futuri?

Mi sembra di potere individuare due fenomeni di fondo.

Il primo è il diffondersi progressivo delle mafie classiche dedite alla gestione delle fasce basse del mercato criminale: traffico di stupefacenti, estorsioni, truffe, prostituzione, traffico di esseri umani, traffico di armi eccetera. Per consumare tali reati-fine, le mafie tradizionali continueranno a porre in essere reati-mezzo imperniati sull'uso della violenza e della frode (omicidi, minacce, intimidazioni, corruzione).

Il secondo è l'affermarsi del nuovo modello del sistema criminale destinato a gestire le fasce alte del mercato criminale: predazione di fondi pubblici nazionali e comunitari, gestione illegale del sistema bancario e finanziario, occupazione e strumentalizzazione per fini illeciti di istituzioni pubbliche. Per realizzare tali reati-fine, i sistemi criminali devono consumare alcuni reati-mezzo quali: l'abuso e la manipolazione delle funzioni pubbliche, la corruzione e la concussione, l'insider trading, il falso in bilancio, e varie tipologie di reati societari e bancari.

Il primo fenomeno è molto più semplice da spiegare ed è legato alle leggi dell'evoluzione naturale degli organismi dal semplice al complesso. L'economia criminale è governata infatti dalle stesse dinamiche della competizione e della concorrenza che governano l'economia legale.

Si spieghi meglio.

Nel mondo dell'economia legale, la competizione economica riduce ai margini e poi espelle dal libero mercato le imprese che non raggiungono adeguati standard di organizzazione e di innovazione tecnologica. Lo stesso fenomeno si verifica all'interno del mondo dell'economia illegale.

Le criminalità organizzate di tipo mafioso, essendo dotate di una complessa struttura organizzativa interna e di grandi risorse umane ed economiche, espellono progressivamente dai settori più remunerativi del mercato criminale (stupefacenti, armi, tratta di esseri umani, truffe internazionali eccetera) le forme più semplici o microrganizzate della criminalità tradizionale che non riescono a reggere la concorrenza.

Queste forme preesistenti e tradizionali di criminalità individuale o strutturata in piccole bande – che potremmo definire forme di artigianato criminale – sono dunque destinate a ridursi ai margini del mercato criminale, oppure a essere incorporate dalle strutture criminali mafiose. Ma il fenomeno non si ferma a questo livello. Proseguendo nel parallelismo, allo stesso modo in cui nel mondo dell'economia legale il mercato è dominato da imprese oligopolistiche che si integrano a livello internazionale, così nel mondo dell'economia illegale è in corso un processo di integrazione mondiale tra le principali organizzazioni mafiose che hanno conquistato o stanno conquistando all'interno dei rispettivi Stati una posizione di monopolio o di oligopolio nel mercato criminale.

In conclusione?

Il modello organizzativo della criminalità mafiosa è dunque vincente e costituisce l'ineluttabile punto di arrivo di una evoluzione naturale delle forme criminali esistenti nei vari Paesi industrializzati del mondo e l'assetto definitivo della criminalità mondiale nel terzo millennio. Per farmi comprendere meglio, fornirò un esempio tra i tanti possibili. Sino a pochi anni or sono l'esercizio della prostituzione costituiva nei vari Paesi europei un settore del mercato criminale gestito solo su scala locale da piccoli delinquenti. Si trattava di una forma tipica di artigianato criminale locale. Da alcuni anni questo settore è stato progressivamente monopolizzato in Italia dalle criminalità organizzate straniere (soprattutto albanese e nigeriana) che stanno espellendo dal mercato i piccoli criminali.

Dall'artigianato criminale locale polverizzato sul territorio, si sta così passando anche nel settore della prostituzione a una economia criminale di scala nella quale organizzazioni unitarie, formate da centinaia di criminali, gestiscono in modo monopolistico in ampie zone del territorio un giro di migliaia e migliaia di prostitute provenienti da varie parti del mondo.

All'interno dell'unica organizzazione esiste una divisione e specializzazione del lavoro criminale: alcuni si occupano del reclutamento delle donne nei Paesi di origine, altri del trasporto clandestino in Italia, altri della falsificazione dei documenti, altri della gestione delle donne sul territorio, altri della centralizzazione degli incassi e dell'investimento dei profitti in altri settori dell'economia illegale o di quella legale.

Il fenomeno che ho descritto, si va estendendo a tanti altri settori del mercato illegale: per esempio quello dell'usura e della falsificazione dei prodotti di marca. Questo processo evolutivo della criminalità verso forme sempre più complesse e sofisticate – che potremmo definire come la transizione dal semplice al complesso – attraversa tutti i settori più appetibili dell'economia criminale ed è ben noto in Italia dove da più di un secolo Cosa nostra, la 'ndrangheta e la camorra hanno conquistato il monopolio dei mercati criminali nei rispettivi territori e dove in tempi più recenti analoghe posizioni di monopolio sono state conquistate in Puglia dalla Sacra corona unita e nel Veneto dalla mafia del Brenta.

Proprio perché determinato da dinamiche interne al mercato illegale globale, il fenomeno ha assunto un respiro internazionale.

In Giappone domina la mafia degli Yakuza, in Cina le Triadi, in Turchia i Babalar e così via: in quasi tutti i Paesi industrializzati organizzazioni mafiose variamente strutturate conquistano progressivamente posizioni di oligopolio nel mercato illegale.

Comune denominatore?

Il dato comune e costante, che comunque ne sancisce la superiorità, è l'organizzazione su vasta scala e il rapporto di collusione (complicità) con settori dei poteri politici dei vari Stati dove operano. Estremamente interessante per comprendere come il diffondersi delle mafie sia determinato dalla selezione operata dall'economia di mercato è poi quanto è avvenuto nei Paesi dell'ex Urss e nei Paesi del Patto di Varsavia dopo la dissoluzione dell'impero sovietico.

In una prima fase, dal 1989 al 1991 circa, si è assistito in questi Paesi a una massiccia crescita orizzontale della criminalità comune.

In una seconda fase, dal 1991 al 1993 circa, la criminalità comune ha cominciato a organizzarsi sempre più frequentemente in raggruppamenti gangheristici specializzati in vari settori criminali e con un ridotto raggio di azione.

Nella terza fase, dal 1993 circa a oggi, il mercato criminale è stato conquistato dalle organizzazioni mafiose sviluppatesi in parte dal ceppo originario dei «Vory y zakone» (i ladri che obbediscono a un codice). Si tratta di élite criminali preesistenti sviluppatesi negli anni venti e trenta nei campi di lavoro e nei gulag dell'era staliniana. Tali élite hanno una organizzazione che per certi versi richiama quella di Cosa nostra.

Gli aderenti, detti *batnoi*, entrano a far parte dell'organizzazione a seguito del giudizio di una commissione di *vory* (capi) e solo dopo un periodo di osservazione e alcune prove che ne dimostrano la professionalità criminale e il senso di disciplina. Al vertice si colloca un consiglio di *vory* che ha compiti analoghi a quelli della commissione di Cosa nostra.[14]

Le violazioni dei codici criminali interni vengono sanzionate con l'espulsione o con la morte.

L'esperienza sovietica dimostra come l'organizzazione sia una carta vincente anche nel settore del crimine e consente di osservare come il modello mafioso sia in grado di affermarsi nell'arco di pochi anni nei più svariati contesti ambientali.

Attualmente la mafia russa è divenuta una delle più potenti del mondo sia per la debolezza della struttura statuale dell'ex Unione Sovietica e l'assoluta carenza di efficaci controlli, sia per la vastità del territorio in cui opera.

Analoghi processi di conquista monopolistica del mercato criminale da parte di organizzazioni mafiose, sviluppatesi su basi etniche locali, si sono verificati in Polonia, in Ungheria, in Bulgaria, in Romania, nella Repubblica Ceca e in quella Slovacca, in Albania e nella ex Jugoslavia, alimentate dalle richieste di beni illegali dei Paesi europei e americani e dalla crescita di un mercato illegale interno dovuto alla progressiva crescita del reddito pro capite che nel tempo ha consentito e consentirà sempre più l'accesso a beni illegali costosi come la droga.

Il futuro sono la Cina e l'India, destinate a conquistare un ruolo guida non solo nell'economia legale ma anche in quella illegale. Proviamo a immaginare che immenso mercato illegale si aprirà quando due miliardi e mezzo di persone (un miliardo e mezzo di cinesi e un miliardo di indiani) potranno permettersi di accedere al tenore di vita occidentale che comprende il consumo di beni legali e illegali. Dunque dovremo convivere con le mafie come si convive con l'inevitabile: le malattie, la vecchiaia, la morte.

Cosa nostra, 'ndrangheta, camorra, Sacra corona unita dovranno misurarsi e competere con le mafie del mondo: riusciranno a reggere la concorrenza? Dovranno cedere alcune fette del mercato criminale? Interessante è il caso della 'ndrangheta che si è rivelata la più pronta tra le criminalità organizzate a cogliere lo spirito del tempo e, grazie alla propria organizzazione reticolare e flessibile, ha da tempo inaugurato una politica di joint venture con le mafie straniere nel settore del traffico degli stupefacenti.

Anche la camorra si è inserita egregiamente nel ciclo mondiale dell'economia illegale nel settore delle contraffazioni e dei traffici illegali.

Cosa nostra resta a guardare?

Cosa nostra, dopo avere perduto il monopolio mondiale del traffico della droga, ha tentato di inserirsi nell'economia mondiale rinnovando l'asse con la mafia americana che, a sua volta, ha inaugurato una politica di relazioni internazionali con le mafie russe e cinesi per la conquista dei mercati dell'Est tramite accordi con le mafie e le organizzazione dei Paesi dell'America Latina. La sfida sul terreno delle risposte alle mafie tradizionali ed emergenti consiste nella creazione di un unico diritto penale e processuale transnazionale che consenta di condurre indagini a livello planetario senza i limiti e gli intoppi delle barriere statali e dei diversi ordinamenti.

Come agiscono le mafie del terzo millennio?

Le mafie sfruttano le diversità tra i vari ordinamenti statali per razionalizzare la divisione del lavoro criminale, massimizzare i profitti e minimizzare i rischi. Nello scegliere i luoghi di produzione dei beni illegali, quelli di transito delle merci, quelli di investimento, tengono conto delle diverse opportunità offerte dalle diverse legislazioni nazionali. Scelgono come luoghi di residenza piccoli Paesi dove si possono facilmente corrompere le élite di governo assicurandosi l'impunità, come gli Stati dell'Africa e alcuni Paesi dell'America Latina. Scelgono come luoghi operativi territori dove non sono consentite le intercettazioni ambientali e dove le forze di polizia non sono attrezzate professionalmente. Scelgono come luoghi di riciclaggio non solo Paesi che pullulano di banche offshore, ma anche quelli che hanno le migliori legislazioni in materia di trust e di fondazioni fiduciarie che consentono di gestire occultamente i patrimoni risparmiando pure le tasse e così via.

Le mafie si muovono e si evolvono con la velocità dell'economia di mercato globale che ignora le barriere nazionali, gli Stati invece con i tempi lunghi, e a volte storici, dell'evoluzione delle forme giuridiche che inseguono quelle economiche e restano sempre indietro.

Attualmente siamo distanti anni luce?

L'unificazione giudiziaria e processuale in Europa procede con lentezza. La convenzione Onu sulla criminalità organizzata transnazionale approvata a Palermo nel 2000 richiederà decenni prima di trovare concreta attuazione in tutti i Paesi che l'hanno sottoscritta. Nel settore delle indagini finanziarie e bancarie poi, siamo ancora enormemente indietro. Appena i capitali varcano i confini nazionali è come inseguire una Ferrari con una Cinquecento.

I SISTEMI CRIMINALI

Dopo il primo fenomeno delle mafie classiche (droga, prostituzione eccetera), passiamo ora al secondo fenomeno.

Il secondo fenomeno è l'evoluzione verso i «sistemi criminali» che abbiamo già descritto nel primo capitolo e dei quali abbiamo esemplificato nel corso di questo capitolo il concreto funzionamento, quando abbiamo spiegato come in Sicilia tutto il settore degli appalti pubblici nella seconda metà degli anni ottanta fosse gestito con modalità criminali da una cupola di cui facevano parte componenti del mondo politico, di quello imprenditoriale, di quello professionale e di quello mafioso.

In passato i sistemi criminali hanno avuto una grande diffusione oltre che in Sicilia anche in Calabria e in Campania.

In Campania, a seguito del terremoto dell'Irpinia nel 1980, lo Stato dal 1981 al 1989 stanziò la cifra complessiva di 50.000 miliardi per la ricostruzione da realizzarsi mediante procedure straordinarie in deroga alla legislazione vigente sugli appalti.

Sul terreno dell'«economia della catastrofe» s'incontrarono e si mischiarono più sistemi illegali: quello politico affaristico locale e quello imprenditoriale camorristico che insieme fecero man bassa dei fondi pubblici con metodi illegali.

Lo stesso fenomeno si era verificato già negli anni settanta in Calabria a seguito della destinazione di centinaia di miliardi per la realizzazione di grandi opere pubbliche quali la costruzione del porto di Gioia Tauro, la costruzione dello stabilimento della Liquichimica, e il raddoppio della linea ferroviaria Villa San Giovanni-Reggio Calabria.

Ma questa è la preistoria dei sistemi criminali, che allora erano ancora nella fase nascente e avevano una natura elitaria. Oggi la loro diffusione si è improvvisamente accelerata, divenendo un fenomeno di proporzioni sempre più vaste.

Per quali motivi?

A causa dei motivi che abbiamo indicato nel primo capitolo, a partire dalla fine degli anni ottanta si è verificata una sotterranea balcanizzazione della classe dirigente che, venuti meno i grandi catalizzatori ideologici e politici della stagione del bipolarismo internazionale, si è disarticolata in una miriade di network di potere in rete tra loro, molti dei quali illegali.

Taluni di questi, che non operano in regioni mafiose, replicano il modello della massoneria segreta deviata arricchendolo con pratiche che ricordano la metodologia mafiosa. Si avvalgono infatti della forza di intimidazione del vincolo di comune appartenenza allo stesso sottosistema, e della condizione di assoggettamento e di omertà che ne deriva per commettere delitti, per acquisire in modo diretto o indiretto la gestione o comunque il controllo di attività economiche, di concessioni, di autorizzazioni, appalti e servizi pubblici.

I rapporti tra i network assomigliano a quelli tra le varie potenze: ora di alleanza, ora di scontro, ora di equilibrio. A volte si scatenano guerre che, a differenza delle guerre di mafia classiche, non lasciano sul campo morti e feriti, ma solo perdenti. Ciascuno può ripassare con la mente alcuni dei più recenti scandali e casi giudiziari nei quali sono stati coinvolti potenti e verificare se il modello di analisi da me proposto si attagli o meno.

I sistemi criminali che invece operano nelle zone di mafia sono destinati a incontrarsi con le aristocrazie delle mafie militari i cui uomini vengono integrati nei vari sistemi. La triade base è costituita dal politico, l'imprenditore e il mafioso.

Il ruolo svolto all'interno dei vari sistemi dalle componenti mafiose e dai colletti bianchi è mutevole. Nella maggior parte dei casi, i colletti bianchi svolgono un ruolo di sintesi che conferisce loro un ruolo di preminenza.

Il diffondersi dei sistemi criminali comincia a essere esplicitamente riconosciuto anche in alcune sentenze pilota.

Qualche esempio.

Interessante è a questo proposito la sentenza del Gip del Tribunale di Palermo Piergiorgio Morosini che ha avuto una risonanza nazionale nel processo a carico dell'onorevole Vincenzo Lo Giudice, assessore al territorio e all'ambiente della Regione Sicilia dal 1998 al dicembre del 1999 e assessore ai Lavori pubblici dal gennaio 2000 al giugno 2001, rinviato a giudizio per i reati di associazione per delinquere di stampo mafioso, corruzione, turbativa d'asta e una serie di abusi di ufficio.[15]

Ma tutto questo è il meno rispetto a un pericolo che mi pare di intravedere all'orizzonte.

Quale?

Spero fortemente di sbagliarmi, ma talora mi sembra che il piano di disarticolazione dell'unità nazionale che il Principe aveva concepito nel 1993 rischi di tradursi almeno in parte in realtà senza alcuna regia, ma a causa del corso naturale degli eventi che stanno caratterizzando il declino italiano.

Alla fine del secondo capitolo ho accennato come ogni anno aumenti il dislivello economico tra Nord e Sud del Paese e come ciò possa determinare in futuro una secessione di fatto del primo dal secondo.

In una parte crescente del mondo produttivo del Nord va sempre più accentuandosi una forte insofferenza per un Meridione che da molti è ormai vissuto come una zavorra di cui liberarsi perché è un buco nero dove i trasferimenti di significative quote della ricchezza prodotta nel Settentrione del Paese e prelevata con la leva fiscale non innescano sviluppo ma servono solo a mantenere élite e clientele locali. Contemporaneamente alla crescita del peso politico di un leghismo non solidale al Nord si registra l'affermazione di formazioni autonomistiche al Sud. La questione meridionale è scomparsa dall'agenda dei partiti politici, indice di disinteresse o, peggio, di inconfessabile diagnosi di irredimibilità.

La grave crisi sociale in cui si dibatte Napoli e l'impotenza della politica a risolvere i problemi della Campania sono sotto gli occhi di tutti. In Calabria siamo ancora molto indietro. In Sicilia alcuni dei più grandi comuni, come per esempio Catania, hanno dichiarato bancarotta e altri sono prossimi al default. Quando tra qualche anno verranno meno i trasferimenti netti dello Stato nei confronti del Mezzogiorno e quando contemporaneamente si sarà esaurito tra mille sprechi e rapine il fiume dei contributi europei, cosa accadrà?

Se il Meridione dovesse essere di fatto abbandonato gradualmente al proprio destino, le mafie – quelle alte e quelle basse – avrebbero finalmente coronato l'antico sogno di riaffermare la loro totale supremazia in questa parte del Paese.

Verrebbe da dire: buona fortuna, Italia...

---

[1] L. Franchetti, «Condizioni politiche e amministrative della Sicilia», in *La Sicilia nel 1876, per Leopoldo Franchetti e Sidney Sonnino*, Tip. Barbera, Firenze 1877. Il volume di Franchetti è stato ripubblicato nel 1993 dall'editore Donzelli di Roma, con un'introduzione di Paolo Pezzino.

[2] Dall'introduzione di Paolo Pezzino di cui alla nota precedente.

[3] G. Tomasi di Lampedusa, *Il Gattopardo*, Feltrinelli, Milano 1958,

p. 219: «Noi fummo i Gattopardi, i Leoni: chi ci sostituirà saranno gli sciacalletti, le iene; e tutti quanti, gattopardi, sciacalli e pecore, continueremo a crederci il sale della terra».

[4] Il capomafia infatti: «Determina quell'unità nella direzione dei delitti, che dà alla mafia la sua apparenza di forza ineluttabile e implacabile; regola la divisione del lavoro e delle funzioni, la disciplina fra gli operai di questa industria, disciplina indispensabile in questa come in ogni altra per ottenere abbondanza e costanza di guadagni. A lui spetta il giudicare dalle circostanze se convenga sospendere per un momento le violenze, oppure moltiplicarle e dar loro un carattere più feroce, e il regolarsi sulle condizioni del mercato per scegliere le operazioni da farsi, le persone da sfruttare, la forma di violenza da usarsi per ottenere meglio il fine. È propria di lui quella finissima arte, che distingue quando convenga meglio uccidere addirittura la persona recalcitrante agli ordini della mafia, oppure farla scendere ad accordi con uno sfregio, con l'uccisione di animali o la distruzione di sostanze, o anche semplicemente con una schioppettata di ammonizione. Un'accozzaglia o anche un'associazione di assassini volgari della classe infima della società, non sarebbe capace di concepire siffatte delicatezze, e ricorrerebbe sempre semplicemente alla violenza brutale».

[5] «A ogni modo, e qualunque ne siano le cagioni, questi sentimenti di prepotenza e questa facilità alla violenza nella classe che è fondamento di tutte le relazioni sociali in Sicilia, fa sì che non solo essa possa usare la forza che sola avrebbe, di distruggere l'autorità materiale e morale della classe facinorosa, e d'impedire in generale l'uso della violenza, ma ancora ch'essa sia cagione diretta per cui la pubblica sicurezza persista nelle sue condizioni attuali. La forza che deve dare la prima spinta al mutamento di queste condizioni deve dunque essere assolutamente estranea alla società siciliana, e venire di fuori: deve essere il governo. Ma il governo appoggiandosi, come lo abbiamo già detto, e come avremo luogo di dimostrarlo, principalmente su quella classe dominante stessa, si trova in una posizione singolare. Da un lato il suo fine più immediato e importante è di sopprimere la violenza, dall'altro, per i principi stessi che lo informano, si regge sulla classe dominante, e l'adopera come consigliera e in parte come istrumento nella legislazione e nella pratica di governo [...]. Dunque, nelle presenti condizioni di fatto e con l'attuale sistema di governo che si appog-

gia sulla classe dominante, la cagione prima e il fondamento, non della esistenza ma della persistenza delle condizioni di pubblica sicurezza in Palermo e dintorni, è la parte diretta e indiretta che ha in queste condizioni la classe dominante. Oppure, se vogliamo considerare il fatto sotto un altro aspetto: nelle presenti condizioni di fatto e con la partecipazione della classe dominante alle condizioni di pubblica sicurezza in Palermo e dintorni, la cagione prima e fondamentale della persistenza di queste condizioni è il fatto che il governo si appoggia, per reggere il Paese, su questa classe dominante.» Nella parte finale dell'inchiesta, Franchetti proporrà una soluzione radicale e utopistica che contraddice la lucidità della sua precedente diagnosi: e cioè che il governo nazionale si emancipi dai condizionamenti della classe dirigente isolana grazie al sostegno di tutta la «classe colta della nazione».

[6] Nella motivazione dell'ordinanza di custodia cautelare in carcere, emessa dal giudice per le indagini preliminari di Palermo nel procedimento numero 5961/98 R.G. nei confronti di Antonino Fontana, si legge:

[...] Maria Fais, fondatrice del Coordinamento antimafia presentatasi innanzi al G.I. di Palermo in data 07.06.1988, ha riferito, tra l'altro:

> [...] Da confidenze fatte da Pio La Torre a me e a mio marito in un'epoca che dovrebbe collocarsi nel 1981, nell'imminenza del congresso dell'area metropolitana di Palermo, so che:
> – Pio La Torre si poneva con forza il problema di fare pulizia negli ambienti delle cooperative agrumicole di Villabate, Ficarazzi e Bagheria appartenenti all'area del Pci, che operavano assieme a cooperative di altre aree politiche (democristiane e socialiste) in ordine all'accesso ai contributi Aima per la distruzione degli agrumi in eccedenza... [*omissis*]
> – gli stessi compagni di Ficarazzi, dei quali Pio La Torre non ci ha riferito i nomi, gli avevano riferito che le cooperative in argomento facevano truffe in danno delle Cee mediante il gonfiamento artificioso dei quantitativi di agrumi distrutti e che uno di coloro che dirigevano tale traffico era l'attuale vicesindaco comunista di Villabate, Fontana;– Pio La Torre aveva incaricato la Commissione provinciale di controllo del partito di sottoporre a inchiesta disci-

plinare e, se del caso, espellere dal partito i dirigenti cooperativistici Fontana, Carapezza e Mercante... [*omissis*]
– [...] Dopo la morte di Pio La Torre ho saputo che le misure disciplinari da lui proposte contro Fontana, Carapezza e Mercante non sono state attuate.

Un altro teste, Ferdinando Calaciura, presentatosi spontaneamente al G.I. in data 22.04.1989, ha riferito, tra l'altro:

> [...] in quel periodo – e cioè nel giugno 1981 – il segretario della sezione di Ficarazzi del Pci, tale Ceruso, inviò un memoriale alla Federazione provinciale, a quella regionale e alla Commissione nazionale di controllo del partito, accusando di gravi irregolarità alcuni rappresentanti della Lega delle cooperative (che erano anche funzionari del partito ed esercitavano cariche in seno alle istituzioni) lamentando che la federazione provinciale del Pci avesse prestato copertura a tali irregolarità. I personaggi accusati dal Ceruso erano tali Fontana di Villabate e dintorni, cui il predetto Ceruso faceva carico di una spregiudicatezza nella commercializzazione degli agrumi, con particolare riferimento all'ammasso del prodotto per la sua distruzione e al mancato utilizzo, per la raccolta degli agrumi, dei braccianti che solitamente, nel passato, erano stati adibiti a tale attività... [*omissis*]
> Nell'ottobre o novembre 1981, si tenne a Palermo il convegno per la costituzione della zona metropolitana del Pci e a detto convegno partecipò anche Pio La Torre, che ancora non era stato formalmente designato dall'assemblea regionale del Pci segretario del partito in Sicilia, ma era già noto che avrebbe assunto l'incarico. In tale occasione, il La Torre riprese con toni vivaci il problema sollevato dal Ceruso in precedenza, dato che in quell'assemblea, in diversi, avevano affrontato l'argomento. Anch'io ero presente a quell'assemblea e, quindi, quanto riferisco è, sul punto, frutto di mia conoscenza diretta. La Torre, indicando nominativamente i personaggi nei cui confronti erano stati avanzati sospetti di irregolarità (Fontana era noto come Mister Miliardo), sollecitò una incisiva indagine da parte degli organi di controllo del partito e promise che le risultanze di tali indagini sarebbero state rese note e discusse nelle competenti

assemblee di partito. Per quel che ne so, il risultato delle indagini della Commissione provinciale di controllo fu che i suddetti quattro aderenti al Pci, anziché essere espulsi dalla Lega delle cooperative e dal partito, furono spostati dal settore agrumicolo ad altro incarico e credo anche in posti di maggior prestigio [...]

Il citato Vincenzo Ceruso, segretario della sezione del Pci di Ficarazzi, ha dichiarato in proposito, tra l'altro:

> [...] Il mio intento era quello di sensibilizzare gli organi centrali e regionali del partito per una esigenza di "pulizia" nell'ambito di tutte le cooperative e al fine di accertare se in effetti i malumori dei braccianti agricoli avessero un fondamento o meno; in altri termini, chiedevo un intervento degli organi competenti del partito al fine di accertare se anche nell'ambito delle nostre cooperative fossero state commesse delle irregolarità e, in caso affermativo, di adottare i consequenziali provvedimenti nei confronti dei responsabili. Nell'esposto inviato a Pietro Ingrao e alla Direzione regionale del Pci, materialmente predisposto da mio figlio ma da me elaborato (si era alla fine del 1981 primi del 1982 e io ero cieco) venivano fatti i nomi del Fontana, del Mercante, del Carapezza e dello Spatafora perché costoro erano all'epoca i dirigenti delle cooperative facenti capo al nostro partito...

Una conferma autorevole della ricostruzione fornita dai testi Fais e Caruso in merito alla posizione del Fontana nell'ex Pci proviene dal professor Alfredo Galasso – uno dei protagonisti per diversi anni della vita di quel partito, sia in Sicilia sia a livello nazionale – il quale, in data 25.06.1996, ha testualmente dichiarato:

> A.D.R.: Anche se nel partito non mi sono mai occupato della gestione di società o di altre strutture economiche, tuttavia mi ero reso conto – almeno a partire dai primi anni Ottanta – che la pratica consociativa si era spinta sino al punto da non contestare i rapporti di affari che alcune strutture economiche, cooperative e non (basti pensare a Tele L'Ora) del Partito avevano stretto con personaggi molto vicini al blocco politico-mafioso all'epoca dominante. Chi per primo

> aveva posto il problema della impossibilità di perpetuare questo sistema era stato sicuramente Pio La Torre, il quale aveva denunziato il pericolo – quantomeno a livello politico – di questa situazione e aveva, per questa ragione, promosso anche una inchiesta interna al partito nei confronti di Nino Fontana, Michelangelo Mercante, Carapezza e di tale Spatafora. Questa inchiesta – svoltasi tra il 1981 e l'aprile del 1982 – si era conclusa senza che fossero stati adottati provvedimenti disciplinari contro gli incolpati. I quali, peraltro, dopo la morte di La Torre erano tornati a svolgere ruoli di primo piano all'interno delle strutture economiche del partito, senza che nessuno ne mettesse più in discussione l'operato...

I testi hanno confermato le dichiarazioni nel dibattimento a carico di Fontana e altri.

[7] S. Lupo, *Storia della mafia*, Donzelli, Roma 1993, p. 109.

[8] Ivi, p. 113.

[9] Ecco come la struttura segreta viene descritta dal collaboratore Giovanni Gullà. «Si è inteso creare una struttura di potere sconosciuta agli altri affiliati per ottenere maggiori benefici. Il santista può anche non avere forza militare, può non essere, per esempio, un caposocietà; l'importante è che il santista abbia comunque una sua forza, per esempio economica o politica, tale da potere apportare contributi o vantaggi in genere a tutta la struttura. [...] Il santista poteva essere scelto tra le persone provenienti da qualsiasi ceto sociale e ciò differentemente dal passato quando nella 'ndrangheta si accedeva da famiglie "onorate" cioè non coinvolte con le istituzioni o disonorate da fatti infamanti. Si diceva che un santista pur di salvare l'organizzazione poteva persino tradire cento camorristi o sgarristi. [...] Posso affermare con convinzione che la "santa", come setta segreta, è l'esatto corrispondente della massoneria occulta rispetto a quella ufficiale. In questo senso mi constano rapporti interpersonali tra santisti e massoni di logge coperte e sovente i due gradi potevano cumularsi in capo alla medesima persona. Va chiarito che l'appartenente alla 'ndrangheta non può essere massone, ma questo vale per la 'ndrangheta minore e la massoneria pubblica. Ma come ho già detto la "santa" rappresenta una struttura segreta alla stessa 'ndrangheta sicché per essa le regole tradizionali valgono nei limiti in cui siano compatibili con il fine mutualistico cui ho fatto riferimento.»

[10] Nel suo diario Chinnici annota il resoconto di un incontro avvenuto il 18 maggio 1982 con il procuratore generale del tempo: «Ore 12 – Vado da Pizzillo per chiedere di applicare un pretore in sostituzione a La Commare dal momento che il Csm ha deciso che la competenza è del presidente della Corte. Mi investe in malo modo dicendomi che all'ufficio istruzione stiamo rovinando l'economia palermitana disponendo accertamenti e indagini a mezzo della guardia di finanza. Mi dice chiaramente che devo caricare di processi semplici Falcone in maniera che "cerchi di scoprire nulla perché i giudici istruttori non hanno mai scoperto nulla". Osservo che ciò non è esatto in quanto sono stati proprio i giudici istruttori di Palermo che hanno – inconfutabilmente – scoperto i canali della droga tra Palermo e gli Usa e tanti altri fatti di notevole gravità. Cerca di dominare la sua ira ma non ci riesce. Mi dice che verrà a ispezionare l'ufficio (e io lo invito a farlo). È indignato perché ancora Barrile non ha archiviato la sporca faccenda (miliardi per la elettrificazione delle loro aziende agricole); l'uomo che a Palermo non ha mai fatto nulla per colpire la mafia che anzi con i suoi rapporti con i grossi mafiosi l'ha incrementata. Pizzillo con il complice Scozzari [sostituto procuratore della Repubblica, che si dimetterà dalla magistratura poco dopo la pubblicazione dei diari di Chinnici] ha "insabbiato" tutti i processi nei quali è implicata la mafia, non sa più nascondere le sue reazioni e il suo vero volto. Mi dice che la dobbiamo finire, che non dobbiamo più disporre accertamenti nelle banche».

[11] Cfr. verbale delle dichiarazioni di Borsellino del 4 agosto 1983: «Il Chinnici era consapevole del pericolo che egli e noi tutti corriamo. Manifestava la consapevolezza tranquilla di questo pericolo mentre lo preoccupava moltissimo la possibilità di attentati ai suoi familiari e soprattutto ai suoi figli [...] devo fare presente che il Chinnici era convinto che ai fatti di mafia, almeno a un livello alto, fossero coinvolti anche gli esattori Salvo. [...] Lamentava [...] che nei confronti di costoro si agisse con "i guanti gialli" da parte di tutti, e anzi aggiunse una volta nei loro confronti, che se gli stessi elementi li avessero avuti nei confronti di altri, certamente si sarebbe proceduto. [...] Ricordo che una volta Chinnici, dopo che erano stati arrestati Costanzo e Di Fresco, su mandato di cattura, quest'ultimo, del collega Barrile, disse di aver avuto un colloquio con l'onorevole Lima sollecitati dal senatore Coco, in casa

di quest'ultimo, nel corso del quale Lima gli aveva fatto presente che questa iniziativa giudiziaria veniva considerata come una forma di persecuzione per la Democrazia cristiana. Alché Chinnici aveva risposto che l'ufficio si interessava dei fatti specifici contestati a determinate persone sempre che potesse avere rilevanza di appartenenza politica.»

[12] Questo il resoconto di Giovanni Brusca che partecipò in prima persona a tutte le fasi del piano, dall'udienza del 28 luglio 1997 del processo n. 505/95 a carico di Giulio Andreotti: «E allora, io conosco i cugini Salvo, come già ho detto, uomini d'onore della famiglia di Salemi. [...] E ogni volta che si incontravano, i cugini Salvo con mio padre e con Salvatore Riina, succedeva qualche cosa. [...] Succedeva, che so, o a livello di voti o a livello di qualche messaggio o a livello di omicidi che ora vi sto spiegando, al che in una di queste. [...] Cioè ogni volta che si incontravano, subito dopo poi succedeva un crimine. O crimine o votazioni o il presidente della Regione ci doveva [...] si andava a concordare per il presidente della Regione o il sindaco di Palermo. Cioè non è che era solo omicidio. Però c'erano tante altre cose che ogni volta che si incontravano, parlavano. In uno di questi incontri che io vado a cercare ai cugini Salvo, uscendo, siamo a settembre 1982, agosto, settembre 1982, comunque questo periodo, appena finiscono di [...] la riunione [...] mi chiamano e mi dice: "Devi andare con il dottore Ignazio [...] cioè don Antonino, cioè con Antonino Salvo a Salemi, perché ti deve imparare alcune cose [...] per andare a visionare la casa del dottor Chinnici a Salemi. Perché si doveva uccidere il dottor Chinnici a Salemi". Quindi io, ripeto, dopo un giorno, due giorni, mi prendo appuntamento con Antonino Salvo, andiamo a Salemi nella casa sua di residenza estiva. [...] Andiamo con la mia macchina e mi insegna, cioè mi impara il luogo dove il dottor Chinnici aveva la residenza estiva. Dopodiché parlando, cioè io e Nino Salvo per il fatto del dottor Chinnici: "Questo pezzo di cornuto, questo pezzo di chi [...] quest'altro, perché lo dobbiamo uccidere, ci sta dando fastidio". [...] Cioè che era buono che stavamo uccidendo il dottor Chinnici, che si stava [...] era buono che si stava pensando per il dottor Chinnici, dicendo che è un pezzo di cornuto, che gli stava dando fastidio per le sue indagini, e tutta una serie di attività che il Chinnici aveva contro i Salvo e credo contro le esattorie [...]. Dopodiché io me ne torno a Palermo. Io con Antonino Salvo non ne parlo più di questo fatto, però

a un dato punto mi serve la macchina blindata che Nino Salvo ha, per vedere lo spessore, la qualità, cioè la marca del vetro della macchina, dell'Alfa 6, perché lui aveva un Alfa 6, per vedere se noi potevamo adoperare i fucili mitragliatori o qualche fucile di grosso calibro per potere sparare e colpire il dottor Chinnici senza autobomba. Alché prendo questa macchina. [...] Vediamo la marca e lo spessore e dopodiché dopo dieci minuti, un quarto d'ora, mi rimetto un'altra volta sopra la macchina e la riconsegno a Antonino Salvo. Dopodiché tramite napoletani, credo Antonino Madonia, rintracciamo questo vetro e facciamo la prova a sparare con questo vetro [...] per vedere se si sfondava o meno. [...] Dopodiché il vetro si sfonda, dopo una serie di colpi. Dopodiché non so per quale motivo questo progetto tradizionale viene abbandonato [...] a distanza di cinque, sei, sette mesi, portiamo a termine il progetto del dottor Chinnici con l'autobomba».

[13] Prendiamo il caso del processo a Corrado Carnevale, presidente di sezione della Corte di Cassazione condannato in grado di appello per concorso esterno in associazione mafiosa. La Corte di Appello aveva ritenuto provata la responsabilità di Carnevale grazie anche ad alcune decisive testimonianze rese da suoi colleghi della Cassazione che, riscontrando le dichiarazioni del collaboratore Francesco Marino Mannoia, avevano rivelato cosa era accaduto in occasione di una importante camera di consiglio, in esito alla quale nel marzo del 1989 era stata annullata per la seconda volta la sentenza di condanna all'ergastolo degli assassini del capitano Emanuele Basile, comandante della compagnia dei carabinieri di Monreale. Nel ritenere provata la responsabilità di Carnevale, la Corte di Appello si era basata sulla giurisprudenza della stessa Corte di Cassazione che sino ad allora aveva ritenuto in modo assolutamente prevalente che i magistrati potevano testimoniare su quanto era avvenuto nel segreto della camera di consiglio se si doveva accertare la consumazione di reati. Cambiando la sua precedente giurisprudenza, la Cassazione ha stabilito ex novo nel caso Carnevale che ciò che accade in camera di consiglio non può essere rivelato. Dunque le precedenti testimonianze sono state ignorate e anche per questo motivo l'imputato è stato assolto. Tutto perfettamente legittimo certamente, ma in sostanza sono state cambiate le regole del gioco alla fine della partita, capovolgendo così il verdetto. Cito questo fatto solo perché si possa comprendere che l'assoluzione non è stata frutto di

indagini avventate o approssimative o di erronea applicazione delle regole, ma di un fatto sopravvenuto. Vincenzo Giammarinaro, deputato regionale, per esempio è stato assolto grazie all'omertà sopravvenuta del collaboratore Vincenzo Sinacori che in udienza si è rifiutato di rispondere e di confermare le sue precedenti dichiarazioni accusatorie avvalendosi di una facoltà introdotta della nuova legge sul giusto processo (Legge Costituzionale 23 novembre 1999 n. 2) sopravvenuta quando il dibattimento era già iniziato e che sanciva l'inutilizzabilità delle dichiarazioni rese in istruttoria se non ripetute in dibattimento. Lo stesso Giammarinaro è stato poi sottoposto alla misura di prevenzione antimafia, giacché le prove raccolte, seppure non spendibili in dibattimento per ragioni sopravvenute, sono state comunque ritenute sufficienti per dimostrare la sua pericolosità sociale in quanto indiziato di appartenere all'associazione mafiosa. Credo non sia superfluo ricordare che l'approvazione della legge sul giusto processo sortì negli stessi anni l'effetto di «graziare» centinaia di imputati eccellenti nei processi di Tangentopoli a Milano, assolti per sopravvenuta omertà di imprenditori dai quali erano stati accusati come complici durante le indagini e che in dibattimento si sono avvalsi della facoltà di non rispondere. È così avvenuto che gli imprenditori che avevano pagato le tangenti sono stati condannati, mentre quelli che le avevano ricevute da loro sono stati assolti in massa.

[14] Cfr. Dossier della Direzione investigativa antimafia sul crimine organizzato russo, anno 1994.

[15] Ecco una selezione di brani significativi: «Lo Giudice riesce a guidare un gruppo di persone inserite in una serie di posizioni chiave della vita economica, politica e amministrativa, unite da una trama di obbligazioni reciproche, allo scopo di monopolizzare o di controllare le risorse della comunità stanziata nei territori di Agrigento e di tutta la Provincia, talvolta servendosi anche della capacità coercitiva delle cosche locali [...]. L'uomo politico non manifesta mai alcuna preoccupazione per l'attivazione dei controlli amministrativi o per forme di controllo politico, potenzialmente esercitabili nell'ambito delle competenze della giunta regionale o dell'assemblea regionale, o, ancora, nell'ambito del partito di provenienza, nonostante la chiara influenza negativa delle sue azioni illecite sullo sviluppo economico-sociale della regione e sulla tenuta degli istituti dello Stato democratico di diritto».

«Tali omissioni di controllo hanno favorito la spregiudicatezza del politico e dei suoi accoliti. [...] In tali manovre la presenza degli interessi mafiosi non appare indispensabile.» «Può definirsi occasionale e viene sollecitata in momenti di avanzata esecuzione del programma delittuoso, nelle situazioni in cui concretamente si frappongono degli ostacoli. [...] In questa logica il gruppo mafioso esprime un potere minore rispetto a quello del politico; e quel potere dell'organizzazione criminale di penetrazione nel tessuto economico di una certa realtà territoriale può funzionare solo se collegato all'uomo politico attraverso il reticolo clientelare.»

Nella stessa collana

Oliviero Beha
ITALIOPOLI

Daniele Biacchessi
IL PAESE DELLA VERGOGNA

Giuseppe Lo Bianco, Sandra Rizza
L'AGENDA ROSSA DI PAOLO BORSELLINO

A cura di David Bidussa
SIAMO ITALIANI

A cura di Bruno Tinti
TOGHE ROTTE

Claudio Sabelli Fioretti, Giorgio Lauro
A PIEDI

Carla Castellacci, Telmo Pievani
SANTE RAGIONI

Carmelo Lopapa
SPARLAMENTO

Massimo Cirri, Filippo Solibello
NOSTRA ECCELLENZA

Vania Lucia Gaito
VIAGGIO NEL SILENZIO

Andrea Casalegno
L'ATTENTATO

Pino Petruzzelli
NON CHIAMARMI ZINGARO

Principio attivo

Paolo Biondani, Mario Gerevini, Vittorio Malagutti
CAPITALISMO DI RAPINA

Gianni Barbacetto, Peter Gomez, Marco Travaglio
MANI SPORCHE

Sandro Orlando
LA REPUBBLICA DEL RICATTO

Ferdinando Imposimato, Sandro Provvisionato
DOVEVA MORIRE

Peter Gomez, Marco Travaglio
SE LI CONOSCI LI EVITI

Salvatore Giannella
VOGLIA DI CAMBIARE

I blog di www.chiarelettere.it

Pino Corrias, Peter Gomez, Marco Travaglio
VOGLIO SCENDERE

Oliviero Beha
ITALIOPOLI

OSSERVATORIO SUL GIORNALISMO
TIROLIBERO

Carla Castellacci
VALIDE RAGIONI

Vania Lucia Gaito
VIAGGIO NEL SILENZIO

Finito di stampare
giugno 2008 presso
Rotolito Lombarda SpA - Pioltello, Milano